HARTWIG HEYSER

Bestimmungsgründe des Büromietzinses

D1724185

Volkswirtschaftliche Schriften

Begründet von Prof. Dr. Dr. h. c. J. Broermann †

Heft 549

Bestimmungsgründe des Büromietzinses

Hedonische Mietpreise am Beispiel
des Münchener Gewerbemarktes

Von

Hartwig Heyser

Duncker & Humblot · Berlin

Die Wirtschafts- und Verhaltenswissenschaftliche Fakultät
der Albert-Ludwigs-Universität Freiburg hat diese Arbeit
im Jahre 2005 als Dissertation angenommen.

Bibliografische Information Der Deutschen Bibliothek

Die Deutsche Bibliothek verzeichnet diese Publikation in
der Deutschen Nationalbibliografie; detaillierte bibliografische
Daten sind im Internet über <http://dnb.ddb.de> abrufbar.

© 2006 Duncker & Humblot GmbH, Berlin
Fremddatenübernahme: L101 Mediengestaltung, Berlin
Druck: Berliner Buchdruckerei Union GmbH, Berlin
Printed in Germany

ISSN 0505-9372
ISBN 3-428-11922-3
978-3-428-11922-6

Gedruckt auf alterungsbeständigem (säurefreiem) Papier
entsprechend ISO 9706 ♾

Internet: http://www.duncker-humblot.de

Danksagung

Die vorliegende Schrift ist das Ergebnis eines längeren Entwicklungsprozesses. Nachdem ich nach Schule und Ausbildung bereits über 10 Jahre mit weitestgehender Begeisterung in der praktischen Immobilienwirtschaft tätig war, entwickelte ich zunehmende Neugier, auch deren Mechanismen zu untersuchen, mit denen wir so selbstverständlich tagtäglich hantieren. Im Zentrum dabei steht bei aller Wert- und Investmentbetrachtung stets der (Be)Nutzer eben dieser Immobilien. Vielleicht war aber auch einfach die Schul- und Studienzeit mit den Erinnerungen an endlose Prüfungsvorbereitungen schon zu stark verblasst, um leichtfertig einen gut dotierten Job wieder mit der Schulbank zu tauschen.

Die Möglichkeit, als Assistent an der Uni arbeiten und forschen zu dürfen, verdanke ich meinem Doktorvater Prof. Dr. Dr. h.c. Hans-Hermann Francke, der sich neben seinen zahlreichen intensiven Engagements auch noch auf das Abenteuer einließ und mich als Doktorand an seinem Lehrstuhl für Finanzwissenschaften II an der Albert-Ludwigs-Universität Freiburg integrierte.

Ihm verdanke ich durch seine stets präzisen Tipps und Hinweise sowie die fürsorgliche Betreuung, dass die empirischen Untersuchungen und die Modellentwicklung innerhalb des geplanten Zeitfensters erfolgreich abgeschlossen werden konnten.

Einen wesentlichen Anteil nicht nur beim (wieder)erlernen von ökonometrischen Fertigkeiten mit Studenmunds „Using Econometrics" als unverzichtbarem Handwerkszeug, sondern auch am Erfolg meiner Arbeit durch die zahlreichen, wertvollen Gespräche und Diskussionen hat PD Dr. Harald Nitsch. Keinem noch so exotisch anmutenden Themenbereich blieb er eine qualifizierte Antwort schuldig und ertrug meine knapp zweijährige Gegenwart immer mit unerschütterlicher Gelassenheit und guter Laune.

Die vielen Gespräche und oftmals kurzweiligen Diskussionen mit meinen Kollegen an unserem Lehrstuhl, Alexandra Brandner und Daniel Sutor, haben den Prozess der Dissertation ebenso unterstützt wie die Nähe zu den Kollegen der DIA. Insbesondere die Arbeitsgruppe mit Ilga Gebert und Marianne Moll-Amrein hat gerade zu Beginn dieser Untersuchung in schwierigen Phasen auch für die notwendige Motivation gesorgt.

Ohne intensives Korrekturlesen meiner Kollegen und besonders meiner lieben Frau Ksenia-Irina am Ende dieses Prozesses würde dieses Buch vermutlich gar nicht lesbar sein.

Dass die Zeit am Lehrstuhl nicht nur interessant, sondern auch sehr angenehm war, dazu haben neben den Mitarbeitern unseres Lehrstuhls auch unsere „Flurnachbarn" des BWL-Lehrstuhls von Prof. Dr. Rehkugler ihren Beitrag geleistet. Besonders dankbar bin ich auch unseren Damen Frau Rissel und Frau Kliewer die stets für den notwendigen Informationsfluss zu „unserem Chef" Prof. Francke sorgten.

München, im Juli 2005   *Hartwig Heyser*

Inhaltsverzeichnis

Abbildungsverzeichnis

Tabellenverzeichnis

Abkürzungsverzeichnis

Abb.	Abbildung
Abs.	Absatz
AG	Aktiengesellschaft
ArbStättV	Arbeitsstättenverordnung
ASR	Arbeitsstättenrichtlinie
Aufl.	Auflage
BAB	Bundesautobahn
BauGB	Baugesetzbuch
BGB	Bürgerliches Gesetzbuch
BGF	Bruttogrundfläche
BRAGebO	Bundesrechtsanwaltsgebührenordnung
BW	Bodenwert
bzw.	beziehungsweise
CAPM	Capital Asset Pricing Model
CBD	Center of Business District
d. h.	das heißt
DID	Deutsche Immobilien-Datenbank
Diss.	Dissertation
DM	Deutsche Mark
ebs	European Business School
et al.	et allii (und andere)
etc.	et cetera
e. V.	eingetragener Verein
evtl.	eventuell
f.; ff.	folgende; fortfolgende
FF	Funktionsfläche
FöGbG	Gesetz über Sonderabschreibungen und Abzugsbeträge im Fördergebiet (Fördergebietsgesetz)
GAAP	Generally Accepted Accounting Principles
GDP	Gross Domestic Product
GEA	Gross External Area
gem.	gemäß
ggf.	gegebenenfalls
GIA	Gross Internal Area
gif	Gesellschaft für Immobilienwirtschaftliche Forschung e. V. eingetragener Verein

GLA	Gross Lettable Area
GmbH	Gesellschaft mit beschränkter Haftung
GrEStG	Grunderwerbsteuergesetz
GRS	Grenzrate der Substitution
Hrsg.	Herausgeber
IAS	International Accounting Standard
i.d.R.	in der Regel
i.e.S.	im engeren Sinne
IFRS	International Financial Reporting Standards
IVD	Immobilien-Verband Deutschland
IVSC	International Valuation Standards Committee
i.w.S.	im weiteren Sinne
JLL	Jones Lang LaSalle
KAG	Kapitalanlagegesellschaft
KAGG	Gesetz über Kapitalanlagegesellschaften
KGF	Konstruktionsgrundfläche
KMO	Kaiser-Mayer-Olkin
Mio.	Millionen
Mrd.	Milliarden
MSA	Measure of Sampling Adequacy
NF	Nutzfläche
NGF	Nettogrundfläche
NLA	Net Lettable Area
NNF	Nebennutzfläche
No.	Number
Nr.	Nummer
OLS	Ordinary Least Square
ÖPNV	Öffentlicher Personennahverkehr
o.V.	ohne Verfasser
p.a.	per annum
PLC	Property Listed Companies
RDM	Ring Deutscher Makler
RE	Reinertrag
REIT	Real Estate Investment Trust
RELP	Real Estate Limited Partnership
RND	Restnutzungsdauer
S.	Seite
SI	Système internationale d'unités
Tab.	Tabelle
TEGoVA	The European Group of Valuer's Associations
u.a.	unter anderem
USA	United States of Amerika

USP	Unique Selling Proposition
VDM	Verband Deutscher Makler
Verf.	Verfasser
Vgl.	Vergleiche
VIF	Variance Inflation Factor
Vol.	Volume
WertR	Richtlinie für die Ermittlung der Verkehrswerte von Grundstücken (Wertermittlungsrichtlinie)
WertV	Verordnung über Grundsätze für die Ermittlung der Verkehrswerte von Grundstücken (Wertermittlungsverordnung)
z. B.	zum Beispiel

1 Einleitung

1.1 Problemstellung und Zielsetzung

Die Immobilienwirtschaft gelangt seit Jahren zunehmend in den Blickwinkel der Öffentlichkeit. Einher geht ein Bewusstseinswandel, dass Wertstabilität oder sogar Wertsteigerung nicht mehr als automatisierter Vorgang bei Investments in Immobilien stattfindet. Die Ursachen für diese Entwicklung sind vielschichtig. Unter anderem führten steuerorientierte Investitionsförderprogramme dazu, die Immobilieninvestition als privilegierte Anlagevariante zu fördern. Nach der Wiedervereinigung haben weitere Vergünstigungen[1] dazu geführt, dass Immobilieninvestitionen zunehmend steuerlich motiviert getätigt wurden und dabei sich verändernde Märkte außer Acht gelassen wurden. Für den Bereich der Gewerbeimmobilien spielen dabei auch die Immobilienfonds-Investoren eine bedeutende Rolle. Sie bewegen sich in dem Spannungsfeld starker Mittelzuflüsse, gefördert durch Steuervergünstigungen und im offenbar unerschütterlichen Glauben ihrer Anleger an die Wertzuwächse der Immobilienanlage und andererseits dem zunehmenden Problem, sich verknappender Angebotssituation von „fertigen" Produkten.[2] Dieses staatlich geförderte Anreizverhalten hat dazu geführt, dass natürliche Marktschwankungen nicht entsprechend wahrgenommen wurden und die eigentliche Funktion der Immobilie zu einer zweitklassigen Bedeutung degradiert wurde.[3] Aufgrund der ausgeprägten Bereitschaft, in Immobilien zu investieren, erwuchs die Baubranche nach der „Wende" wieder zu kurzer aber leistungsfähiger Blüte. Die Folge dieser Entwicklung ist heute auch für den Immobilen-Laien an fast jedem größeren Standort zu sehen. Die Vermarktung der leerstehenden Gewerbeflächen nimmt in der Werbelandschaft der großen (deutschen) Städte mittlerweile einen festen Platz ein.[4] In diesem Zustand gesättigter Märkte, die wesentlich durch Nachfragerverhalten mit

---

[1] Hier sei vor allem das FöGbG (Fördergebietsgesetz), Gesetz über Sonderabschreibungen und Abzugsbeträge im Fördergebiet zu erwähnen, in dem in der Zeit vom 01.01.1991 bis 31.12.1999 erhöhte Sonderabschreibungen sowie andere Vergünstigungen zum Ziel hatten, Investitionen in Immobilien und andere Wirtschaftsgüter in dem Beitrittsgebiet der Bundesrepublik zu fördern.

[2] Als „fertiges" Produkt wird aus Sicht der Fondsinvestoren eine nachhaltig und langfristig vermietete Immobilie ohne Reparaturstau verstanden. Im Idealfall handelt es sich dabei um ein vermietetes Neubauobjekt.

[3] Vgl. Brade (1998), S. 2 ff.

eigenen Gesetzmäßigkeiten determiniert werden, tritt nun wieder zunehmend das Bedürfnis der Nutzer von Immobilien in den Vordergrund. Die Erfüllung der differenzierten Bedürfnisse heutiger und künftiger Nutzer einer Immobilie ist aber wesentliche Voraussetzung bei dem Ziel, eine wertstabile Anlage mit entsprechendem Ertragspotenzial zu schaffen.

Das dieses Ziel durch die Fehlallokation verwendeten Kapitals nicht nur in Einzelfällen aus den Augen verloren wurde, ist heute weithin sichtbar. Gefordert wird nun eine deutlich stärkere kundenorientierte Gestaltung des Angebots von Immobilienunternehmen.[5] Um das zu erreichen ist jedoch zum einen die Kenntnis über dessen Bedürfnisse und Anforderungen erforderlich. Zum anderen muss der Anbieter in der Lage sein, die Präferenzstruktur potenzieller Nutzer in seiner Angebotspalette kaufmännisch einordnen zu können. Das bedeutet, der Anbieter muss sich mit der Frage der Wünsche seiner Kunden stärker auseinander setzen, als er das möglicherweise bisher gewöhnt war. Welche Faktoren nun für die nachhaltige Befriedigung eines Nutzers für den jeweiligen Standort von Bedeutung sind, darüber gibt es widersprüchliche Aussagen.

Es entspricht dem allgemeinen Verständnis, dass die Auswahl der „richtigen" Lage ein wesentliches Merkmal für den späteren ökonomischen Erfolg eines Objekts ist. Einigung besteht auch darüber, dass die Lage zwar von Bedeutung ist, jedoch nicht den einzigen Faktor bei der Erzielung eines nachhaltigen Mietertrages darstellt. Die Bedeutung der Architektur bei der Entwicklung einer Immobilie wird spätestens dann deutlich, wenn die Suche nach dem geeigneten Nutzer doch nicht so erfolgreich, wie geplant verläuft. Darüber hinaus leiten Mieter ihre Bereitschaft, einen bestimmten Mietzins zu entrichten auch aus der Erfüllung ihrer Anforderungen an die Ausstattung ab.

Letztendlich übt auch die gesamtwirtschaftliche Situation über Angebots- und Nachfragefunktion Einfluss auf die Miethöhe aus.[6] Ein Blick in die Immobiliengeschichte der letzten Jahrzehnte zeigt, dass die Mietpreise im Büroimmobiliensektor sich stets volatiler verhalten haben, als das in den meisten anderen Immobilienbereichen der Fall war.[7] Die Mietpreise als Resultat aus dem Spannungsfeld zwischen Angebot und Nachfrage entwickelten sich

---

[4] Die Leerstandsraten für Büroflächen betrugen zum 30.06.2004 inklusiv Untermietflächen:
München: 9,8%, Frankfurt: 15,5%, Berlin: 9,9%, Düsseldorf: 14,4%, Hamburg: 7,9% (Quelle: JLL, Research).

[5] Vgl. auch Brade (1998), S. 5.

[6] Beyerle (2001), S. 204 ff. geht intensiver auf makroökonomische Zusammenhänge ein.

[7] Vgl. Rat der Immobilienweisen (2004).

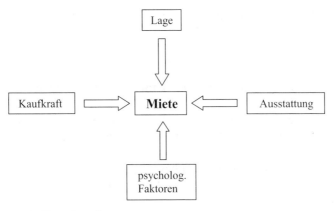

Quelle: Eigene Darstellung

Abbildung 1.1: Einflussfaktoren des Mietpreises

stets in Form von Ungleichgewichten und zyklischen Schwankungen und können demnach nur schwer prognostiziert werden. Neben den Einflüssen der Lage sind also noch mindestens die Faktoren „gegenwärtige Marktsituation", „Ausstattung" und der subjektiv empfundene Grad der „Attraktivität" für den Mietwert von Immobilien von Bedeutung. Die Marktsituation kann auch mit „Kaufkraft" und die Attraktivität mit „psychologischen Faktoren" beschrieben werden.

Unklar dabei ist die Gewichtung der jeweiligen Einflussfaktoren auf den Mietpreis. So ist es von ökonomischer Relevanz, inwieweit Investitionen in Ausstattung mögliche Defizite in der Lage oder anderen Faktoren kompensieren können. Die aktuelle Wertermittlung beschreibt unverändert die Lage als das wesentliche Wertmerkmal einer Immobilie.[8] Das bedeutet, der Kaufpreis wird im Wesentlichen durch die Rendite[9] und eben den Mietzins bestimmt.[10] Die Höhe des Mietzinses, die ein Nutzer zu zahlen bereit ist, hängt von mehreren Faktoren ab. In einschlägiger Literatur werden diese

---

[8] Vgl. Kleiber (2002), S. 851.

[9] Den Begriff Rendite in Bezug auf Risikoprämie und alternative risikoarme Alternativverzinsung behandelt u. a. Kapitel 2.3.2 „Risikostruktur".

[10] In der deutschen wie angelsächsischen Verkehrswertermittlung werden beide Begriffe in „nachhaltige Miete" und „Liegenschaftszins" weiter spezifiziert. Unterschieden wird vielmehr zwischen beiden Wertermittlungssystemen dadurch, dass das angelsächsische System von einer endlosen Verzinsung (Lebensdauer) der Immobilie ausgeht und das deutsche Verfahren eine endliche Nutzungsdauer unterstellt. Daher ist für die deutsche Wertermittlung zusätzlich noch die Information über die (Rest-)Nutzungsdauer von Bedeutung.

Faktoren teilweise mit „Lage, Lage, Lage" beantwortet. In welchem Maße dies zutrifft und wie ausgeprägt weitere Faktoren bei der Preisfindung von Bedeutung sind, soll diese Arbeit beleuchten.

1.2 Einordnung und Abgrenzung der Arbeit

Die Gewerbeimmobilienmärkte sind seit dem Zusammenbruch des Neuen Marktes 2001 stark unter Druck geraten. Alle großen deutschen Bürostandorte leiden unter angestiegenen Leerständen in unterschiedlicher Intensität. Dies führt zu einem starkem Wettbewerb um die Mieter und werbewirksamen Argumentationstechniken bei der Vermarktung von leer stehenden Flächen.[11]

Auf Seiten der Büromieter hat sich vor dem Hintergrund zunehmenden Wettbewerbdrucks ein Kostenbewusstsein entwickelt, das auch bei der Position Standortkosten stärker Berücksichtigung findet. Die Auswahl eines Gebäudes hängt also von der individuellen Präferenzstruktur des Nutzers ab, aus dem sich die Anforderungskriterien für das Gebäude ableiten.

Vor allem vor dem Hintergrund dynamischer Entwicklungen in den Bereichen technischer Innovation, Kaufkraft, Mode[12] sowie rechtliche Rahmenbedingungen[13] ist dabei sowohl für den Nutzer als auch für den Vermieter, die monetäre Gewichtung der jeweiligen Eigenschaften eines Gebäudes von Bedeutung.

Die Problematik, Preisentwicklungen vor dem Hintergrund technischen Fortschritts und sich verändernden Präferenzen adäquat messen zu können, hat in der volkswirtschaftlichen Forschung zur Entwicklung hedonischer Preisindizes geführt. Es werden dabei die einzelnen Charaktereigenschaften eines Gutes monetär bewertet. Der Preis setzt sich dann aus der Summe der Preise der jeweiligen Eigenschaften zusammen. Analog dazu sollen im Folgenden die einzelnen Attribute von Büroimmobilien auf Basis des hedonischen Ansatzes bewertet werden.

Auch aus portfoliotheoretischer Sicht ist die Beachtung des Mietzinses als bedeutende Kenngröße zur Ermittlung des Investitionswertes des Realvermögens Immobilie von hoher Wichtigkeit. In der praktischen Umsetzung

---

[11] Siehe dazu auch die Kapitel: 3.2.3 bis 3.2.5.

[12] Der Begriff Mode ist in der Immobilienwirtschaft nicht etabliert, so dass noch einmal auf die Bedeutung auch der emotionalen Komponente eines Gebäudes hingewiesen wird.

[13] Z. B. spielt die Arbeitsstättenverordnung (ArbStättV) bei der Gestaltung dauerhafter Büroarbeitsplätze eine wichtige Rolle. Seit dem 25.08.2004 löst die ArbStättV die bisherige Arbeitsstättenrichtlinie (ASR) ab.

gerade institutioneller Anleger, die möglicherweise aus Gründen des Anlagedrucks in Immobilien investieren müssen, liegt hierin ein erhebliches Gefährdungspotenzial.[14]

Diese Untersuchung soll daher anhand der folgenden Diskussion einen Beitrag zur Erklärung der den Mietpreis beeinflussenden Faktoren liefern. Dabei sollen mit Hinweis auf die besonderen Marktgegebenheiten auf den Büroimmobilienmärkten Anwendungen des hedonischen Preismodells am Beispiel des Münchner Immobilienmarktes entsprechende Ergebnisse liefern.[15]

1.3 Gang der Untersuchung

Diese Untersuchung versucht, die vielfältigen Einflussfaktoren auf den Büromietzins und die Heterogenität des Marktes zu beschreiben sowie deren Wirkung auf Mietzins und damit Wertentwicklung der Immobilie aufzuzeigen. Dabei wird zu Beginn in Kapitel 2 auf die Bedeutung des Immobilienmarktes unter volkswirtschaftlichen Gesichtspunkten hingewiesen. Anschließend wird in Kapitel 3 anhand verschiedenster Besonderheiten des Immobilienmarktes auf die Schwierigkeit großflächiger empirischer Untersuchungen aufmerksam gemacht. Die Besonderheiten der Büroimmobilienmärkte führen zum einen aufgrund ihrer nach wie vor ausgeprägten „Unvollkommenheit" aber auch aufgrund ihrer lokalen Besonderheiten zu erheblicher Unsicherheit in der Bearbeitung verfügbaren Datenmaterials. Dabei soll der Leser auf die vielfältigen Unterschiede und die Problematik der Vergleichbarkeit von Immobilienteilmärkten hingewiesen werden. Der des öfteren gebrauchten Terminologie „Der Immobilienmarkt" soll an dieser Stelle widersprochen werden. Da es keinen einheitlichen Immobilienmarkt gibt, gibt es auch keine Rechtfertigung, ihn als solchen zu beschreiben.[16] Die Beschreibung lokaler Besonderheiten hinsichtlich der Nutzerstruktur in den fünf größten deutschen Büromärkten soll dies noch einmal

---

[14] An dieser Stelle sei an die gesetzlichen Vorgaben von offenen Immobilienfonds erinnert, die eine Liquidität von 49% nicht überschreiten dürfen und daher auch zur Investition in Immobilien gezwungen sein können, die unter Anlagegesichtspunkten hinsichtlich des Zeitpunkts nicht immer optimal sein müssen.

[15] München eignet sich aus verschiedenen Gründen für eine Untersuchung hedonischer Mietpreise. Zum einen verfügt die Stadt über den größten zusammenhängenden Büroflächenmarkt Deutschlands (siehe dazu Tabelle 2.10), andererseits zeichnet sich die Stadt durch einen gewachsenen Stadtmittelpunkt mit relativ gleichförmigen Ringstrukturen (Altstadtring, Mittlerer Ring, Autobahnring BAB 99) aus, der bei der Untersuchung von Lagepräferenzen Hoffnung auf möglichst geringe Störeinflüsse durch Subzentren gibt.

[16] Ursachen für die ausgeprägte Heterogenität verschiedenster Teilmärkte werden in den Kapiteln: 3.2.1 bis 3.2.5 ausführlich behandelt.

verdeutlichen. Kapitel 3 versucht aufzuzeigen, dass es sich aufgrund der naturgemäß immobilen Gesetzmäßigkeit dieses Marktsegments um eine Vielzahl besonderer Marktsituationen handelt, die nur bedingt in gegenseitige Abhängigkeit treten. Vielmehr bestehen ausgeprägte Abhängigkeiten von exogenen Einflüssen, die die Nutzer der Objekte und damit den jeweiligen Mietmarkt betreffen.

Inwieweit der Nutzer auf Merkmale und Charakteristika der Büroimmobilie reagiert und diese Eigenschaften durch Zahlung eines entsprechenden Mietpreises würdigt, soll in Kapitel 5 anhand des hedonischen Modells am Beispiel des Münchner Büroimmobilienmarktes stärker beleuchtet werden. Zuvor werden in Kapitel 4 Grundlagen der hedonischen Idee, bisherige Untersuchungen sowie theoretische Ansätze diskutiert.

Ziel ist das Herausarbeiten von Einflussfaktoren in Bezug auf den Mietpreis als wesentliche Kenngröße bei der Wertermittlung. Dabei soll auch deutlich gemacht werden, dass der Büroimmobilienmarkt sehr sensibel auf verschiedenste Einflüsse reagiert. So entwickeln sich im Rahmen regelmäßiger Zyklen Büroflächenüberangebote, die zwar prognostizierbar sind, aber offenbar dennoch nicht vermeidbar werden. Gerade der dadurch entstehende intensive Wettbewerb um die Gunst der Mieter erfordert bereits in der Planung bzw. beim Erwerb einer Büroimmobilie detaillierte Kenntnis über das Nachfrageverhalten künftiger Nutzer.

2 Immobilien im volkswirtschaftlichen Kontext

Um der Bedeutung der Immobilie als Sachwert oder Realvermögen gerecht zu werden, soll nachfolgend auf die Zusammenhänge hingewiesen werden. Die Mechanismen der Immobilienmärkte können nicht losgelöst von der Entwicklung anderer Märkte in der Volkswirtschaft analysiert werden. Zahlreiche Untersuchungen über den Zusammenhang zwischen makroökonomischen Größen wie z.B. Zinsen oder BIP zeigen, dass Interdependenzen zwischen den verschiedenen Märkten existieren.

2.1 Methodische Aspekte der Immobilienwissenschaft

2.1.1 Immobilie und Grundstück – Ein Definitionsversuch

In aller Regel verstehen wir unter einer Immobilie ein Grundstück, welches zur Nutzung in der Form veredelt wurde, das ein Gebäude für eine definierte Nutzung errichtet wurde. Ökonomisch würde die Zerlegung in Produktionsfaktoren das Grundstück in Boden und Kapital (Gebäude) separieren. Im juristischen Sinn ist die Immobilie nicht näher definiert, da der Gesetzgeber diesen Begriff in den einschlägigen Gesetzen nicht verwendet und auch den Begriff Grundstück nicht näher definiert.[17]

Gemäß § 93 bis 98, BGB gehören zu einem Grundstück die wesentlichen Bestandteile, Zubehör sowie die Rechte, die mit dem Eigentum an dem Grundstück verbunden sind.[18]

Die wesentlichen Bestandteile eines Grundstücks beinhalten alle zur Herstellung des Gebäudes eingebrachte Sachen, wie Tapeten, Bodenbeläge, Armaturen etc. Zu den Rechten können Nutzungsrechte wie Wohnungsrecht und Nießbrauch zählen. Allgemeine Vorschriften und Rechte an Grundstücken sind darüber hinaus in den §§ 873 bis 902 BGB geregelt.

Aus vermessungstechnischer Sicht versteht man unter einem Grundstück einen erkennbar abgegrenzten Teil der Erdoberfläche, der in einer Flurkarte entsprechend verzeichnet ist. Im wirtschaftlichen Sinne versteht man dagegen unter einem Grundstück eine wirtschaftlich fungible Einheit, die

---

[17] Vgl. Trotha (2003), S. 17.

[18] Siehe dazu im Besonderen die §§ 94: „Wesentliche Bestandteile eines Grundstücks oder Gebäudes" und 96: „Rechte als Bestandteile eines Grundstücks".

aus einem oder mehreren grundbuchlich definierten Grundstücken bestehen kann.[19]

Im grundbuchrechtlichen Sinn verwendet man den Grundstücksbegriff aus dem vermessungstechnischen Bereich. In der Grundbuchordnung (GBO) findet sich eine technische Definition des Grundstücks. Im grundbuchrechtlichen Sinn bezeichnet demnach ein Grundstück einen katastermäßig vermessenen und bezeichneten[20] Teil der Erdoberfläche, der im Grundbuch als Grundstück geführt wird. Gemäß dieser Definition wird nachfolgend der Begriff Immobilie bzw. Grundstück verwendet.

2.1.2 Immobilien im Produktionsprozess

Aus entwicklungstheoretischer Sicht gliedern wir die Volkswirtschaft in zeitlicher und systematischer Reihenfolge in primären, sekundären und tertiären Sektor. Der primäre Sektor umfasst die Branchen Land-, Forst- und Fischwirtschaft. Der sekundäre Sektor umfasst die Branchen des warenproduzierenden Gewerbes und der tertiäre Sektor schließt die Branchen Handel, Verkehr, Kreditgewerbe, Versicherungen, sonstige Dienstleistungen, Staat sowie die privaten Organisationen ohne Erwerbszweck ein.

Im Bezug auf die Immobilie bedeutet das, dass diejenigen Unternehmen, deren Leistung die Produktion oder Teile der Produktion einer Immobilie als Ergebnis ihres Produktionsprozesses ist, zum sekundären und damit zum produzierenden Sektor gezählt werden.[21] Immobilien stehen aber nach Fertigstellung als Produktionsfaktor zur Verfügung. Im Leistungsprozess erfüllen Immobilien neben den Produktionsfaktoren Arbeit, Maschinen und Verbrauchsmaterialien eine wesentliche Rolle. Sie werden auch zu den Elementarfaktoren gezählt.[22] Die Unternehmen, für die die Immobilie Produktionsfaktor ist, werden in den meisten Fällen zum tertiären Sektor gezählt werden können.

Abbildung 2.1 gibt einen Überblick über eine mögliche methodische Gliederung der Immobilienwirtschaft. Dabei können zwischen den einzelnen Bereichen Überschneidungen auftreten. So kann der Projektentwickler

---

[19] Vgl. Gondring (2004), S. 69.

[20] Gemäß Kleiber et al. (2002), S. 580 sind dies Lagebezeichnung (Ort, Straße, Hausnummer), Grundbuchbezeichnung (Grundbuch, Grundbuchblatt, Nr. eines gemeinschaftlichen Grundbuchblattes) und Katasterbezeichnung (Gemarkung, Flur, Flurstück).

[21] Nicht dazu gezählt werden die Unternehmen, deren Produktionsergebnis nicht primär mit der Erstellung der Immobilie in Zusammenhang steht, wie z. B. Banken, Versicherungen, Beratungsunternehmen.

[22] Vgl. Kaufmann (2003), S. 7 ff. und Gondring (2004), S. 40.

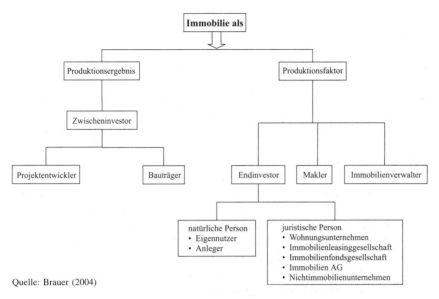

Quelle: Brauer (2004)

Abbildung 2.1: Übersicht über die institutionelle Gliederung
der Immobilienwirtschaft

auch Bauträger sein, in seltenen Fällen auch Zwischeninvestor oder sogar Endinvestor.

Während die betriebswirtschaftliche Betrachtungsweise sich stärker mit den mikroökonomischen Ansätzen beschäftigt und die innerhalb der Unternehmen sowie der einzelnen Wirtschaftssubjekte betreffenden Reflexe untersucht, bemüht sich die volkswirtschaftliche Betrachtungsweise auch um den makroökonomischen Ansatz. Dabei wird stärker das gesamtwirtschaftliche Verhalten ganzer Sektoren betrachtet.

2.1.3 Abgrenzung verschiedener Immobilientypen

Grundsätzlich ist eine Abgrenzung abhängig von der Fragestellung. Nachfolgend sollen zwei wiederkehrende Betrachtungsweisen erläutert werden, da die Abgrenzung der vielfältigen Immobilientypen in der einschlägigen Literatur nicht einheitlich vorgenommen wird. Analog zu den vielen Gebäudetypen und Akteuren auf diesem Markt ist eine Abgrenzung über Gebäudetypen ebenso möglich, wie über deren Nutzer. Für eine Abgrenzung nach Nutzern spricht, dass die Immobilie in der Betrachtung als Realvermögen für den Investor nur dann interessant ist, wenn die nachhaltige

Ertragssicherheit erwartet werden kann. Der Fokus auf die potenziellen Nutzer ist daher von wesentlicher Bedeutung. Die Immobilie sollte daher als Vehikel gesehen werden, welches die Eigenschaft haben muss, über einen langfristigen Zeitraum für künftige Mieter einen möglichst hohen und stabilen Nutzen zu produzieren. Dieser Nutzen spiegelt sich in der Bereitschaft zur Zahlung des Mietzinses wieder. Die Erwartung über die Kontinuität dieses Zahlungsstroms auch über konjunkturelle Schwankungen hinaus spiegelt sich in dem Liegenschaftszins als Teil des Multiplikators wieder, der multipliziert mit dem Mietertrag den Wert der Immobilie ausmacht[23]. Es ist daher von großer Bedeutung, für welche Zielgruppe die Immobilie geschaffen wurde oder wie flexibel hinsichtlich der Nutzerstruktur sie konzipiert worden ist. Die Gruppierung von Nutzerarten erfolgt daher durch im Markt agierende Unternehmen und anhand deren Anforderungen an ein Gebäude und weniger aufgrund der durchgeführten Tätigkeit innerhalb einer Branche. So werden von den großen Immobilienberatungsunternehmen in der Regel die Bereiche „Residential", „Office", „Industrial", „Hotels" in spezialisierten Abteilungen bearbeitet, Nutzer werden teilweise in speziellen „Tenant-Representation-Abteilungen" betreut.[24]

Die Abbildung 2.2 soll einen kurzen Überblick über mögliche Zusammenhänge und Gliederungsstrukturen geben. Aufgrund der teilweise starken Überschneidungen können gerade im Bereich von Sonderimmobilien abweichende Zuordnungen möglich sein.

Der Bereich Wohnimmobilien kann dabei als nahezu isolierte Immobiliensparte gesehen werden, deren Nutzer als private Haushalte in aller Regel nicht mit anderen Immobilientypen in (Markt-)Berührung kommen. Es handelt sich dabei um monofunktionale Immobilien, die eine gewerbliche Nutzung bis auf wenige Ausnahmen ausschließen.

Gewerbeimmobilien können in die drei Bereiche Büro-, Handels- und Industrieimmobilien unterteilt werden, wenngleich auch Sonderimmobilien wie Flughäfen einer gewerblichen Nutzung unterliegen (können). Hierbei wird eine Fixierung der verschiedenen Nutzer auf den jeweiligen Immobilientyp nicht ohne Einschränkung möglich. Da Beschäftigte von Handelsunternehmen oftmals zu einem erheblichen Teil Büroarbeitsplätze belegen,

---

[23] Gemeint ist der als „nachhaltig definierte" Mietertrag der unter Abzug von Bewirtschaftungskosten als Reinertrag in der Ertragswertformel der deutschen Wertermittlung Verwendung findet:

$$EW = RE \cdot \frac{q^n - 1}{q^n \cdot (q - 1)} + BW \cdot q^{-n}$$

[24] Diese Einteilung findet sich in vergleichbarer Organisationsform bei den größten internationalen Immobilienberatungsunternehmen wieder: CB Richard Ellis, JLL, DTZ Zadelhoff und FPD Savills.

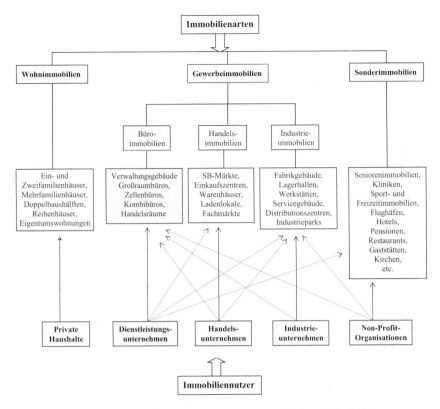

Quelle: Eigene Darstellung in Anlehnung an Falk (1994), S. 440 und Kleiber (2002), S. 1242.

Abbildung 2.2: Gliederung der Immobilienarten

werden entweder gemischt nutzbare Immobilien bezogen oder separate Büro- und Handelsflächen genutzt. Gleiches trifft auch für Industrie- und Dienstleistungsunternehmen zu. Kleiber (2002) überlässt dabei die definitorische Zuordnung von Immobilien weitestgehend dem Anwender.

Sonderimmobilien zeichnen sich durch eine problematische oder keine Drittverwendungsfähigkeit aus und unterliegen damit einer besonderen Risikobetrachtung durch Abhängigkeit von einer Branche oder sogar einem Unternehmen. Sie können z. B. als Betreiber- und Managementimmobilien genutzt werden,[25] wobei der Betreiber daraus Nutzen durch Bereitstellung an einen Endnutzer zieht. Betreiberimmobilien können typischerweise Hotels,

---

[25] Vgl. Wüstefeld (2000), S. 43.

Tenniscenter oder auch Seniorenimmobilien sein. Sonderimmobilien nennt man auch „single use Immobilien".[26]

Die Heterogenität von Immobilien, an die an späterer Stelle noch intensiver einzugehen sein wird, wird damit bereits deutlich. Die grundsätzliche Frage nach der Zuordnung besteht aus der Blickrichtung auf die Immobilie. Da der Nutzer, als Garant künftiger Zahlungsströme an den Investor von herausragender Bedeutung für das Realvermögen Immobilie ist, drängt sich eine entsprechende Zuordnung auf. Dabei wird dann deutlich, dass die übersichtliche Zuordnung von Falk (1994) und auch Gondring (2004) durch zahlreiche Querverbindungen zwischen Nutzer und Immobilienart an Ausdrucksschärfe verliert. Dem klassischen Verständnis entsprechend werden die Immobilien in klar abgegrenzte Bereiche differenziert. Problematisch wird das bei Nutzern, die nicht ausschließlich „Lagerarbeiter" oder „sitzende Büroarbeitskräfte" beschäftigen. Das kann also dazu führen, dass im Rahmen der planerischen Möglichkeiten Mischformen entstehen, die z.B. Wohnen, Büro, Handel, Industrie sowie Sonderformen miteinander verknüpfen. Aus städteplanerischer Sicht werden entsprechende Mischformen gelegentlich bewusst gewählt[27].

Vor dem Hintergrund, das auch die Nutzer nicht immer klar bestimmten Arten (siehe Abbildung 2.2) zuzuordnen sind, wird deutlich, dass scharfe Trennlinien bei der Zuordnung von Immobilien außerhalb des Wohnbereichs bisweilen problematisch sein können.

2.2 Analyse von Marktmechanismen

2.2.1 Mikroökonomischer vs. makroökonomischer Ansatz

Die Untersuchung der Verhaltensweisen der jeweiligen Wirtschaftssubjekte auf einem einzelnen Produktmarkt ist Teil des mikroökonomischen Ansatzes. Aus der Untersuchung einzelwirtschaftlicher Erscheinungen werden allgemeingültige Aussagen über das Verhalten aller Marktteilnehmer getroffen. Die Analyse des Nachfrageverhaltens potenzieller Nutzer in einem Sektor des Immobilienmarktes auf eine bestimmte Angebotssituation lässt sich in die Mikroökonomie einordnen. In der kumulierten Verhaltensweise mehrerer oder aller Marktteilnehmer entstehen gesamtwirtschaftliche Erscheinungen, die als Ausgangspunkt für weitere, nun makroökonomische

---

[26] Vgl. Gondring (2004), S. 34.

[27] In München entstand im Jahr 2002 mit der „Theresie", ein ca. 70.000 m^2 großes Projekt mit dem Planungstitel: Wohnen-Arbeiten-Einkaufen. Hier wird auf Betreiben der Stadtplanung, wie an mittlerweile zahlreichen anderen Standorten bewusst die Durchmischung selbst bis in Gebäudekomplexe hinein umgesetzt.

Untersuchungen Verwendung finden können. Die Makroökonomie befasst sich im Gegensatz zur Mikroökonomie mit dem gesamtwirtschaftlichen Verhalten ganzer Sektoren. So führte zum Beispiel der Nachfragerückgang vieler High-Tech-Unternehmen nach Büromietfläche ab Mitte 2001 in seiner Gesamtheit zu erheblichen Verschiebungen im Mietpreisniveau. Die dadurch in der Folge sinkenden Marktwerte der Immobilien führten zu entsprechenden volkswirtschaftlich relevanten Effekten. Die mangelnde Nachfrage führte zu zunehmendem Leerstand und stark sinkenden Mieten. Dies hatte einen sehr plötzlichen und starken Einbruch der Auftragsvergabe für Neubauten zur Folge, die zuvor von den Bauunternehmen in großem Volumen erstellt wurden.

Bei der Erforschung der ökonomischen Realität greift die Makroökonomie zwar auf gesamtwirtschaftliche Größen zurück, die aus der Aggregation einzelwirtschaftlicher Größen gewonnen werden, doch besteht bei der makroökonomischen Betrachtung der Immobilienwirtschaft eine gewisse Problematik. Zum einen aggregiert die Makroökonomie die Wirtschaftssubjekte innerhalb der jeweiligen Sektoren, zum anderen werden die Güter zu Güterbündeln zusammengefasst. Da in der Immobilienwirtschaft sich die beteiligten Unternehmen nicht nur einem Sektor zuordnen lassen, ist die makroökonomische Aggregation der gesamten Immobilienwirtschaft nicht eindeutig möglich.[28] Das führt dazu, dass sich immer nur Teilbereiche der Immobilienwirtschaft untersuchen lassen und Korrelationen zu anderen Teilbereichen analysiert werden können. So kann die Bauwirtschaft als Folge sinkender oder steigender Nachfrage nach Büromietflächen oder Eigenheimen mit einer zeitlichen Verzögerung veränderte Nachfrage nach ihrer Leistung im Kerngeschäft „Bauleistung" erfahren, aber aufgrund veränderter Nachfrage zusätzliche Leistung im Dienstleistungssektor, zum Beispiel Planungsberatung bei der Optimierung bestehender Büroflächen anbieten. Diese intersektorale Verschiebung von primären zum tertiären Sektor ist kaum erfassbar. Die Immobilienwirtschaft kann daher als gutes Beispiel für das Überlagern beider Sektoren angesehen werden.

2.2.2 Bedeutung von Immobilien in Deutschland

Immobilien spielen nicht nur einzelwirtschaftlich eine große Rolle sondern sind aufgrund ihres erheblichen Volumens auch aus volkswirtschaftlicher Sicht von großer Bedeutung geworden.[29] Der wesentliche Teil dieses Vermögens wurde nach der Währungsreform 1948 aufgrund der hohen Produktivität der deutschen Wirtschaft in Zusammenhang mit Einkommens-

---

[28] Vgl. dazu auch Brauer (2001), S. 37 ff.
[29] Vgl. Gondring (2004), S. 3.

zuwächsen und einer hohen Spareigung der Bevölkerung geschaffen. Diese Form der Geldanlage wurde zu einer wichtigen Investitionsalternative einer breiten Bevölkerungsschicht.[30] Ein Grund kann auch in der im Vergleich zu alternativen Anlageformen relativ stabilen Wertentwicklung gelegen haben, die dazu führte, dass die ökonomischen Werte zunehmend von den physischen Werten abgekoppelt wurden.[31] Das bedeutet, dass die Immobilie zunehmend auch als Investment verstanden wurde, bei dem die künftig erwarteten Zahlungsströme aus Mieterträgen sowie eine erwartete Wertsteigerung relevant waren.[32] Diese Entwicklung ist bei den verschiedenen Immobilienarten unterschiedlich stark zu verzeichnen. In der Ermittlung der Verkehrswerte wird dieser unterschiedlichen Entwicklung durch die Wahl verschiedener Wertermittlungsverfahren Rechnung getragen. So wird auch heute noch der Wert von Immobilien, deren Absicht nicht in erster Linie die Gewinnerzielung durch den Eigentümer ist, auf Basis der Herstellungskosten[33] ermittelt. In erster Linie können dazu eigengenutzte Wohnhäuser gezählt werden.

Im Gegensatz dazu wird der Wert von Immobilien, deren vorrangiges Ziel die Erwirtschaftung einer entsprechenden Verzinsung des vom Eigentümer eingesetzten Kapitals ist, auf Basis des Ertragswert ermittelt. Wie bei allen Investments spielt dabei das allgemeine Zinsniveau auf den Finanzmärkten ebenso wie die individuelle Risikoeinschätzung des Objekts bzw. des Portfolios bei der Beurteilung der Rendite eine Rolle.

Wie die Abbildung 2.3 zeigt, entwickelt sich jedoch die mittlere Spitzenrendite von Büroimmobilien in Deutschland nicht parallel mit der Rendite 10-jähriger Staatsanleihen. Das könnte ein Indiz für eine sich veränderte Risikoprämie aufgrund veränderter Markteinschätzungen der Investoren sein. Oder aber in Erwartung sich verändernder Zinsniveaus auf den Finanzmärkten wurde das Verhalten der Investoren entsprechend verändert. Allerdings wurde in dem Schaubild nur der Nettomietertrag mit der Staatsanleihe verglichen. Mögliche Schwankungen durch Wertveränderungen bleiben dabei außer acht, können aber seit Mitte der Neunziger Jahre durchaus eine erhebliche Bedeutung bei der Betrachtung von Immobilien als Kapitalanlage erlangen, da seit dieser Zeit flächenübergreifende Rückgänge in den Verkehrswerten zu verzeichnen waren.

---

[30] Vgl. Brunner (1997), S. 4.

[31] Die physischen Werte könnten in der Bewertungspraxis von Immobilien auch mit dem „Sachwert" verglichen werden, der z. B. für die Bewertung von Einfamilienhäusern herangezogen wird. Derartige Immobilien werden in aller Regel nicht, oder nur bedingt unter Rentabilitätsgesichtspunkten erworben oder gehalten.

[32] Auch die negativen Erfahrungen zweier Hyperinflationen des vergangenen Jahrhunderts haben wesentlich Investitionen in Sachanlagen gefördert.

[33] Siehe WertV, §§ 21–25.

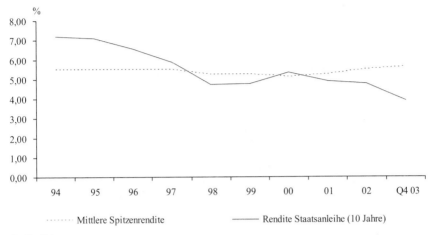

Quelle: JLL

Abbildung 2.3: Renditevergleich

Das gesamte Immobilienvermögen in Deutschland wird mit rd. 8,79 Billionen Euro angegeben. Dieses Volumen teilt sich auf in rd. 56% für Wohnbauten und rd. 44% für Nichtwohnbauten.[34] Zum Vergleich dazu beträgt das private Gesamtvermögen in Deutschland insgesamt rd. 8,4 Billionen Euro, wovon gerade einmal 3,612 Billionen Euro aus Geldvermögen besteht.[35] Mehr als die Hälfte des privaten Gesamtvermögens ist wiederum im Immobilienmarkt investiert.[36] Zum Vergleich dazu sind nur rd. 4% des privaten Gesamtvermögens in Aktien angelegt. Das Brutto-Geldvermögen der Bundesbürger wird auf 3,9 Billionen Euro geschätzt, die Verbindlichkeiten belaufen sich auf rd. 1,5 Billionen Euro.[37]

Der Bruttoproduktionswert der deutschen Immobilienwirtschaft wird auf rd. 300 Mrd. Euro p.a. (inklusiv kalkulatorischer Mieten für selbstgenutzten Wohnraum von 28,7 Mrd. Euro p.a.) geschätzt und beträgt damit rd. 8% des gesamten Produktionswertes für Deutschland.[38]

Vom Immobiliensektor gehen aufgrund seines Umfanges auch wichtige Arbeitsmarkteffekte aus.[39] Aufgrund der zunehmenden Tertiärisierung unse-

---

[34] Statistisches Bundesamt, aktualisiert vom 24.08.2004.

[35] Deutsche Bank Research, agenda4 vom 22.05.2003 (Der Begriff „Geldvermögen" wird in dieser Erhebung nicht weiter eingegrenzt.).

[36] Den wesentlichen Anteil davon machen die Wohnimmobilien mit rd. 3,87 Billionen Euro aus.

[37] Immobilienzeitung, Newsletter vom 21.07.04.

[38] Frühjahrsgutachten 2003 des „Rat der Weisen".

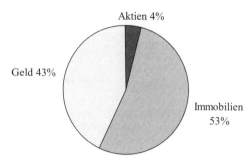

Quelle: Eigene Darstellung

Abbildung 2.4: Private Vermögensstruktur[40]

rer Volkswirtschaft und der damit einhergehenden zunehmenden Diversifi-
zierung gewinnt der Immobiliensektor arbeitsmarktpolitisch an Bedeutung.
Mit der zunehmenden Spezialisierung in dieser Branche steigt auch das
Wertschöpfungspotenzial in der Volkswirtschaft.

2.2.3 Integration internationaler Immobilienmärkte

Im Rahmen zunehmender Internationalisierung ist zu erwarten, dass die
Erträge aus der Immobilienwirtschaft vergleichbar den internationalen Ak-
tien- und Finanzmärkten zunehmend miteinander in Beziehung treten. Teilweise wird auch von Korrelation gesprochen.[41] Allerdings sollte dann zwischen positiver (gleichläufiger) und negativer (gegenläufiger) Korrelation
unterschieden werden. So können z. B. gegenläufige Märkte für portfoliotheoretische Überlegungen von Bedeutung sein.

Die zunehmende Transparenz auf den internationalen Immobilienmärkten
lässt künftig zunehmend Arbitrage unter entsprechender Gewichtung möglicher Risikodifferenzen erwarten. Dadurch kann ein erhöhter Wettbewerbs-
druck auf lokalen Immobilienmärkten entstehen, wenn z. B. erhöhter Leerstand zu Mindereinnahmen und damit reduzierten Renditen führen kann.
Institutionalisierte Kapitalsammelstellen wie die deutschen offenen Immobi-

---

[39] Vgl. Gondring (2001), S. 64.

[40] Um zu zeigen, dass Aktien als Teil des Geldvermögens in der Vermögensstruktur privater Haushalte gegenüber Immobilienanlagen nur von untergeordneter Bedeutung sind, wurde das Geldvermögen in dieser Grafik in Geld und Aktien aufgeteilt.

[41] Vgl. Mueller, Anderson (2002), S. 138 ff.

lienfonds, Versicherungsgesellschaften und zunehmend auch Pensionskassen können ihre Anlageziele mangels Angebot in Deutschland derzeit nicht mehr ausreichend decken, so dass zunehmend auf internationalen Märkten investiert wird.

Das Ertragsniveau von Immobilien hängt von zahlreichen Faktoren ab. Im internationalen Vergleich lassen sich externe Effekte ausmachen, die zu divergierenden Renditeniveaus führen. So kommen Bradford et al.[42] zu dem Ergebnis, dass offenbar in vielen Ländern ein enger Zusammenhang zwischen der Veränderung des globalen GDP (Gross Domestic Product) und der Immobilienerträge existiert. Kleinmann et al.[43] haben festgestellt, dass zwischen den Immobilienmärkten in Asien, Nordamerika und Europa ein langfristiger Zusammenhang besteht. Kurzfristig hingegen konnte dies nicht uneingeschränkt festgestellt werden. Zurbruegg und Wilson[44] kommen hingegen zu dem Ergebnis starker langfristiger Abhängigkeiten. In Untersuchungen der Indizes von Großbritannien, Japan und Australien wird eine stärkere Abhängigkeit zum amerikanischen Markt und vor allem auch auf dessen Zinsentwicklung der Kapitalmärkte festgestellt. Mueller und Anderson[45] hingegen stellen im Vergleich der europäischen-, asiatischen und amerikanischen Märkte anhand von Immobilienindizes eher geringere Zusammenhänge als auf den vergleichbaren Finanzmärkten fest.

Unabhängig von der Ausprägung der Zusammenhänge auf den internationalen Immobilienmärkten kann also festgestellt werden, dass Korrelationen bestehen, gleich welcher Richtung. Bei näherer Betrachtung des Marktumfelds ist dies auch nicht weiter verwunderlich. Vielmehr ließe sich ein noch eindeutigerer Zusammenhang vermuten. So sind durch den zunehmenden Abbau von Investitionshemmnissen durch die stetige Erweiterung des europäischen Wirtschaftsraums, und Harmonisierung der länderspezifischen Rahmenbedingungen die Voraussetzungen für grenzüberschreitende Investitionen immer besser geworden. Durch eine einheitliche Währung in großen Teilen der EU wurden Transaktions- und Informationskosten gesenkt. Die Preistransparenz nimmt zu. Mit Beginn des EDV-Zeitalters wurden notwendige Informationen in viel größerer Menge und ohne Entfernungseinschränkung auswertbar. Dadurch wird den immer noch sehr unvollkommenen Immobilienmärkten ein Stück ihrer Unvollkommenheit genommen und Anlagerisiken im internationalen Bereich reduziert.

Auch auf der Anlegerseite entwickeln sich zunehmend internationale Strukturen. In erster Linie wird aus portfoliotheoretischer Sicht die Maxi-

---

[42] Vgl. Bradford et al. (1999), S. 56 ff.
[43] Vgl. Kleinmann et al. (2002), S. 37.
[44] Vgl. Zurbruegg und Wilson (2001).
[45] Vgl. auch Mueller und Anderson (2002).

mierung der Erträge unter der Bedingung geringer Risiken gefordert. Das
führt zu stärkerer Diversifizierung der Portfolios auch bezüglich der Immobilienstandorte. So suchen Anleger aus eher instabilen Märkten in internationalen Märkten die Chance, ihr Kapital zu sichern. Dabei ist die Höhe der
erwarteten Rendite nicht wesentliches Auswahlkriterium. Anleger aus den
führenden Kapitalexportnationen erweitern ihre Märkte und legen in der
Regel die gleichen Erwartungen an Ertragssicherheit und Rendite wie in
den Heimatmärkten an. Die angelsächsischen Anleger aus den USA, Großbritannien und Australien gehen allerdings noch sehr selektiv mit dem Ka-
pitalexport in ausländische Märkte vor. Sie erwarten bei geringem Risiko in
der Regel sehr hohe Renditen, die zumindest auf westeuropäischen Immobilienmärkten oft schwer zu erfüllen sind.[46]

Auf der Nutzerseite hat sich auch durch die zunehmende Globalisierung
ein zunehmender Bedarf an vergleichbaren Anforderungen über nationale
Grenzen hinweg entwickelt, der aufgrund einheitlicher Corporate Identity
auf allen weltweiten Standorten vergleichbar umgesetzt werden muss. So
treffen Unternehmen wie Siemens oder Microsoft ihre Entscheidungen bei
der Anmietung eines Bürogebäudes nicht mehr zwingend auf Basis bestimmter Miethöhen, sondern auch auf Basis des Flächenbedarfs pro Mitarbeiter. Da die Miethöhenniveaus aufgrund zahlreicher Faktoren zwischen
den weltweiten Standorten nicht vergleichbar sind, hat sich zur Beurteilung
der Anmietung der Flächenverbrauch als geeignet herausgestellt. Auch dabei treten Schwankungen aufgrund nationaler Besonderheiten und Gesetze
auf, die jedoch in den meisten Fällen weit weniger verzerrende Wirkungen
als die Preise haben. Dadurch entsteht ein Druck auf die Effizienzkriterien
der Objekte, der unabhängig vom Preisniveau alle Standorte erfasst.[47] In
Verbindung mit dem Wunsch nach bestimmten Büroraumstrukturen entstehen zunehmend vergleichbare Gebäudestrukturen über nationale Grenzen
hinweg. Auch das erleichtert die Einschätzung von Marktrisiken von internationalen Investoren deutlich.

Aufgrund dieser Veränderung haben sich in den vergangenen 15 bis 20
Jahren auch einige international aufgestellte Immobilienberatungsunternehmen entwickelt, die zunehmend einheitliche Standards anbieten. Dadurch
werden auch die regional teilweise (noch) sehr unterschiedlich funktionie-
renden Märkte unter einen Harmonisierungsdruck gesetzt. Researchdaten
können durch unterschiedliche Erfassung international nicht immer verglichen werden, oder aber unterschiedliche rechtliche Rahmenbedingungen bei

---

[46] Vgl. auch Pfeiffer (2003).

[47] Die Effizienz als Merkmal zur Mietzinsbeeinflussung wird ebenfalls im empirischen Modell ab Kapitel 5 behandelt.

Transaktion oder Eigentumserwerb erschweren noch den internationalen Austausch von Anlagekapital im Immobiliensektor.

Folgen dieser Internationalisierung sind unter anderem auch die gestiegenen Anforderungen an die Bewertungsmechanismen in der Immobilienwirtschaft. Börsennotierte Unternehmen weisen im Rahmen von Ausnahmemöglichkeiten des HGB[48] zunehmend ihre Konzernabschlüsse in IAS (International Accounting Standards) oder US-GAAP (Generally Accepted Accounting Standards) aus. Der daraus entstehenden Notwendigkeit einheitlich definierte und international vergleichbare Immobilienwerte zu ermitteln wird in den Wertermittlungsstandards der TEGoVA[49] (The European Group of Valuers Association) und IVSC (International Valuation Standard Committee) Rechnung getragen.[50] So sollen mit Blick auf bessere Transparenz von Konzernabschlüssen auch in der EU ab 2005 die IAS-Regeln mit den Konsequenzen einheitlicher Bewertung zwingend Anwendung finden.

Es zeigt sich daraus, dass die Folgen der fortschreitenden Globalisierung auch der Immobilienwirtschaft Antrieb für weitere Harmonisierung sein wird. Durch die Vereinheitlichung von Rechnungslegungs- und Bewertungsstandards sowie der Professionalisierung der Beratungsdienstleistung werden auch Bereiche wie Forschung und Lehre durch einheitlichere Bedürfnisse der Immobilienwirtschaft gefördert und stärker als bisher weiterentwickelt werden können. Die Märkte werden insgesamt transparenter werden und nationale Lobbyisten werden an Bedeutung verlieren, wenn diese nicht den Bedürfnissen einer globaler agierenden Immobilienwirtschaft Rechnung tragen.

2.3 Charakteristik des Wirtschaftsguts Immobilie

Aufgrund bestimmter Eigenschaften wird der Immobilienmarkt als unvollkommener Markt bezeichnet[51]. Dazu zählen neben der Standortgebundenheit unter anderem die in Abbildung 2.5 aufgeführten Eigenschaften. Vor allem die Standortgebundenheit führt dazu, dass das Angebot nur bedingt auf die Nachfrage reagieren kann. Es besteht aber nicht die Möglichkeit eines Preisausgleichs im Gegensatz zu anderen Gütern. In Verbindung mit einer starken räumlichen Segmentierung[52] führt dies zu teilweise stark

---

[48] Siehe § 292a HGB.

[49] Das von der TEGoVA herausgegebene Standardwerk europäischer Wertermittlungsrichtlinien dient auch für die EU als Grundlage zur Harmonisierung von Begriffen, Definitionen und Verfahren im Interesse zunehmender Vergleichbarkeit.

[50] Vgl. Champness (1997) und Schulte (2002), S. 291.

[51] Siehe dazu auch Kapitel 3.1.2 „Immobilienmarkt als unvollkommener Markt".

[52] Vgl. Wellmann (2004).

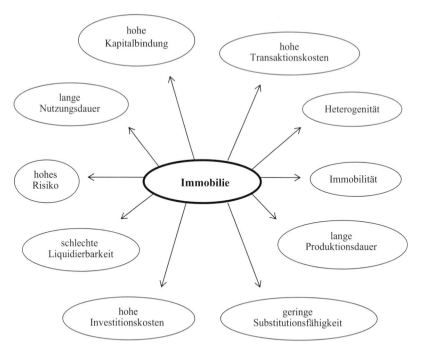

Quelle: Eigene Darstellung in Anlehnung an Falk (1996) und Gondring (2004)

Abbildung 2.5: Eigenschaften von Immobilien

differierenden Preisen zwischen den Regionen. Daneben zeichnet die Immobilie eine Vielzahl von Eigenschaften aus, die sie von anderen Wirtschaftsgütern unterscheidet.

2.3.1 Immobilität

Alle Immobilien teilen aufgrund der Standortgebundenheit das zwingende Schicksal der Lageabhängigkeit miteinander. Die daraus resultierende Abhängigkeit hinsichtlich sich veränderter Verkehrswerte aufgrund positiver oder negativer exogener Einflüsse kann im Einzelfall erheblich sein. Solche Veränderungen in Umweltfaktoren können vielfältiger Art und vor dem Hintergrund langer Lebensdauer von Immobilien teilweise mit erheblichen Schwankungen verbunden sein. Veränderte Situationen in der Anbindung zum öffentlichen Nahverkehr können ebenso wie plötzlich veränderte Flugrouten über dem Grundstück zu positiven wie negativen Wertveränderungen

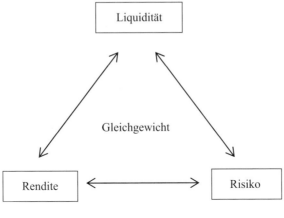

Quelle: Francke (2001)

Abbildung 2.6: Rendite-Risiko-Beziehung

führen. Daraus resultierende Erwartungen oder Unsicherheiten können hinsichtlich der Risikobetrachtung des Anlagegutes Immobilie von großer Bedeutung sein.

2.3.2 Risikostruktur

Vermögensgüter haben das Merkmal, dass ihre Erträge erst in der Zukunft anfallen und damit prognostiziert werden müssen. Das dadurch entstehende Risiko beeinflusst zusätzlich den aus den abdiskontierten prognostizierten Erträgen ermittelten Wert. Kapitalanleger bewegen sich daher in einem Spannungsfeld zwischen erwarteter Rendite (Renditeerwartungswert), Risiko (Renditestreuung) und Liquidierbarkeit. Diese drei Faktoren werden häufig auch als magisches- oder Zieldreieck bezeichnet.[53]

Die Abbildung 2.6 verdeutlicht, dass eine Risikoveränderung in direktem Zusammenhang mit der Rendite steht.[54] Die Rendite besteht aus zwei Komponenten. Zum einen aus dem Zins für risikoarme[55] Anlagen, zum anderen aus der Risikoprämie, die sich entsprechend der zu erwartenden Unsicher-

---

[53] Vgl. Francke (2001), S. 1.

[54] Vgl. Gondring (2004), S. 636.

[55] Gelegentlich wird in der Literatur der Begriff der risikofreien Rendite verwendet. An dieser Stelle soll darauf hingewiesen werden, dass jede Kapitalanlage einem gewissen Risiko unterliegt und die risikofreie Anlage nur näherungsweise erreicht werden kann. Vgl. dazu auch Freitag (2003).

heiten in Bezug auf Nachhaltigkeit der Mieterträge, Nutzungsdauer, Dritt-verwendungsfähigkeit oder sonstigen Risiken ausdrückt.

Die Höhe der Risikoprämie zu ermitteln gestaltet sich in der praktischen Anwendung stets problematisch, da mit Unsicherheit kalkuliert werden muss. In Anlehnung an Lammer (2001) würde sich ein zu erwartender Zahlungsstrom aus der Immobilienanlage daher wie folgt ergeben:

$$M(i) = p \cdot (1 + r + m) + (1 - p) \cdot M(x)$$

$M(i)$ = erwarteter Ertrag der Immobilie
p = Wahrscheinlichkeit der vertragsgemäßen Zahlung
r = risikoloser Zins[56]
m = Risikoprämie
$M(x)$ = erwarteter Rückfluss im Falle einer (Miet)zahlungsstörung

Da das Maß der Wahrscheinlichkeit nur aus Beobachtungen zurückliegender Zeiträume geschätzt werden kann stellt sich die Frage nach der Beurteilung der Risiken. Hinsichtlich des Risikos unterscheiden wir zwischen Ungewissheit und Unsicherheit. Ungewiss sind Erscheinungen, über die mangels Erfahrungswerte über deren Häufigkeit aus der Vergangenheit keine Eintrittswahrscheinlichkeit vorliegt. Ungewiss könnte etwa der Ausbruch eines Krieges sein, der als Folge von Zerstörung zu einer reduzierten Nutzungsdauer und damit veränderter Wertentwicklung betroffener Immobilien führen kann. Schutz gegen derartige Risiken ist nahezu nicht möglich.

Unsicherheit kann weiter unterteilt werden in die Typologien systematischer und unsystematischer Risiken. Zu den systematischen Risiken zählen Erscheinungen, deren Auftreten in wiederkehrenden Mustern verläuft und daher mit bestimmten Eintrittswahrscheinlichkeiten aufgrund von Entwicklungen in der Vergangenheit prognostiziert werden können. Hierzu können konjunkturelle Schwankungen zählen, die im Rahmen bekannter Zyklen prognostizierbar sind.[57] Ein Schutz gegenüber systematischen Risiken ist am wirksamsten über intertemporale Modelle (z.B. Generationenverträge) möglich, da in aller Regel die gesamte Gemeinschaft betroffen ist. Als unsystematische Risiken bezeichnet man Erscheinungen, die unregelmäßig, zeitlich schwer vorhersagbar und in Einzelfällen auftreten. Dies könnte Holzwurmbefall im Dachstuhl oder ein Brandschaden sein. Gegenüber unsystematischen Risiken ist Schutz durch entsprechende Mischung im Potfolio oder aber durch Risikoverteilung in einer Solidargemeinschaft möglich.

---

[56] Zum Begriff des „risikolosen Zins" wurde bereits zuvor kritisch Stellung bezogen. In diesem Fall wurde die Definition von Lammer übernommen.

[57] Der Juglar-Zyklus wird mit 6 bis 8 Jahren Jahren angegeben. Die Theorie der langen Wellen nach Kondratieff hat Zyklen von etwa 50 Jahren.

Ungewiss aber auch unsicher könnte auch die Akzeptanz möglicher Nutzer von bestimmten Gebäudestrukturen hinsichtlich veränderter Anforderungen an Arbeitsplatzstrukturen oder einfach nur deren Geschmack bezüglich der Gebäudeform sein.[58] Im Falle nur einzelner Gebäude kann hier der portfoliotheoretische Ansatz zu einer Risikoverteilung führen. Bei generellen Verschiebungen der Anforderungskriterien bestimmter Immobilientypen könnte die Portfoliodiversifikation innerhalb dieser Gruppen ihre Wirkung einbüßen.[59]

Es gibt verschiedene Arten, Risiken zu messen. Als Risikomaße eignen sich unter anderem:

- Die Volatilität (σ = Standardabweichung) als Maß der Streuung um einen Erwartungswert. $\sigma = \sqrt{\dfrac{1}{n} \sum_{i=1}^{n} (x_i - \bar{x})^2}$

- Der Betafaktor (β) als Maß für das mit einer Kapitalanlage übernommene systematische Risiko. $\beta = \dfrac{\mathrm{cov}_{i,\,m}}{\sigma_m^2} = k_{im}\,\dfrac{\sigma_i}{\sigma_m}$

- Der Korrelationskoeffizient (k) als standardisiertes Maß des Gleichlaufs zweier Zeitreihen. $k_{ij} = \dfrac{\mathrm{cov}_{ij}}{\sigma_i \cdot \sigma_j}$

- Die Ausfallwahrscheinlichkeit oder das Risiko, eine Verzinsung unterhalb der Mindestrendite $R_{i\,\min}$ zu erzielen.

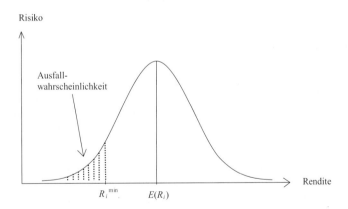

---

[58] Aufgrund zunehmender Dynamik im Wechsel von Arbeitsplätzen kann das Risiko, kurzfristig veränderten Bedürfnissen der Nutzer nicht mehr zu genügen, erheblich steigen. Gondring (2004), S. 490 stellt in diesem Zusammenhang eine steigende Umzugsrate (Churn-Rate) in Unternehmen von zum Teil 50% der Arbeitsplätze pro Jahr fest.

[59] Vgl. Markowitz (1952), S. 77 ff.

Ergänzend dazu wird für die Risikomessung in der modernen Portfolio-theorie (MPT) basierend auf der Weiterentwicklung von Markowitz (1952) das Capital Asset Pricing Model (CAPM) herangezogen, welches an dieser Stelle kurz erwähnt werden soll. Das CAPM dient zur Preisbildung risiko-behafteter Anlagen die sowohl Immobilien als auch Finanztitel oder andere Anlagen beinhalten kann.[60] Die Rendite setzt sich auch hier aus der erwar-teten Rendite einer risikolosen Kapitalanlage und einer Risikoprämie zu-sammen. Die Risikoprämie im Portfolio setzt sich zusammen aus der Risi-koprämie des Marktportfolios multipliziert mit dem Risiko des Einzelobjek-tes, dem Risikomaß „β". Das β misst also dass Risiko eines Objekts zum Gesamtrisiko des Portfolios.[61] Demnach setzt sich die Rendite wie folgt zu-sammen:

$$M(R_i) = M(R_f) + \beta \{M(R_m) - M(R_f)\}$$

wobei $\beta = \dfrac{\sigma_{i,m}}{\sigma_m^2}$ und $M(R_f)$ = risikofreie Verzinsung

2.3.3 Nutzungsdauer

Bei Immobilien muss zwischen physischer und ökonomischer Nutzungs-dauer unterschieden werden. Die physische Beständigkeit von Immobilien kann teilweise weit über die ökonomisch sinnvolle Nutzungsdauer hinaus-gehen. Die ökonomische Werthaltigkeit wird durch den Markt bestimmt. Veränderte Anforderungen an Wohnen, Arbeiten und Freizeit erfordern hier teilweise Anpassungsprozesse, die im Einzelfall bei den Immobilien durch Modernisierung oder Umbau nicht immer erreicht werden können. In der einschlägigen Bewertungsliteratur sind verschiedene Möglichkeiten be-kannt, den Wertverlust durch Alterung zu beschreiben. Die Abweichungen der Wertentwicklung der drei häufig verwendeten Verfahren beschreibt die Grafik in Abbildung 2.7. Dabei werden die Verläufe von Ross und Brachmann (1991) und Vogels (1996) mit der linearen Abschreibung ver-glichen.[62]

Innerhalb des Lebenszyklus einer Immobilie lassen sich demnach meh-rere Abschnitte unterteilen, die auch die Nutzungsdauer unterbrechen, ver-längern oder die Nutzungsart verändern können. Eine anhaltend schwierige

---

[60] Vgl. Kerschbaumer (2003), S. 4.

[61] Vgl. Seppelfricke (2004).

[62] Wertminderung nach Ross und Vogels in %:

$$\text{Ross} = \left[\frac{1}{2} \cdot \left(\frac{\text{Alter}^2}{GND} + \frac{\text{Alter}}{GND}\right)\right] \cdot 100 \qquad \text{Vogels} = 40 \times \left(\frac{3 \cdot \text{Alter}}{GND} - \frac{\text{Alter}^2}{GND^2}\right)$$

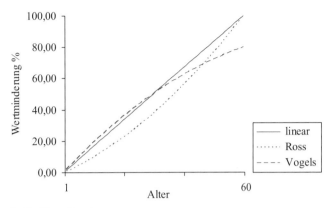

Quelle: Eigene Berechnung

Abbildung 2.7: Alterswertminderung linear und
nach Ross/Brachmann und Vogels

Nachfrage nach Büroflächen kann zu der Einschätzung führen, dass bestimmte Immobilien nur mit erheblichen Preisabschlägen oder langen Leer-
standszeiten vermietet werden können.

In jüngster Zeit wurden auch Gewerbeflächen in Wohnraum oder Hotel-
flächen umfunktioniert, um dann einen anderen Teilmarkt mit günstigeren
Ertragserwartungen bedienen zu können und damit gegebenenfalls auch die
Nutzungsdauer zu verlängern. Nachfolgende Grafik veranschaulicht die
möglichen Zyklen von der Entstehung bis hin zum Abriss der Immobilie:

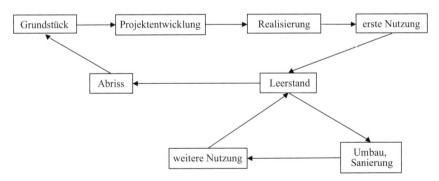

Quelle: Eigene Darstellung in Anlehnung an Gondring (2004), S. 58 und ecomed (2004), S. 4

Abbildung 2.8: Lebenszyklus der Immobilie

Da wir in einer Zeit zunehmender Dynamisierung hinsichtlich volkswirtschaftlicher Veränderungsprozesse leben, ist die Ermittlung künftiger oder noch verbleibender Nutzungsdauer[63] in Abhängigkeit von der Dynamik der Veränderung mit entsprechender Unsicherheit zu betrachten. Die Nutzungsdauer für Bürogebäude wird in der Literatur unterschiedlich eingeschätzt. So reduziert Kleiber et al. (2002) gegenüber der Ausgabe (1998) die Nutzungsdauer von 80 Jahre auf 70 bis 50 Jahre und trägt damit der zunehmenden Dynamisierung unserer globalen Volkswirtschaft Rechnung.[64] Gondring (2004) gibt eine Lebensdauer für Bürogebäude von 30 bis 60 Jahre an.[65] Das es sich dabei um ökonomische und nicht physische Nutzungsdauern handelt, wird auch im Vergleich zu den in der WertV, § 23[66] angegebenen Lebensdauer für Immobilien von „200 Jahren und mehr" für tragende Elemente von Gebäuden deutlich.[67]

Vor diesem Hintergrund wurde auch in einer internen Studie von JLL „Standorte und Flächenbedarf von Großunternehmen" das sich verändernde Nachfragerverhalten von Büronutzern untersucht. Dabei wurden die 500 größten Unternehmen Deutschlands hinsichtlich ihrer Arbeitsplatzanforderungen untersucht. Anlass war eine vermutete Veränderung der Büroorganisation und deren Raumstrukturen nach angelsächsischem Vorbild mit der möglichen Folge der Abkehr von Zellenbüros hin zu Großraumstrukturen. Im Ergebnis konnte aber diese Vermutung nicht bestätigt werden, so dass auch künftige Veränderungsprozesse in der Organisation von Arbeitsprozessen nur begrenzten Einfluss auf die Nutzungsdauer durch verändertes Nachfragerverhalten erwarten lassen.[68] Welche Bedeutung die nur mit erheblicher Unsicherheit zu schätzende künftige Nutzungsdauer bei der Ermittlung des Wertes einer Immobilie hat, verdeutlicht folgendes Schaubild in Abbildung 2.9.

Abbildung 2.9 zeigt die Problematik der richtigen Prognose der Nutzungsdauer. Der Einfluss einer veränderten Nutzungszeit auf den Wert nimmt mit abnehmender Gesamtnutzungsdauer zu. Die Wertentwicklung wurde mit der Ertragswertformel ermittelt, in der der Bodenwert mit dem Vielfachen des Jahresreinertrages berücksichtigt wurde. Dadurch wird deutlich, dass neben der Höhe des Mietzinses die Nutzungsdauer und weniger

---

[63] Im Rahmen der Wertermittlung spricht man von Restnutzungsdauer (RND).

[64] Vgl. Kleiber et al. (2002), S. 1759.

[65] Vgl. Gondring (2004), S. 57.

[66] Vgl. Kleiber (2002), S. 1843.

[67] Die WertV 2002 verwendet in diesem Zusammenhang den Begriff der „technischen Lebensdauer" von Gebäuden.

[68] Allerdings umfasste die Untersuchung nur mögliche Verhaltensänderungen bereits existierender Unternehmen. Strukturveränderungsprozesse, die neue Unternehmen als Büronachfrager hervorbringt, können damit nicht erfasst werden.

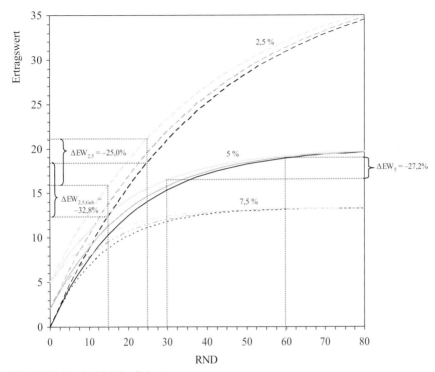

EW: Vielfaches des jährlichen Reinertrages
RND: Restnutzungsdauer in Jahren

Quelle: Eigene Berechnung

Abbildung 2.9: Einfluss der Nutzungsdauer auf den Ertragswert

der Bodenwert von Bedeutung für die Wertermittlung einer Immobilie ist.
Die drei Kurvenbündel entsprechen dem Wertverlauf in Abhängigkeit von
der erwarteten Restnutzungsdauer unter Berücksichtigung verschiedener
Liegenschaftszinssätze. Die Bündel zeigen für den jeweiligen Zinssatz den
Wertverlauf ohne Berücksichtigung des Bodenwertes, also den Gebäude-
wertanteil, sowie die Berücksichtigung des Bodenwertes mit dem 2-fachen
(mittlere Kurve) sowie dem 5-fachen (obere Kurve) des jährlichen Reinertrages.[69]

---

[69] Von den jeweiligen zinsabhängigen Kurvenbündeln zeigt die obere Kurve den
Bodenwert als 5-fachen des Reinertrages, die mittlere Kurve den Bodenwert als
2-fache des Reinertrages und die untere Kurve den Bodenwert = 0. Die Kurven
sind auch daran zu erkennen, auf welcher Höhe sie die Ordinate bei $x = 0$ berühren.

Dabei wird deutlich, dass bei einer Veränderung der RND von 25 auf 15 Jahren bei einem Liegenschaftszins von 2,5% zwar erhebliche Differenzen im Ertragswert abgebildet werden, jedoch die Differenz zwischen Ertragswert mit (25,0%) und ohne (32,8%) Berücksichtigung des Bodenwertes selbst im sensiblen Bereich kurzer RND nicht sehr stark ins Gewicht fällt. Dies wird bei Betrachtung der Ertragswertformel deutlich:

$$EW = RE \cdot \frac{q^n - 1}{q^n \cdot (q - 1)} + BW \cdot \frac{1}{q^n}$$

Bei einer hypothetischen RND von Null bleibt nur der Bodenwert übrig, da der Vervielfältiger bei $n = 0$ Null wird und der BW mit Eins multipliziert unverändert bleibt.

Die verschiedenen Kurvenverläufe verdeutlichen die unterschiedlichen Ertragswertentwicklungen und zeigen, dass über einen zunehmenden Kalkulationszeitraum die Berücksichtigung des Bodenwertes kaum mehr eine Rolle spielt. Die Kurven konvergieren mit zunehmendem q[70] bei abnehmender RND.

Wird nun ein Bürogebäude gemäß der gegenwärtigen Bewertungslehre mit einer Nutzungsdauer von 50–70 Jahren[71] bereits nach 30 Jahren nicht mehr vermarktbar, führt dies zu erheblichen Problemen. In der oberen Grafik wurde die Differenz der Werte bei 60 und 30 Jahren, bei einem Liegenschaftszinssatz von 5% und einem Bodenwert in Höhe des 5-fachen Jahresreinertrages mit 13,9% ermittelt. Das bedeutet eine Abwertung um rd. Ein Siebtel, im Falle, dass die Immobilie nicht über die gesamte Nutzungsdauer Nutzer zu konstanten Mieterträgen für sich begeistern kann. Dieses Beispiel könnte in etwa einem gewöhnlichen neu erworbenen Bürogebäude entsprechen.

Die Kurve in Abbildung 2.10 zeigt den prozentualen Wertverlust bei einer tatsächlich kürzeren Nutzungsdauer als in der Wertermittlung angenommen. Die Markierung zeigt das Beispiel mit einer von 60 auf 30 Jahre verkürzten Nutzungsdauer. Wird die Nutzungsdauer von 60 auf 40 Jahre reduziert, verringert sich der Wertverlust vom Ausgangswert auf 6,9%.[72]

---

[70] $q = 1 + \dfrac{\text{Liegenschaftszins}}{100}$

[71] Vgl. Kleiber et al. (2002), S. 1759.

[72] Vgl. Heyser (2004), S. 48.

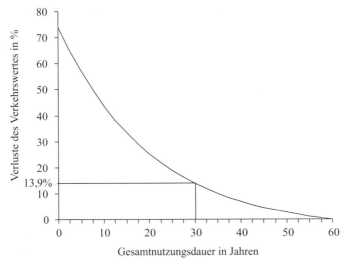

Quelle: Eigene Berechnung

Abbildung 2.10: Fehlerverlauf

2.3.4 Heterogenität

Als heterogen werden Güter verstanden, die untereinander konkurrieren, jedoch hinsichtlich ihrer Eigenschaften unterschiedlich sind. Eine unbeschränkte Substitution heterogener Güter ist nicht möglich[73]. Von großvolumigem Geschoßwohnungsbau abgesehen gleicht nahezu keine Immobilie der anderen. Das bedeutet, dass eine Annäherung heterogener Immobilien möglich ist, vollständige Homogenität aber nahezu immer ausgeschlossen werden kann. Die daraus abgeleitete Einmaligkeit von Immobilien führt zu dem Problem, dass die Schätzung von Marktwerten aufgrund von vergleichbaren Immobilien teilweise sehr problematisch ist. Oftmals entscheiden nur kleine Abweichungen untereinander über nennenswerte Marktwertveränderungen. Die Folge ist, dass Immobilien im direkten Vergleich nur mit Einschränkungen hinsichtlich ihrer Werte beurteilt werden können. Entscheidend dabei ist, wie die Immobilie über die Nutzungsdauer hinweg von potenziellen Nutzern wahrgenommen wird. Die jeweils individuelle Beurteilung der Wertigkeit einer Immobilie durch den Nutzer hängt von vielen Faktoren ab, deren Präferenz jeweils sehr individuell sein kann. Die Bereitschaft auf Zahlung einer bestimmten Miethöhe ist daher abhängig von ei-

---

[73] Vgl. Brauer (2001), S. 13.

nem Bündel von Eigenschaften, die für den Nutzer eine Wertigkeit darstellen. Dieses Bündel von positiven und negativen (Charakter-)Eigenschaften, bestehend aus Lage, Form und Styling, Verkehrsanbindung, Immissionen, Nachbarschaften, etc. ist für jede Immobilie individuell. Einige Eigenschaften sind veränderbar, viele Eigenschaften sind jedoch von dauerhafter Existenz und damit fester Bestandteil der Immobilie. Je höher der Grad der Individualität einer Immobilie ist und umso stärker sie mit ihren Ausprägungen vom Mittel der Grundgesamtheit eines (Immobilienteil-)Marktes entfernt ist, desto höher kann auch das Risiko sein, die Erwartungshaltung künftiger Nutzer weniger stark zu erfüllen, wie andere im Wettbewerb stehende Objekte. Derartige Unsicherheiten können sich dann in einem um einen Risikozuschlag erhöhten Liegenschaftszins niederschlagen. Die sichtbarste und oftmals schnellste Reaktion bezüglich der Wertentwicklung einer Immobilie auf eine Diskrepanz zwischen verfügbaren Eigenschaften und erwarteten Eigenschaften durch den Nutzer liefert der Mietzins, zu dem ein Nutzer bereit ist, das Objekt zu mieten. Das bedeutet, dass der Mietzins im Laufe der Nutzungsdauer eine höhere Volatilität als der Liegenschaftszins entwickeln kann.

In der praktischen Wertermittlung versucht z. B. das Vergleichswertverfahren der WertV durch diverse Anpassungs- und Korrekturfaktoren diese Individualitäten entsprechend zu berücksichtigen.

2.3.5 Hohe Kapitalbindung

Die Kapitalbindung kann in Abhängigkeit von der Funktion des Eigentümers stark differieren. Im Laufe ihrer Entstehungsphase vom zu planenden Projekt bis hin zum fertigen Gebäude wird die Büroimmobilie nicht selten vom Projektentwickler an einen Zwischeninvestor und schließlich an den Endinvestor veräußert, ehe eine längere Haltedauer eintritt. Der Grund für diese Eigentümerwechsel liegt auch darin, dass Büroimmobilien in aller Regel auf „Vorrat" erstellt werden um dann als ein fertiges Paket bestehend aus Immobilie und Nutzer an einen Endinvestor zu einem höheren Preis veräußert werden zu können, als das mit einem Vermietrisiko der Fall wäre. Der Grund liegt in der langen Produktionsdauer, der die Planungshorizonte potenzieller späterer Nutzer oftmals überfordert. Der Anteil spekulativ errichteter Büroimmobilien in Deutschland schwankt stark in Abhängigkeit der Nachfrage nach Flächen. Für das Jahr 2004 kann von einem Verhältnis von etwa 50 % spekulativem, 35 % vorvermieteter und 15 % eigengenutzter Bürohausbau ausgegangen werden.[74] In Boomjahren wie während des Ent-

---

[74] Vgl. JLL, Marktstandsdaten 2004.

stehens der „New Economy Bubble" wurden bis über 80 % des Projektvolumens von Büroimmobilien spekulativ entwickelt. Aufgrund der unverändert langen Produktionsphase und der zunehmenden Dynamisierung einer globalen Volkswirtschaft ist nicht zu erwarten, dass der Anteil vorvermieteter Bürobauprojekte wieder steigt. Vielmehr werden kreative Finanzierungsmodelle Risiken, die durch Vorratsbauen unweigerlich entstehen, abdecken müssen.

Bei dem Endinvestor sprechen mehrere Gründe für ein längeres Halten der Immobilie. Zum einen sinken systematische Risiken über einen längeren Zeitraum[75], zum anderen besteht die Chance, dass sich über steigende Baukosten der Sachwert und über steigende Mieten der Ertragswert erhöht. Darüber hinaus belasten die Grundstücksverkehrskosten[76] die Performance des Investments bei kurzfristigem Eigentümerwechsel erheblich. Allerdings kann hier über die Bildung von Objektgesellschaften entgegen gewirkt werden.

2.3.6 Transaktionskosten, Liquidierbarkeit und Rendite

Um Immobilien zu Marktpreisen veräußern zu können, sind funktionierende Märkte Voraussetzung. Die Einzigartigkeit von Immobilien in Verbindung mit einer langen Haltedauer der Eigentümer impliziert jedoch besondere Liquiditätsprobleme.

Die geringe Transaktionshäufigkeit von Immobilien verhindert dabei, im Gegensatz zu Aktien eine echte Bewertung durch den Markt.[77] Ursachen dafür liegen in den relativ hohen Transaktionskosten, die aus beobachtbaren und nicht beobachtbaren „hidden-costs" bestehen.[78] Die beobachtbaren Kosten sind weitestgehend in den Grunderwerbsnebenkosten erfasst. Sie bestehen aus Maklergebühren (je nach lokalen Marktgegebenheiten bis zu 3 % des Kaufpreises für Büroimmobilien, Wohnimmobilien bis 5 %), Notar-, Anwalts und Gerichtskosten (gemäß BRAGebO), Grunderwerbssteuer (derzeit 3,5 % gemäß GrEStG)[79] sowie Gebühren zur Finanzierungsbeschaffung, und können somit Größenordnungen von 7–9 % der Anlage erreichen. Zu den „hidden-costs" können die Suchkosten des Käufers, Researchaufwendungen als Basis der Ankaufentscheidung sowie zusätzliche Verwaltungsaufwendungen durch Neuausschreibungen von Property-Dienstleistungen zählen. Verglichen mit den Erträgen der Immobilien können demnach

---

[75] Siehe hierzu auch Kapitel: 2.3.2 „Risikostruktur".

[76] Siehe Kapitel: 2.3.6 „Transaktionskosten, Liquidierbarkeit und Rendite".

[77] Francke (2003), S. 22.

[78] Vgl. Sullivan et al. (1991), S. 113 ff.

[79] Kleiber et al. (2002), S. 1479.

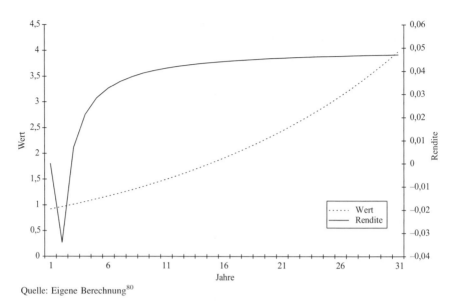

Quelle: Eigene Berechnung[80]

Abbildung 2.11: Wert- und Renditeentwicklung

Transaktionskosten entstehen, die ein bis zwei Jahreserträge aufzehren und sich damit unter ökonomischen Gesichtspunkten ein häufiges Handeln von ein und derselben Immobilie verbietet. Abbildung 2.11 zeigt den Einfluss von Transaktionskosten auf die langfristige Renditeentwicklung von Immobilien.

Eine intensivere Diskussion über die Gewichtung der Transaktionskosten innerhalb der Renditebetrachtung sowie den Einfluss auf den „rate of return" findet sich in Sullivan et al. (1991). Da in der praktischen Umsetzung von Transaktionen für den Käufer die von ihm zu tragenden Erwerbsnebenkosten mit in die Gesamtkalkulation eingepreist werden, ist für den Käufer nur der für den Erwerb zu zahlende Gesamtbetrag entscheidend. Das bedeutet, dass sich für den Käufer trotz hoher Transaktionskosten die Renditeentwicklung in einer geraden, möglichen Mietveränderungen folgenden Kurve entwickelt. Das Problem der Transaktionskosten wird auf den Zeitpunkt der nächsten Veräußerung in die Zukunft verschoben. Bei steigenden Immobilienpreisen fallen diese Kosten nicht so unangenehm auf wie im Falle stagnierender oder sinkender Preise.

---

[80] Als Berechnungsgrundlage wurden Transaktionskosten von 8 % und eine Verzinsung von 5 % angenommen.

Aufgrund dieser Ausprägungen unvollkommener Märkte haben sich „Alternativmärkte" im Immobiliensektor entwickelt, die die erwarteten Vorteile der Immobilienanlage stabiler Wertanlage unter Reduzierung der Nachteile hoher Transaktionskosten und begrenzter Liquidierbarkeit zu nutzen versuchen. Bei der Anlage in offenen Immobilienfonds besteht die Möglichkeit, an Immobilienbesitz in unterschiedlichster Ausprägung zu partizipieren und dennoch eine relativ höhere Liquidierbarkeit im Vergleich zum direkten Immobilienbesitz zu realisieren[81]. Darüber hinaus besteht hinsichtlich Management kein Aufwand. Allerdings fallen auch hier Transaktionskosten zumindest in Höhe des Ausgabeaufschlags von teilweise bis zu 5% an. Darüber hinaus bestehen einigen internationale Anlagemöglichkeiten, wie REIT's, amerikanische Real Estate Limited Partnerships (RELP) oder britische Property Listed Companies (PLC) als verbriefte und handelbare Immobilienanleihe.[82]

2.3.7 Lange Produktionsdauer

Die Realisierungsdauer von Immobilien beinhaltet Planungs-, Genehmigungs- und Bauphase. Je nach Immobilienart, regionalen Planungsbehörden und baurechtlichen Gegebenheiten können sehr unterschiedliche Realisierungszeiten entstehen. Im Bürobaubereich kann eine Planungsphase von sechs Monaten, eine Genehmigungsphase von drei bis sechs Monaten und eine Bauphase von neun bis 12 Monaten als realistischer Wert angesehen werden. Im Wohnbau kann aufgrund vereinfachter Planung und Genehmigungsverfahren, sowie möglicherweise geringerem Bauvolumen eine etwas verkürzte Zeitplanung kalkuliert werden. Diese lange Produktionsphase von der Entscheidung bis hin zum fertigen Produkt von bis zu zwei Jahren im Bürohausbau führt speziell in diesem Marktsegment in Verbindung mit teilweise stark schwankenden Nachfragesituationen zu Marktungleichgewichten. Während der Realisierungsphase ist also die Angebotselastizität extrem gering. Langfristig allerdings besteht eine sehr hohe Angebotselastizität, da der Kapitalfluss hin zum Realvermögen Immobilie bei entsprechender Erwartung künftiger Erträge aufgrund steigender Mieten stark variiert werden kann. Hinsichtlich der Produktionskapazität in der Baubranche gab es bisher keine Beschränkung, die allein eine Überproduktion an Mietflächen verhindert hätte. Im Büroimmobilienbereich kann seitens der Nachfrage von einer sehr geringen Elastizität des Preises ausgegangen werden, da der Teil der Mietkosten an den Arbeitsplatzkosten einen zu geringen Anteil ausmacht.

---

[81] Anm.: Im Vergleich dazu ermöglichen geschlossene Immobilienfonds üblicherweise eine nicht so einfache Liquidierung des Anlagevermögens, da die Anteile nicht frei handelbar sind.

[82] Vgl. Gondring (2004), S. 38.

Das führt zu dem wiederkehrenden Phänomen des „Schweinezyklus", den man anhand des Cobweb-Theorems beschreiben kann.

2.3.8 Transaktionshäufigkeit von Immobilien

Über die durchschnittliche Haltedauer von Immobilien gibt es mangels gesicherter Daten keine einheitliche Aussage. Aufgrund der starken Segmentierung der Immobilienmärkte ist eine entsprechend differenzierte Betrachtung nahe liegend. Francke (2001) schätzt die Transaktionshäufigkeit auf „deutlich unter ein Prozent" bezogen auf den Wertebestand. Wesentlichen Anteil an einem tendenziell statischen Markt hat der Wohnimmobilienbereich, der aufgrund einer Eigentumsquote von 55% bezogen auf die Personen, oder 44% bezogen auf Haushalte[83] zwar im europäischen Kontext eher gering ausfällt, aber im Vergleich zu Gewerbeimmobilien zu einer langfristigen Verweildauer der jeweiligen Nutzer in der Immobilie führt. Für Büroimmobilien ist seit Jahren eine spürbare Entwicklung zum „sale and lease back" bisheriger Nutzer und Eigentümer zu verzeichnen. Mit der Umwandlung von Eigentums- auf Mietverhältnisse kann auf wirtschaftliche Veränderungsprozesse flexibler reagiert und das eingesetzte Kapital unter Umständen im eigenen Unternehmen besser verzinst werden. Darüber hinaus fungieren seitens der Eigentümer Büroimmobilien zu einem erheblichen Teil ausschließlich als Anlagegut im Rahmen von gemischten oder reinen Immobilienportfolios, so dass Transaktionen auch durch Veränderung der liquiden Mittel induziert werden können.

Aufgrund einiger Hilfsgrößen lässt sich eine Vorstellung über die durchschnittliche Transaktionshäufigkeit von Büroimmobilien machen.[84] Eine

---

[83] empirica-Studie (2004).

[84] Mangels Statistischer Daten kann die Umschlagshäufigkeit von Büroimmobilien in Deutschland nur näherungsweise ermittelt werden. Dazu werden nachfolgend die als gesichert geltenden Daten der fünf Städte Berlin, Düsseldorf, Frankfurt, Hamburg und München kumuliert ausgewertet und als Vergleichswert genannt.

Büroflächenbestand:	ca. 64,2 Mio. m^2
Durchschnittlicher Mietzins:	ca. 14,– €/m^2 (Vgl. Marktbericht Schauer & Schöll 1/2004)
Angenommene Verzinsung:	6,5%
Daraus resultierender Bestandswert:	ca. 165,9 Mrd. €
Transaktionsvolumen Gewerbe:	ca. 4,7 Mrd. € (Mittelwert aus den Verkäufen 2003 und 2004, JLL Research)
Transaktionsvolumen Büro:	ca. 3,5 Mrd. € (aus der Summe aller Transaktionen wurde in Anlehnung an die Portfoliogestaltung offener Fonds ein Abschlag von 25% für Nicht-Büroimmobilien vorgenommen).
Geschätzte Transaktionsquote:	3,5 Mrd./165,9 Mrd. = *ca. 2,1%*

Schätzgröße von 2% mit regionalen und marktbedingten Schwankungen von kaum mehr als $+/-$ 1% kann als realistisch angesehen werden. Inwieweit es sich dabei tatsächlich um Verkäufe von Immobilien oder aber um den Eigentümerwechsel von Objektgesellschaften handelt, ist dabei nicht berücksichtigt, da diesen Differenzierungen unter anderem auch steuerliche Motivation zugrunde gelegt werden kann.

Dieses hypothetische Rechenmodell basiert auf Marktdaten von JLL Research und Schauer & Schöll.

3 Besonderheiten der Büroimmobilienmärkte

3.1 Verhalten der Büroraummärkte

3.1.1 Angebots- und Nachfrageelastizitäten

Der Wert einer (Büro-)Immobilie ermisst sich aus der Erwartung künftiger Erträge. Diese Erträge können zum einen aus Wertsteigerungen während der Haltezeit einer Immobilie im Portfolio und dessen Erlös bei der Veräußerung entstehen. Zum anderen sind dies die laufenden Mieterträge[85] als Kapitalverzinsung und Risikoprämie. Die Risikoprämie ist eine virtuelle Größe, deren dezidierte Quantifizierung im Einzelfall Probleme aufwirft, deren Existenz jedoch unstrittig ist. Die Gewichtung des Risikos, also der Unsicherheit über die künftig prognostizierten Mieteinnahmen hängt von mehreren Einflussfaktoren ab. Zum einen kann die Lage einer (Büro)Immobilie erheblichen Einfluss auf den Vermietungserfolg dahingehend haben, dass sie eine erhebliche Volatilität der Zahlungsströme über eine längere Zeitperiode aufweist. Rand- oder Nebenlagen könnten in engen Märkten zu vergleichbar hohen Preisen vermietet werden wie attraktivere Lagen, bleiben dafür aber in schwächeren Märkten eventuell länger unvermietet.[86]

Für den Investor ist daher die Berücksichtigung der Risikogröße von immanenter Bedeutung. Mangels Quantifizierung dieser Größe im Mietzins mit entsprechender Berücksichtigung muss sich ein Äquivalent im Liegenschaftszins wieder finden. Die Höhe des Mietzinses unter Berücksichtigung von Faktoren, die die Nachhaltigkeit dieser Erträge beeinflussen sind daher die wesentlichen Faktoren für die Preisfindung von Anlegern. Die Immobilie selbst ist also „nur Vehikel" zum Generieren von Erträgen für den Anleger.

DiPasquale und Wheaton (1996) beschreiben auf dem Assetmarkt einen direkten Zusammenhang zwischen Angebotener Immobilienmenge und Nachfrage auf Anlegerseite. Zumindest im Marktsegment der Gewerbeimmobilien wird das Vermarktungsrisiko noch unvermieteter Büroprojekte mit einer Unsicherheit auf Anlegerseite betrachtet. Dieser Unsicherheit kann in

---

[85] Korrekterweise sind dies die Reinerträge, die aus (Miet-)Einnahmen abzüglich der Kosten für die Bewirtschaftung der Immobilie bestehen (Vgl. auch WertR 02, Anlage Abbildung A2).

[86] Vgl. JLL, „City Profile Munich", Q2/2004.

aller Regel nur durch eine „erhebliche" Vermietung begegnet werden, die die Markt- und Ertragsfähigkeit des Projekts bestätigt. Daraus kann gefolgert werden, dass für den Anleger und damit für den Nachfrager auf dem Assetmarkt nicht das Angebotsvolumen leerer Büroimmobilien relevant ist, sondern das Angebot an (voll) vermieteten Gebäuden.

Im Büromietmarkt stellt sich jedoch hinsichtlich der Nachfrageelastizität die Frage, inwieweit tatsächlich Reaktionen auf Preisänderungen zu erwarten sind. DiPasquale und Wheaton (1996) differenzieren die Immobilienmärkte nicht in die jeweiligen Segmente und leiten grundsätzlich eine gewisse Reaktion der Nachfrager auf den Angebotspreis ab. Im Bürosegment stellt sich jedoch die Frage, welche Rolle der Mietpreis und seine Veränderung auf die grundsätzliche Entscheidung einer Standortentscheidung der Nutzer spielt. Bei der Entscheidung eines Unternehmens über die Wahl eines Standortes hat es in der Regel drei Möglichkeiten:

1. Beibehaltung eines bereits bestehenden Standortes im Rahmen eines bestimmten Mietpreiskorridors,

2. Expansion eines bestehenden oder Neuentwicklung eines Standortes und

3. Schließung oder Reduktion eines Standortes.

Um die Frage nach der Bedeutung von Mietzinsänderung auf die Grundsätzliche Entscheidung einer Standortwahl zu beantworten, müssten die jeweiligen Produktionsfaktoren und seine Kosten für die Herstellung der Güter oder Dienstleistungen des Immobiliennutzers bekannt sein. In Kapitel 3.1.4 „Mietpreise haben (k)ein Gedächtnis" wurde für Facilitykosten ein hypothetischer Wert von rd. 5.200,– € pro Arbeitsplatz und Jahr geschätzt. Der Anteil der durch Standortwahl beeinflussbaren Nettomiete[87] betrug davon etwa 84%, also rd. 4.370,– €. Die Arbeitskosten im Vergleich dazu betrugen im Jahr 2000 rd. 44.800,– €.[88] Hinzu kommen weitere individuell unterschiedlich hohe interne und externe Kosten, die dazu führen, dass der Anteil der Büromietkosten pro Arbeitsplatz im tertiären Sektor in einer Größenordnung zwischen 5 und 7% liegen dürfte. Selbst bei Mietpreisänderungen um bis zu 50%[89] würde dies das Kostenbudget eines Nutzers in Größenordnungen von 2 bis 4% tangieren. Das lässt erwarten, dass sich Unternehmen nach rationalen Gesichtspunkten kaum durch Mietpreisdifferenzen verschiedener Standorte in ihrer Auswahl beeinflussen lassen. Viel-

---

[87] Der Einfluss von Standortwahl und Ausstattung der Gebäude wurde hier vernachlässigt. Eine differenzierte Kostenanalyse findet sich in OSCAR (2003).

[88] Quelle: destatis, Arbeitskosten je vollzeitbeschäftigten Arbeitnehmer für Handel, Gastgewerbe, Kredit- und Versicherungsgewerbe, Ausdruck vom 21.07.2004.

[89] Die größte Preisschwankung der Spitzenmiete zwischen 1998 und 2003 in Deutschland verbuchte Frankfurt/M. mit einer Veränderung von +35% (36,– €/m^2 in 1998; 48,50 €/m^2 in 2001).

mehr werden Infrastruktur, Nähe zu Absatzmärkten, Verfügbarkeit von Produktionsfaktoren (z. B. qualifizierte Mitarbeiter), strategische Gründe oder persönliche Präferenzen des Eigentümers oder Entscheiders der Unternehmung von Bedeutung sein.

Zu einem ähnlichen Ergebnis kommt auch Stahl (1987), der die Auswahl der „Location" durch den Nutzer von zahlreichen Faktoren abhängig macht. Die Höhe des Mietpreises wird darin nur an hinterer Position genannt. So geht Stahl davon aus, dass die Nähe zu branchengleichen Unternehmen Vorteile im Bereich der Zulieferung benötigter Produktionsfaktoren verspricht. Eine (begrenzte) Agglomeration gleicher Nutzer könnte auch Marketingvorteile für die Unternehmen bieten und den Erklärungsbedarf eines Standortes aus Sicht des Mieters reduzieren. Darüber hinaus können bestimmte Standorte positive Effekte in der vertikalen Integration von Unternehmen zur Folge haben. Auch beabsichtigte Expansionsstrategien sowie die Verfügbarkeit und Kontaktnähe von entsprechend qualifizierten Mitarbeitern beeinflussen die oftmals langfristige Entscheidung für eine Lage/ein Objekt.

Unter diesen Gesichtspunkten geht Stahl davon aus, dass Nutzer und Eigentümer eine Art „bilateral-monopolistische" Verhandlungsposition einnehmen können.

Damit wird im weiteren Sinn von Thünen's Idee bestätigt, der „land rent" als Residuum betrachtete, was zu einer sehr unelastischen Funktion und damit zu einer steilen Nachfragekurve führt.[90]

Im Gegensatz dazu nimmt die Angebotsfunktion langfristig einen sehr elastischen Verlauf, was sich in immer wiederkehrenden Zyklen in teilweise erheblichen Angebotsüberhängen gerade in Neubauflächen zeigt.[91] Langfristig bestehen an verfügbarer baureifer Grundfläche nahezu keine Limitierungen hinsichtlich der Kapazität, Büroflächen zu produzieren. Da Städte und Gemeinden in der Regel ein Interesse an der Ansiedlung neuer Unternehmen als Arbeitgeber und Gewerbesteuerzahler haben, kommt es daher eher zu kurzfristigen genehmigungsbedingten Engpässen, wenn die Nachfrage nach Gewerbebauland unerwartet stark steigt.

Diese unterschiedlich ausgeprägten Elastizitäten führen dazu, dass ein nachhaltiges Marktgleichgewicht im Büroimmobilienmarkt nicht zu erwarten ist, was in der folgenden Grafik des Cob-Web-Theorems deutlich wird.

---

[90] Vgl. auch von Thünen (1990).

[91] Gondring (2004) beschreibt auf S. 42 die Angebotselastizität auf dem Immobilienmarkt als gering. Darin besteht kein Widerspruch zur hier aufgeführten Argumentation, da Gondring die aufgrund der langen Produktionsdauer von Immobilien mangelhafte kurzfristige Anpassung der Angebotsmenge an verändertem Nachfrageverhalten erklärt.

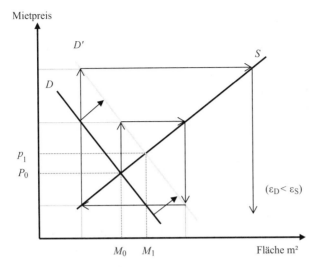

Quelle: Eigene Darstellung

Abbildung 3.1: Cobweb (Spinnweb-)Theorem

Kommt es also ausgehend von einem ausgeglichenen Markt zu einer Nachfrageverschiebung, so wird ein neuer Gleichgewichtspreis frühestens erst nach der für die Produktionsperiode von Büroimmobilien notwendigen Zeit möglich. In Abhängigkeit der Steigungen von Angebots- und Nachfragekurve können sich daraus konvergierende, oszillierende oder explodierende Fälle entwickeln. Das Schaubild verdeutlicht den aufgrund der vorliegenden unterschiedlichen Elastizitäten „explodierenden" Fall, der in wiederkehrenden Abständen in den Büroimmobilienmärkten mit unterschiedlichen Ausprägungen zu beobachten ist. Der Zyklus wird auch als Schweinezyklus oder Property Cycle bezeichnet. Die Bezeichnung „Schweinezyklus"[92] geht auf eine Studie aus dem Jahr 1929 von Arthur Hanau zurück.[93]

konvergierend   oszillierend   explodierend

---

[92] Der zeitliche Anpassungsprozeß in der Schweinefleischproduktion setzt sich zusammen aus Beschaffung zusätzlicher Muttersauen, Tragezeit (115 Tage), Aufzucht der Masttiere (ca. 100 Tage) und ist damit dem Immobilienzyklus nicht unähnlich. Gelegentlich wird der Immobilienzyklus auch als „Hopfenzyklus" bezeichnet.

[93] Vgl. Gondring (2004), S. 59.

3.1.2 Immobilienmarkt als unvollkommener Markt

Unterschiedliche Marktformen werden durch die jeweiligen Marktvoraussetzungen gekennzeichnet. Die Verhaltensweisen und daraus resultierende Preisbildungsprozesse der Marktteilnehmer richten sich in starkem Maße nach der vorherrschenden Marktform.[94] Henrichsmeyer et al. (1991) differenziert zwischen vollkommenen und unvollkommenen Märkten nach Beschaffenheit der Güter und Märkte sowie nach dem Marktzugang von Anbieter und Nachfrager.

Vollkommene Märkte erfüllen danach folgende Eigenschaften:

- Homogenität der Güter
  Nach Auffassung der Marktteilnehmer sind die gehandelten Güter völlig gleichartig. Die Güter müssen also sachlich gleichartig sein. Es besteht keine persönliche Präferenz, zu Eigenschaften, die nicht mit dem Nutzen des Produkts in Verbindung stehen (bessere Geschäftsbeziehung zu einem Marktteilnehmer). Transportkosten werden abstrahiert um räumliche Unterschiede nicht mit der Sachbewertung des Gutes zu vermischen.

- Markttransparenz
  Die Marktteilnehmer sind vollständig über die Marktbedingungen informiert. Das bedeutet, dass alle „sachlich gleichen" Güter zu den gleichen Preisen gehandelt werden. Sobald ein Anbieter den Preis anhebt, würden bei vollständiger Information über alternative Angebote und Abstraktion von Transportkosten alle Nachfrager unmittelbar abwandern.[95]

- Marktzugang
  Die Marktbeteiligten haben uneingeschränkten Zugang zu allen Bereichen des Marktes. Es bestehen keine rechtlichen oder institutionellen Restriktionen, die einzelne Teilnehmer aus Teilbereichen der Märkte ausschließen. Dies könnten Konzessionen für Gaststätten in Immobilien sein oder die Nutzungseinschränkung von Gewerbebauten.

Von unvollkommenen Märkten geht man aus, wenn einzelne oder mehrere der oben genannten Fälle nicht vorliegen. Der einzelne Anbieter kann dann Marktmacht erlangen, indem er sein Gut mit Zusatznutzen versieht und es dadurch von anderen Gütern (Immobilien) differenziert. Die Schaffung eines außergewöhnlich positiven Images einer Immobilie könnte von dem Mieter als Zusatznutzen empfunden werden. Das könnte dann von erheblichem Wert sein, wenn dieser der Auffassung ist, dass seine Kunden/ Geschäftspartner daraus stärkeres Vertrauen in die Qualität seiner Produkte/ Dienstleistung ableiten. Maßnahmen zur Kreation eines gewünschten

---

[94] Vgl. Henrichsmeyer et al. (1991), S. 52.
[95] Vgl. Henrichsmeyer et al. (1991), S. 53.

Images können vielfältiger Art sein und werden von einer wachsenden Werbebranche immer wieder von neuem entwickelt.

Die Singularität von Immobilien macht deren Wertermittlung deswegen so problematisch, weil eben nicht mit Sicherheit von bestehenden Marktsituationen in einer Region auf die Marktfähigkeit des Einzelobjektes geschlossen werden kann. Da die Mietpreiserwartung eines Bürogebäudes ähnlich der Wertigkeit eines Einfamilienhauses, auch von weichen Faktoren abhängt, führt die eingeschränkte Vergleichbarkeit zu erheblichen Unsicherheiten in der Beurteilung von Chancen und Risiken.

Hinsichtlich Markttransparenz wird zwar seit geraumer Zeit durch die zunehmende Internationalisierung die „Unvollkommenheit" in diesem Bereich abgebaut. In Teilmärkten der großen Ballungsräume ist bedingt durch internationale Beratungsunternehmen bereits ein hohes Maß an Transparenz im Bereich der Büroimmobilienmärkte erreicht. Vollständige Transparenz wird aber nur näherungsweise und dort erreicht werden können, wo eine Mindestdichte an Büroimmobilien eine wirtschaftliche Researcharbeit zur Schaffung einer ausreichenden Datengrundlage ermöglicht.

Differenzierter Marktzugang kann gerade durch Stadt und Gemeinden bewusst gesteuert werden, indem in der Bauleitplanung oder anderen Instituten zur Stadtplanung Nutzungseinschränkungen in Bezug auf die jeweiligen Standorte oder Gebäude festgeschrieben werden.[96]

Zusammenfassend kann festgestellt werden, dass man nach wie vor von einem hohen Grad an Unvollkommenheit der Immobilienmärkte ausgehen kann. Innerhalb der Teilmärkte ist aber gerade im Bereich der Markttransparenz zu differenzieren. Der stärker lokal begrenzte Wohnungsmarkt weist aufgrund seiner relativ kleinen Einzelvolumen und einer großen Zahl von nur begrenzt kooperierenden Maklerunternehmen nur bedingt aussagefähige Marktdaten aus. Im Büroimmobilienbereich wie im erweiterten Gewerbeimmobiliensektor stehen zumindest in den Ballungsräumen durch leistungsfähige nach internatonalen Standards tätige Beratungsunternehmen zunehmend stabilere Marktdaten zur Verfügung.[97]

---

[96] Konkrete Einschränkungen und Regelungen finden sich unter anderem in den §§ 1–15, BauNVO und §§ 5–9 BauGB.

[97] Hinsichtlich der generellen Datenverfügbarkeit wird i.d.R. ein genau entgegengesetzter Eindruck erweckt, da detaillierte Informationen über Transaktionen im Gewerbeimmobilienmarkt nur sehr begrenzt frei verfügbar gemacht werden. Begründet liegt dieser Umstand darin, dass vor allem die größeren Beratungsunternehmen in diesem Sektor ihre Researchergebnisse aufgrund des untransparenten Marktes sehr profitabel veräußern können.

3.1.3 Marktzusammenhang

Der Einfluss des Mietpreises wurde bereits in Kapitel 3.1.1 „Angebots-
und Nachfrageelastizitäten" diskutiert. Der Einfluss der wechselnden Miet-
nachfrage auf den Anbietermarkt von Büroflächen ist stark abhängig von
der Erwartung der Anbieter, in den meisten Fällen der Developer. Umso
höher der Mietzins steigt, desto höher ist bei gegebenem Preis die Rendite
für den Investor oder bei gegebener Rendite der Erlös für den Developer.
Für den (seltenen) Fall, dass beide Funktionen in einer Gesellschaft vereint
sind, wirkt sich die Miethöhe direkt auf die Rendite aus, da keine Schnitt-
stelle mit einer Abschöpfungsmöglichkeit von Mehrerträgen vorhanden ist.
Die Produktion von Büroflächen steigt als Resultat veränderter Erwartungshaltungen der potenziellen Bauträger als Flächenlieferanten an. Die Aus-
löser veränderter Erwartungshaltung können vielfältig sein. Anhand der
Kennzahlen für Leertandsquote, Flächenumsatz, gegenwärtigem Anfrage-
potenzial der Nutzer und Nettoabsorbtion der vergangenen Quartale lässt
sich jedoch der Anbietermarkt gut prognostizieren. Hinsichtlich der Nach-
frageentwicklung sind die Anbieter jedoch erheblicher Unsicherheit aus-
gesetzt. So fällt es schwer, über einen Produktionszeitraum von 18 bis 24
Monaten die Nachfragesituation zu prognostizieren. Zu viele Einflussfaktoren spielen bei der Entscheidung, eine neue oder sogar größere Bürofla-
che anzumieten, für den Nutzer eine Rolle. Selbst bei Null-Wachstum des
potenziellen Nutzers macht ein Umzug nur dann Sinn, wenn entweder Kosten gespart werden können oder ein Nutzen durch eine bessere Lage oder
andere Vorteile entstehen. Das bedeutet, dass Bauträger eine bestimmte Er-
wartungsschwelle benötigen, ab der Sie wieder mit dem Bau neuer Büros
beginnen. Da Researchinformationen für alle Marktbeteiligte durch profes-
sionelle Beratungsdienstleister in vergleichbarer Form vorliegen, ist es nahezu ausgeschlossen, dass durch asymmetrische Information komparative
Vorteile entstehen könne. Vielmehr müssen sich alle Marktbeteiligte mit
vergleichbar unsicheren Informationen zufrieden geben.

Abbildung 3.2 zeigt die Zusammenhänge zwischen Miet- Developer- und
Assetmarkt.

Mietmarkt

Der Mietmarkt im Quadranten oben rechts abgebildet beschreibt Ange-
bots- und Nachfrageverhalten. Wenn die Nutzer unverändert viel Fläche unabhängig vom Mietpreis nachfragen, würde die Nachfragekurve vertikal
verlaufen. Umgekehrt verliefe die Kurve horizontaler, wenn die Nachfrage
stärker auf den Angebotsmietpreis reagieren würde.

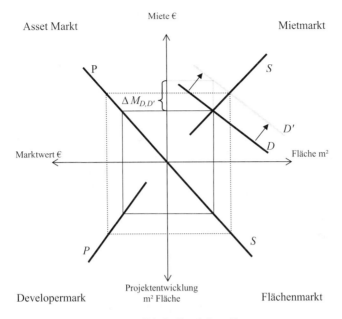

Quelle: DiPasquale, Wheaton (1996), S. 12 und eigene Ergänzungen

Abbildung 3.2: Der Miet- und Investmentmarkt

Die Nachfragefunktion D' entsteht bei veränderten ökonomischen Rahmenbedingungen.[98] Bei gestiegener Produktion, erhöhter Effizienz oder Zahl der Nutzer, wird bei gleichem Mietniveau mehr Fläche nachgefragt oder bei unverändertem Flächenangebot ein höherer Mietpreis erzielt $(\Delta M_{D,D'})$. Durch Parallelverschiebung der Nachfragefunktion von D nach D' steigt also der Mietpreis und damit auch die Bereitschaft, mehr Fläche anzubieten. Dieser höhere Mietpreis führt im Asset Markt zu höheren Preisen, wodurch auch der Developermarkt mehr Fläche zur Verfügung stellt. Es ergibt sich ein größerer Gesamtmarkt, der durch ein höheres Mietniveau und einen größeren Flächenbestand gekennzeichnet ist.

Gleichgewicht entsteht dann, wenn die Nachfrage dem Bestand an Fläche entspricht. DiPasquale und Wheaton (1996) leiten daraus ab, dass die Nachfrage von der Miete und den ökonomischen Bedingungen abhängt. Sie haben die Nachfrage in Abhängigkeit von Büroarbeitskräften (B) und Mietpreis (M) als $D = B(400 - 10M)$ formuliert.

---

[98] Vgl. DiPasquale, Wheaton (1996), S. 7.

Die Formel macht deutlich, dass ab einem $M \geq 40$ die Nachfrage negativ mit der Zahl der Büroarbeitskräfte korrelieren würde. Bisherige Marktbeobachtungen bestätigen zwar regionale Wanderbewegungen von Unternehmen, jedoch keine „Negativ-Entscheidungen" aufgrund der Miethöhe hinsichtlich des Abbaus von Arbeitskräften.[99]

Wie in Kapitel 3.1.1 „Angebots- und Nachfrageelastizitäten" beschrieben, besteht innerhalb eines begrenzten Mietpreiskorridors eine erhebliche Unsicherheit darin, einen Zusammenhang zwischen Nachfrage und Mietpreis zu sehen. Die Nachfragefunktion würde also zumindest in einem definierten Mietpreiskorridor, der von den Nutzern noch hingenommen wird, weitestgehend ohne den Einfluss des Mietpreises auskommen können. Damit wäre die Nachfrage ausschließlich von den wirtschaftlichen Verhältnissen, Lageparametern, strategischer Standortbedeutung und ähnlichen Faktoren abhängig. DiPasquale und Wheaton (1996) stützen somit die These, dass relativ geringe Facilitykosten im tertiären Gewerbe die Standortwahl nur bedingt beeinflussen können.

Gondring (2004) expliziert hinsichtlich des Immobilienwertes, dass dieser nicht gleich der Preis ist, sondern stark durch die nachfragende Seite beeinflusst wird[100]. Gleiches kann auch auf die Nachfrager von Büroflächen abgeleitet werden, die mangels unelastischer kurzfristiger Angebotssituation und Immobilität der „Ware" stark preisbeeinflussend wirken.

Unabhängig vom Grad der Steigung führt daher eine verstärkte Nachfrage zu höheren Preisen und damit zur Erhöhung des langfristigen Angebots (Quadrant unten rechts).

Flächenmarkt: Bestandsänderung

Der Flächenmarkt wird definiert durch den Bestand des Asset Marktes. Durch die Mehrproduktion steigt der Bestand an Bürofläche an, der vom Assetmarkt aufgrund gestiegener Mieterträge zu höheren Preisen abgenommen wird. Die Bereitschaft, höhere Preise für Immobilien zu zahlen, leiten die Anleger aufgrund gestiegener Mieten und der Erwartung, dass die Mieten auch weiterhin so hoch bleiben (oder weiter steigen) ab (Quadrant oben links). Höhere Preise auf dem Assetmarkt führen über eine erhöhte Bautätigkeit (Quadrant untern links) zu einer Zunahme der Bestandsänderung auf dem Flächenmarkt. In Anlehnung an DiPasquale und Wheaton beschreiben wir diese Funktion als Neubaufläche abzüglich Abrissflächen.[101] Wenn

---

[99] Siehe *Exkurs* in Kapitel 3.1.4 „Mietpreise haben (k)ein Gedächtnis".
[100] Vgl. Gondring (2004), S. 45.

also die Bautätigkeit gerade das Abrissvolumen deckt, ist die Bestandsänderung = 0.[102]

Developermarkt

Der Quadrant unten links beschreibt das Verhältnis zwischen (Neu-)Bauvolumen von Büroflächen und Baupreisen. Steigt das Bauvolumen an, gehen DiPasquale und Wheaton auch von einem Anstieg der Baukosten aus. Bei konstanten Baukosten würde die Gerade einen senkrechten Verlauf nehmen. Der Preis auf dem Developermarkt ist durch die Zahlungsbereitschaft der Investoren auf dem Assetmarkt gegeben.[103] Kurzfristig ist die Reaktion sehr preisunelastisch, langfristig unterliegt die Flächenproduktion der Developer kaum einer Restriktion[104], so dass eine starke Angebotselastizität des Preises attestiert werden kann.

Assetmarkt

Dieser Quadrant beschreibt die Rendite des Investors bei gegebenem Anlagevolumen, die durch den Mietzins realisiert wird und durch den Liegenschaftszins der Einzelobjekte im Portfolio definiert sein kann. DiPasquale und Wheaton sehen vier Einflussfaktoren für die erforderliche Höhe der Rendite. Das langfristige Zinsniveau in der Volkswirtschaft, das erwartete Risiko in Verbindung mit den Mieterträgen, erwartete Mietsteigerungen und Risiken für den Fall veränderter staatlicher Rahmenpolitik (Steueränderungen). Eine Veränderung der Liegenschaftszinsen und damit einhergehende Veränderung der Rendite im Assetmarkt führt zu einer Drehung der Geraden P. Da der Immobilien-Assetpreis durch die Höhe des Mietzinses aus dem Quadranten Mietmarkt einerseits und dem geforderten Renditeniveau, der durch die Steigung der Geraden P definiert ist, bestimmt wird, lässt sich das Verhältnis auch als

$$P = \frac{M}{i}$$

---

[101] DiPasquale und Wheaton definieren die Bestandsänderung als $\Delta S = (C - \delta S)$, wobei S = Supply, C = Construction und δ = depreciation (removal) rate entspricht. Daraus ergibt sich $S = \frac{C}{\delta}$.

[102] Zur Vollständigkeit müssten an dieser Stelle auch die Flächen aufgeführt werden, die aufgrund von Nutzungsänderungen „von" oder „zu" Bürofläche umgewidmet werden, da auch sie die Flächenbilanz beeinflussen.

[103] Vgl. DiPasquale und Wheaton (1996), S. 9.

[104] Natürliche Restriktionen der Flächenproduktion können beschränkte Verfügbarkeit von Grundstücken, Bankenfinanzierung und Zeit sein.

ausdrücken, wobei „i" für die geforderte Rendite und „M" für Mietertrag steht.

Dieses 360-Grad-Diagramm hat damit die Zusammenhänge der jeweiligen Marktsegmente untereinander beschrieben. Ein gegebener Flächenmarkt führt zu einer bestimmten nachfragedominierten Mietpreisfindung. Dadurch werden Reaktionen bei potenziellen Bauträgern als Flächenproduzenten ausgelöst, die aufgrund des unmittelbaren Zusammenhangs zwischen Mietpreis und Wert einer Immobilie veränderte Absatzerwartungen für ihre Produkte entwickeln. In Erwartung niedriger Mieterlöse werden also tendenziell weniger Flächen produziert als in Erwartung wieder steigender Erträge.

3.1.4 Mietpreise haben (k)ein Gedächtnis

Entscheidungen auf dem gewerblichen Mietmarkt sind von ähnlich hoher Komplexität, wie am Aktienmarkt. Die Preisbildung unterliegt kaum gesetzlichen Restriktionen, Angebots- und Nachfragemärkte können ihre Wirkung frei entfalten. Im Unterschied zu Aktienmärkten werden im gewerblichen Mietmarkt bei Abschluss eines Kontrakts für einen definierten Zeitpunkt in aller Regel unumkehrbare Entscheidungen getroffen. Bei Aktienmärkten werden zur Analyse vor jeweiligen Ankaufentscheidungen neben unternehmensrelevanten Daten, sowie Informationen über die entsprechenden künftigen Absatzerwartungen auch die vergangenen Kursverläufe beobachtet. Hierbei wird besonderes Augenmerk auf Höchst- und Tiefsstände und Trends in definierten Vergangenheitszeiträumen gelegt. Schneller und Mussweiler (2003) stellten in Untersuchungen mit Studenten fest, dass ein postulierter Zusammenhang zwischen vergangenem Kursverlauf und Investitionsverhalten besteht.[105] In dem Versuch wurde das Investitionsverhalten aufgrund verschiedener Kursverläufe untersucht. Im Widerspruch zu normativen ökonomischen Modellen wurde dabei festgestellt, dass vergangene Kursverläufe ein wichtiger Faktor ist, auf den Investoren ihre Aufmerksamkeit richten.

Dieser Ansatz könnte dabei ein möglicher Kritikpunkt sein, Mietpreise mit dem hedonischen Ansatz auf Basis von Einflussfaktoren im Rahmen einer Querschnittsanalyse zu untersuchen. Es ist keine Untersuchung bekannt, die den Einfluss der Mietpreisbildung unter den Einfluss vergangener Marktentwicklung untersucht.[106] Im Gegensatz zu Aktienmärkten werden jedoch Anmietentscheidungen sowie die Auswahl einer Lage aus jeweils

---

[105] Vgl. Schneller, Mussweiler (2003), S. 24 ff.

[106] Allerdings hat Slade (2000) mit einer Untersuchung hedonischer Büromieten in der Phoenix Area über einen Zeitraum von sechs Jahren verschiedene Merkmale untersucht. Siehe dazu auch Kapitel 4.6.

unterschiedlicher Motivation getroffen. Im Falle der Anmietentscheidung geht es weniger um die Abwägung von Risiko und zu erwartendem Ertrag unter Berücksichtigung portfoliotheoretischer Ansätze, sondern um die Umsetzung bereits getroffener Standortentscheidungen. Zum Zeitpunkt der Auswahl einer Facility innerhalb einer Makrolage (dies kann sowohl die Region einer Stadt als auch ein Land sein) wurden in aller Regel die Eckdaten[107] als strategische Standortentscheidung bereits getroffen.

Exkurs:

Zu den *Facilitykosten* werden neben den Nettomietzinsen auch alle andern Kosten gezählt, die vom Nutzer aufzubringen sind. Für eine mittlere Bürolage beträgt der mittlere Büromietzins im Untersuchungsbereich ca. 14,– € pro m^2 Bürofläche.[108] Der mittlere Flächenverbrauch betrug 2001 in München 26 m^2 pro Mitarbeiter und kann als repräsentativ angenommen werden. In den darauf folgenden Jahren stieg der Verbrauch bedingt durch konjunkturellen Personalabbau bis auf 31,7 m^2 in 2003.[109] Die Nebenkosten lagen 2003 im Mittel bei ca. 2,70 € pro m^2.[110] Daraus ergeben sich mittlere Arbeitsplatzkosten in Höhe von ca. 5.210,– € pro p.a.

Gemessen an den Lohnkosten im Dienstleistungssektor in Deutschland spielt das Einsparpotenzial beim Nettomietzins, welches möglicherweise mit einer schwächeren Lage erkauft wird, bei der Entscheidungsfindung nur eine untergeordnete Rolle.

Die Facilitykosten sind selbst an neuen EU-Standorten wie Prag oder den baltischen Ländern nur marginal zu reduzieren, da geringere Herstellungskosten bei nahezu gleichen Grundstückkosten durch höhere Liegenschaftszinsen egalisiert werden.[111]

Wir können davon ausgehen, dass zwar die für Auswahl und Verhandlung von Mietpreisen eingesetzten Personen bemüht sind, vergangene Preisentwicklungen argumentativ zu ihren Gunsten zu nutzen, jedoch wird die grundsätzliche (Standort-)Entscheidung eines Unternehmens, sich für oder gegen einen Location zu entscheiden nicht stark vom vorhandenen oder vergangenen Mietpreisniveau beeinflusst werden. Innerhalb eines Standortes oder Makrolage könnte dagegen eine Differenzierung verschiedener Objekte,

---

[107] Diese Umfassen in aller Regel die Stadt als Standort, erforderlicher Flächenbedarf oder Mitarbeiterzahl, sowie technische Anforderungen an die Nutzungsbedingungen.

[108] Büromarktbericht Schauer & Schöll, Oktober 2003: Der gewichtete Durchschnittsnettomietpreis für Büroflächen in München beträgt knapp 14 € pro m^2 und liegt damit 12% unter dem Vorjahresniveau.

[109] JLL, Research Germany 2/2004, S. 2.

[110] JLL, OSCAR 2003, S. 6.

[111] Vgl. KoBa (2004), S. 16.

die zur Nutzung verfügbar sind und alle relevanten Faktoren erfüllen, stattfinden. Dies könnte z. B. der Fall sein, wenn einzelne Objekte in der Vergangenheit über einen längeren Zeitraum leer standen und dadurch ein Imageschaden (des Objekts) zu befürchten ist. Wheaton und Torto (1988) haben einen Zusammenhang zwischen Leerstandsrate und Mietpreisniveau ermittelt.[112] Demnach sinken die Gewerberaummieten um 2% wenn der Leerstand um 1% über den gewöhnlichen Leerstand steigt. Sie nennen diese Vakanzrate Exzessvakanzrate.

Auch für den Fall sich verändernder Vakanzraten könnte der hedonische Ansatz herangezogen werden, um aufgrund des bestehenden Modells zu prüfen, wo die Ursachen bzw. Mängel für die Nichtakzeptanz liegen könnte.

Für den Fall, dass der Faktor „Langfristiger Leerstand" für ein Gebäude Einfluss auf dessen Attraktivität gegenüber potenziellen Nutzern hat, wurden in der vorliegenden Untersuchung solche Objekte ausgeschlossen.

3.2 Der Gewerbeimmobilienmarkt

3.2.1 Der internationale Büroimmobilienmarkt

Unabhängig von dem Grad der Korrelation zwischen Büroraummärkten und volkswirtschaftlichen Entwicklungen der jeweiligen Regionen weisen die Märkte im internationalen Vergleich starke Unterschiede auf. Pachowsky (1997) argumentiert, dass Immobilien- und Wirtschaftskonjunktur nicht identisch sind.[113] So traf ab etwa 1994 auf eine schwache wirtschaftliche Konjunktur eine boomende Immobilienbranche. Möglicherweise besteht aber auch nur ein so erhebliches „Time-lag", dass ein Zusammenhang nicht immer mit Sicherheit festgestellt werden kann.[114] Grundsätzlich gelten Markterkenntnisse stets nur regional. Denn trotz zunehmender Verflechtung internationaler Investoren und Reduzierung von Informations- und Transaktionskosten entwickeln Immobilienmärkte ein sehr autarkes regionales Eigenleben.[115]

In der von JLL entwickelten Immobilienuhr wird dies für den Bereich von Büroimmobilien im Vergleich europäischer Städte deutlich. Die Uhr zeigt die Entwicklungen auf, die von den jeweiligen Marktteilnehmern registriert werden. Aufgeteilt in vier Quadranten gibt die Steigung an, welche

---

[112] Vgl. auch Grenadier (1995), Hekman (1985), Voith, Crone (1988).

[113] Vgl. Pachowsky (1997), S. 28 ff.

[114] Vgl. Dopfer (2000), S. 161 f.

[115] Siehe auch Kapitel 3.3.3.

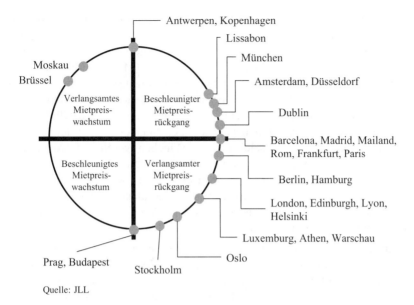

Quelle: JLL

Abbildung 3.3: Europäische Immobilienuhr, 3. Quartal 2003

Mietpreisveränderung gegenwärtig registriert wird und welcher Trend sich abzeichnet. Die jeweiligen Märkte bewegen sich dabei nicht zwingend im Uhrzeigersinn. Der Viertelkreis oben rechts zeigt je nach Position der Markierung eine von 12 Uhr an zunehmende Beschleunigung des Mietpreisverfalls an. Der Viertelkreis von drei bis sechs Uhr zeigt einen zunehmend verlangsamten Mietpreisverfall an. Sinngemäß verhält sich die linke Seite der Uhr bei steigenden Mietpreisen. Das bedeutet, dass die einzelnen Märkte auf der Uhr frei „schwimmen" können. Man könnte auch von einem Trendbarometer sprechen, denn die Uhr zeigt sehr bildhaft den Druck der im Markt auf Angebots- oder Nachfragerseite vorherrschen könnte an und produziert bestimmte Erwartungen. Allerdings muss in Bezug auf die wissenschaftliche Verwertbarkeit dieser Uhr einschränkend festgestellt werden, dass die Festlegung der „Märkte" auf der Uhr von den jeweiligen lokalen Büros des Unternehmens erfolgt. Es handelt sich dabei also um die Abbildung subjektiver Wahrnehmungen der jeweiligen Marktbeobachter. Empirische Untersuchungen über Preisentwicklungen liegen dafür nicht vor.

Die Erwartung künftiger Mietpreise ist nicht nur für Projektentwickler bei der Analyse ihrer Absatzmöglichkeiten und Einschätzung ihrer Verkaufspreise von Projekten von Bedeutung, sondern auch für Investoren. Diese betrachten die Immobilie immer noch mehrheitlich als wertstabile

Anlage, die mit einem geringen Risikozuschlag und damit mit vergleichbar niedrigen Renditen akzeptiert wird.[116] Deuten sich in regionalen Teilmärkten Unsicherheiten im Mietpreisniveau an, könnte dies zu Verunsicherung auf Anlegerseite bei der Einschätzung künftiger (Miet-)Erträge führen. So könnte ein gegenwärtig als nachhaltig angesehener Mietpreis z.B. am Standort Barcelona, Madrid oder Frankfurt als unsicher betrachtet werden, da sich dort die Büromiete offenbar mit konstanter Geschwindigkeit nach unten bewegt. Noch problematischer könnten Standorte im ersten Quadranten, wie Amsterdam, Düsseldorf oder München gesehen werden, da es möglicherweise schwer fällt, eine verlässliche Prognose zu einem Zeitpunkt zu treffen, bei dem sich der Preisverfall gerade noch beschleunigt. Die Folge dieser erhöhten Unsicherheit wären Zuschläge in der Risikoprämie, die zu einem erhöhten Liegenschaftszins und damit Abschlägen in den Immobilienwerten führen müssten.

Auf den Käufermärkten agieren Investoren dann teilweise sehr zyklisch. So haben in den 1990er Jahren Schweden und Holländer tendenziell stark in deutschen Immobilienmärkten investiert, sich dann aber nach einigen Jahre wieder zurückgezogen. In den letzten Jahren versuchen US-Amerikaner zunehmend auf dem deutschen Markt zu investieren, scheitern aber oft an zu hohen Renditeforderungen. In den USA waren Holländer und Saudi Arabier in den 1970er Jahren als Investoren sehr aktiv[117], später in den 1980er Jahren wurden diese teilweise von japanischen Investoren abgelöst.

3.2.2 Flächenberechnung international

Im internationalen Vergleich wird zusätzlich zu individuellen Besonderheiten auch in einigen bedeutsamen Immobilienmärkten wie den USA, Großbritannien und Australien mit den englischen Maßeinheiten[118] (inch, foot, yard) die Vergleichbarkeit gegenüber Regionen, in denen das metrische System[119] Anwendung findet, zusätzlich erschwert.

Neben den Abweichungen in den Flächenberechnungen kommen auch noch Mietpreis beeinflussende Kosten hinzu, die nach deutschem Verständnis im Bereich der Nebenkosten angesiedelt werden würden.[120]

---

[116] Die Rendite im Ein-Jahres-Bereich betrug per 30.09.2004 durchschnittlich 3,3% für deutsche Objekte in offenen Immobilienfonds (vgl. SIS tagesaktuell, Online Nachrichten vom 18.11.2004) und 7,1% für ausländische Objekte in offenen Immobilienfonds (DID, Deutsche Immobiliendatenbank, vom 13.12.2004).

[117] Vgl. The Appraisal of Real Estate (2001).

[118] In der englischsprachigen Literatur wird das englische Maßsystem auch „imperial measure" bezeichnet.

[119] Das metrische System wird auch als „standard metric units" oder Système internationale d'unités (SI) bezeichnet.

Im angelsächsischen Raum bestehen ebenfalls vielfältige Berechnungs-
varianten bei der Ermittlung der zu vermietenden Bürofläche. Allerdings
hat sich hier nicht zuletzt aufgrund der anerkannten und verbreiteten Char-
tered Surveyers eine Profession entwickelt, die in Deutschland noch nicht
erreicht wurde. Das führte auch dazu, dass die Flächenberechnungen ein-
heitlicheren Standards folgen, als dies auf dem deutschen Immobilienmarkt
der Fall ist. Analog zu den bekannten Begriffen BGF und NGF[121] werden
hier die Begriffe „Net Lettable Area" (NLA), „Gross Lettable Area" (GLA)
sowie „Gross Internal Area" (GIA) und „Gross External Area" (GEA)[122]
verwendet.

Als NLA wird die Fußbodenfläche zwischen den dauerhaften Wänden im
Gebäude und den Haupteingangsbereichen bezeichnet. Säulen und Fenster-
rahmen werden dabei übermessen. Allerdings werden Toiletten, Stauräume,
allgemein nutzbare Bereiche, Foyers, Technik- und Serviceräume nicht bei
der Flächenermittlung berücksichtigt. Als GLA wird die Grundfläche bezeichnet, die sich bei dem jeweiligen Mieter/Nutzer auf der jeweiligen
Ebene zwischen der Außenseite der äußeren Wände und der Mitte der
Wände befindet, die zu anderen Nutzungsbereichen abgrenzt.

GIA und GEA sind Definitionen der TEGoVA und ähneln den Berechnungsverfahren NLA und GLA. Die Gross-Internal-Area-Berechnung wird
hauptsächlich für die Vermietung/Nutzung und die Bewertung verwendet.
Die Flächen werden innerhalb der Wände berücksichtigt. Wenn Außenwände über die Hälfte aus Glas bestehen, wird bis zur Glasfläche gemessen.
Als Mindesthöhe gilt 1,5 Meter und ist damit vergleichbar der Richtlinie
der gif. Die Gross-External-Area-Berechnung wird eher zur Kostenermitt-
lung und Planung von Gebäuden verwendet. Sie beinhaltet analog der GLA
die lotrechte Projektion der jeweiligen Ebenen und inkludiert damit Innen-
und Außenwände. Dazu kommen noch seitlich offene aber überdeckte Flächen, abgeschlossene Parkbereiche und überdeckte Rampen. Damit deckt
die GEA noch geringfügig mehr Fläche ab, als das die deutsche BGF tut.

Um nun Mietflächen und damit auch deren Preise international vergleichbar machen zu können, ist also eine genaue Kenntnis der jeweils in die Prüfung einbezogenen Objekte erforderlich. Einheitliche verlässliche Regelungen liegen in den seltensten Fällen vor, so dass hier immer eine gewisse
Unsicherheit bei Untersuchungen oder Bewertung verschiedener Standorte

---

[120] Vgl. Gelbtuch et al. (1997).

[121] Die Vermietung nach NGF als auch nach BGF ist in der Praxis in aller Regel
nur näherungsweise möglich, da zumindest im Untergeschoß zwar Erschließungs-
und Verkehrswege mitgemietet, aber Grundflächen der Außenwände nicht berücksichtigt werden.

[122] Vgl. Champness (1997), S. 23 ff.

vorliegt. In Deutschland kann die Differenz zwischen BGF und NGF in Abhängigkeit vom Gebäudetyp und Flächenzuschnitt schnell Größenordnungen um 10% erreichen. In den verfügbaren Datenerhebungen der großen Beratungsunternehmen werden diese Abweichungen nicht berücksichtigt, da eine Abgrenzung zwischen NGF und BGF oft gar nicht möglich ist.

In der Praxis finden sich sehr oft individuelle Flächenberechnungen, die ohnehin eine Zuordnung unmöglich machen würden. Um dann die gif-, BGF- oder NGF-Flächen zu ermitteln, müssten teure Aufmaße durchgeführt werden. Solange der Eigentümer jedoch mit seiner individuellen Einzellösung „gut fährt", wird er dazu keine Veranlassung haben. In anderen Ländern sind mögliche Unterschiede der jeweiligen Berechnungsmethoden im Einzelfall zu untersuchen. Das dieser Umstand den internationalen Vergleich von Mietpreisen zusätzlich erschwert ist daher nachvollziehbar.

3.2.3 Der deutsche Büroimmobilienmarkt

Ähnliches gilt auch für die Immobilienmärkte innerhalb Deutschlands. Es gibt nicht einen einheitlichen oder gleichartigen Immobilienmarkt. Vielmehr bilden sich Immobilienmärkte aufgrund regionaler und lokaler Bedürfnisse nach Arbeitsplätzen, Produktionsstätten oder Wohnungen.[123] Das bedeutet auch für Büroimmobilien, dass diese das Ergebnis bestimmter Erwartungshaltungen der jeweiligen Bauherren hinsichtlich neuer Nutzer sind oder aber bereits existierende Bedürfnisse von Nutzern decken. Entscheidend sind also für einen Immobilienstandort in erster Linie die Rahmenbedingungen für die jeweiligen Nutzer. Baukosten und Grundstückspreise spielen eine nicht so wesentliche Rolle.[124] Wenn das so wäre, hätte die Förderung der Gebiete der ehemaligen DDR durch Steuervergünstigung oder auch direkte Transferleistung zur Förderung von Immobilieninvestitionen stärkere positive Effekte haben müssen. Tatsächlich spielen aber Facilitykosten bei der Standortwahl eine nicht so große Rolle, wie gelegentlich angenommen.[125] Die Betrachtung eines gesamtdeutschen Immobilienmarktes kommt dem Vergleich mit der deutschen Konjunktur nahe. Konjunkturelle Entwicklungen sind nur dann aussagefähig, wenn die wirtschaftliche Entwicklung einzelner Sektoren analysiert werden kann. Nur bei näherer Kenntnis einzelner Branchen und deren Märkte im nationalen wie im globalen Ver-

---

[123] So hat auch Nitsch (2004) in einer Untersuchung lokaler „q-Werte" auf dem Wohnungsmarkt nachgewiesen, dass Märkte bereits in der Größenordnung von Regierungsbezirken aussagekräftige Indikatoren zur Marktbeschreibung liefern.

[124] Das gilt im innerstädtischen Vergleich, bzw. innerhalb eines Makrostandorts. Innerhalb eines Gebietes, in dem Wettbewerb um den selben Nutzer zwischen den einzelnen Objekten herrscht, können Kosten eine entscheidende Rolle spielen.

[125] Siehe auch Kapitel 3.2.

gleich werden Einschätzungen über künftige Entwicklungsmöglichkeiten und Risiken möglich. Die Immobilienmärkte sind letztendlich nur ein Abbild dieser konjunkturellen Entwicklung einzelner Sektoren. Solange die Immobilie multifungibel ist, also für ein breites Branchenspektrum nutzbar ist, besteht möglicherweise nicht unmittelbar Handlungsnotwendigkeit, bei der Analyse einzelner (ortsansässiger) Wirtschaftsbereiche. Sobald jedoch Büroimmobilien für bestimmte Nutzer speziellen Anforderungen genügen müssen, könnte sich aufgrund einer eingeschränkten Drittverwendungsfähigkeit ein erhöhtes Risiko für den Investor ergeben, wenn die Perspektiven der geeigneten Nutzer nicht hinreichend untersucht wurden, oder darüber keine verlässliche Aussage gemacht werden kann. Ein Beispiel hierfür könnten die großen Händlerräume in Frankfurt sein, die aufgrund ihrer Gebäudetiefe nur bedingt für Zellenbüros geeignet sind.

Um daher ein Verständnis für „den Immobilien(teil)markt" und die Entwicklung des Mietzinses zu entwickeln, ist Kenntnis über Nutzerstrukturen und zu erwartendes Nachfrageverhalten der jeweiligen lokalen Standorte von eminenter Bedeutung. Innerhalb dieser Bereiche muss dann noch weiter in Mikrostandorte differenziert werden, da ähnlich wie bei Wohnimmobilien auch im Bürobereich Einflussfaktoren wie Geräuschemissionen, optische Reize (Straßenverkehr, Züge, Schatten, Häuserfassaden, freier Blick), Gerüche und Strahlungen (Elektrosmog, Hochspannungsleitungen, KKW) zu differenzierten Wertempfinden der Nutzer führen können. Verschiedenartigkeit von Standorten hat vielfältige Ursachen, deren Untersuchung den Rahmen dieser Arbeit sprengen würde, jedoch soll anhand der fünf großen Büroimmobilienstandorte Deutschlands nachfolgend aufgezeigt werden, welch unterschiedliche Ausprägungen die Märkte jeweils aufweisen.

Die hinsichtlich ihrer Bürofläche fünf größten Städte Berlin, Hamburg, Frankfurt, Düsseldorf/Köln und München unterscheiden sich in zahlreichen Eigenschaften teilweise sehr erheblich voneinander und sollen als Beispiel für die Heterogenität der Immobilienmärkte herangezogen werden. Bei Betrachtung der verschiedenen Merkmalsausprägungen wird schnell deutlich, dass diese großen Büromärkte nur bedingt miteinander verglichen werden können. Damit bestätigt sich auch die These von Pachowsky (1997), dass Büromärkte regionale Märkte sind.[126]

Die Tabelle 3.1 vergleicht die wesentlichen Eckdaten der fünf Städte untereinander.

Ganz so unkritisch können die Kenngrößen der einzelnen Städte jedoch nicht übernommen werden.

---

[126] Vgl. Pachowsky (1997), S. 34.

5*

Tabelle 3.1

Immobilienstandorte Deutschland

	EW in 1000	BSP/EW p.a.	Arbeits-losigkeit[127]	Σ Bürofl. in Mio. m²	Bürofläche je EW in m²	Flächen-Umsatz in 1000 m² [128]	Umsatz/Bestand[129]	Miete in €/Monat/m² [130]	Leer-stand[131]
Berlin	3.388	22.805	17,6%	16,2	4,8	396,6	2,4%	12,00	9,4%
Düsseldorf	572	63.700	8,8%	6,9	12,1	314,5	4,5%	12,32	13,3%
Frankfurt/M.	652	74.300	7,2%	11,2	17,2	530,9	4,7%	17,99	13,8%
Hamburg	1.736	41.100	9,7%	12,9	7,4	349,9	2,7%	12,67	7,8%
München	1.264	62.690	5,7%	17,1	13,5	641,2	3,7%	14,05	8,1%

Quelle: JLL und eigene Berechnungen

---

[127] Stand Juni 2004.
[128] Durchschnittlicher Büroflächenumsatz der Jahre 2001 bis 2003.
[129] Die Quote Büroflächenumsatz/Flächenbestand ist der Kehrwert der durchschnittlichen Verweildauer und könnte einen Hinweis auf die Dynamik der jeweiligen Märkte vermitteln.
[130] Gewichteter Durchschnittsmietzins über alle registrierten Vermietungen im Jahr 2003.
[131] Büroflächenleerstand einschließlich Untermietflächen, die physisch frei sind und zur Anmietung angeboten werden.

So fällt *Berlin* neben einem auffällig geringen BSP mit als einziger Stadt höherer Arbeitslosigkeit als der Bundesdurchschnitt (10,2%) zum Erhebungszeitraum auf. Der Mietzins ist im Vergleich am geringsten und auch der Umsatz gemessen am Bestand als Kenngröße für die Dynamik eines Marktes liegt mit 2,4% am unteren Ende des Vergleichs und wird nur von Hamburg annähernd erreicht. Die Quote Bürofläche pro Einwohner ist mit etwa 4,8 m^2 ebenfalls deutlich unter den Werten der anderen Städte (Düsseldorf: 12 m^2, Frankfurt: 17 m^2, Hamburg: 7,4 m^2, München: 13,4 m^2). Hinsichtlich der Nutzerstruktur des Bürostandortes Berlin und möglicher Perspektiven kann anhand der abgeschlossenen Mietverträge des Jahres 2003 ein unauffälliger Branchenmix festgestellt werden. Der Bankensektor und die Versicherungsgesellschaften kamen jeweils nur auf rund 8% der angemieteten Büroflächen. Gesundheitsbranche und der Bereich Öffentlichkeitsarbeit spielen mit jeweils knapp 12% der Büroflächenanmietung auch keine herausragende Rolle in der Nutzerstruktur Berlins. Berlin ist gekennzeichnet durch einen großen Branchenmix aber auch durch zahlreiche Verwaltungseinrichtungen, die sich bedingt durch die Funktion als Hauptstadt angesiedelt haben. Unternehmen mit herausragender Wertschöpfung sind eher nicht vertreten, was sich zum einen in dem niedrigen Mietzins, aber auch in dem geringen BSP/Kopf niederschlägt.[132]

Düsseldorf ist hinsichtlich der Einwohner zwar die kleinste Stadt, ist jedoch eng umgeben von den Städten Köln, Duisburg, Essen und Mönchengladbach. Düsseldorf hat sich im Reigen dieser Städte als größter und bedeutendster Bürostandort in der Region etabliert. Die Arbeitslosigkeit liegt auf vergleichbarem Niveau der anderen Städte und unter dem Bundesdurchschnitt. Allerdings zeichnet sich Düsseldorf durch eine relativ hohe Dynamik aus, was in der Umsatzquote mit 4,5% deutlich wird. Die Nachfragerstruktur ist stark geprägt durch Handelsunternehmen (40%) und Unternehmen aus der Informationstechnologie (rd. 12%). Banken (rd. 3,5%), Telekommunikation (rd. 3%) und Medienunternehmen (rd. 3%) spielten in der Nachfrage zumindest in 2003 keine so große Bedeutung.[133]

Frankfurt als bisherige Finanzmetropole Deutschlands und wichtigster Bankenstandort steht möglicherweise vor erheblichen strukturellen Anpassungsprozessen, die auch an dem Büroimmobilienmarkt nicht spurlos vorbeiziehen könnten. Das BSP pro Einwohner liegt mit 74.300 Euro rund 15% über den dann folgenden Städten Düsseldorf und München. Dies mag mit ein Grund für die deutlich höheren Büromieten in Frankfurt sein, die über 20% höher liegen als im noch vergleichsweise teuren München. Noch hat Frankfurt mit 7,2% hinter München zwar die niedrigste Arbeitslosen-

---

[132] Vgl. City Profile Berlin, JLL, Update 2Q 04.
[133] Vgl. City Profile Düsseldorf, JLL, Update 2Q 04.

quote, jedoch zeigt der Büroflächenmarkt mit einer Leerstandsquote von 13,8% den höchsten Wert der hier verglichenen Standorte an. Dies könnte als Indiz für sich verändernde Nachfrageverhalten gewertet werden. Nach wie vor hat auf der Nachfrageseite der Bankensektor mit 23% noch die größte Bedeutung. Im Vergleich dazu kommt die Medienbranche nur auf 4% Anteil. Allerdings wurde zwischen Juli 2003 und Juni 2004 bereits ein so starker Rückgang der Büroflächennachfrage registriert, dass die Leerstandsquote um 94% anstieg. So wurde im ersten Halbjahr 2004 ein Umsatz von 120.000 m^2 beobachtet, der einem Niveau von 55% des Durchschnittsumsatzes der Vergleichszeiträume der vergangenen drei Jahre bedeutet. Diese Entwicklung ist losgelöst von konjunkturellen Entwicklungen zu betrachten, da in keiner anderen der verglichenen Städte ein ähnlicher Rückgang der Nachfrage beobachtet werden konnte. Die zahlreichen Bürogebäude, die speziell zur Nutzung als Händlerräume für Banken entwickelt wurden, zeichnen sich durch besonders große Raumtiefen aus. Eine Drittverwendungsfähigkeit für kleinteilige Zellenbüros könnte zumindest eingeschränkte Nutzungsmöglichkeiten und damit einen Einfluss auf Miete und Wertigkeit der Immobilien haben.[134]

Demgegenüber zeichnet sich der Standort *Hamburg* aus Sicht der Büroflächenmärkte eher gleich bleibend kalkulierbar und wenig beweglich ab. Die Arbeitslosenquote liegt mit 9,7% nahe dem Bundesdurchschnitt. Nach Berlin ist Hamburg die zweitgrößte Stadt Deutschlands. Obwohl Hamburg als traditioneller Medien- und Werbeagenturstandort von großer Bedeutung ist, ist die Nachfragerstruktur eher ausgeglichen. Die Größte Nachfragergruppe mit einem Anteil von rund 13% fällt in den Bereich „Construction", worunter Immobiliendienstleister, Bauunternehmungen und Firmen, die sich damit im vor- oder nachgelagerten Bereich beschäftigen, zu verstehen sind. Handelsunternehmen sind gemeinsam mit der Medienbranche zu jeweils 10% Anteil am Nachfragermarkt ebenfalls stark vertreten. Die Informationstechnologie ist mit einem Anteil von rund 6,5% nicht mehr so stark vertreten wie das z.B. in München (13%) der Fall ist. Das Verhältnis Flächenumsatz zum Bestand signalisiert mit 2,4% nach Berlin die geringste Dynamik hinsichtlich Wechselbereitschaft der Mieter und Nutzer. Auch bei den Quoten Bürofläche und BSP pro Einwohner liegt Hamburg mit den jeweils zweitniedrigsten Werten hinter Berlin, was darauf hindeuten kann, dass der Anteil an tertiärem Gewerbe noch nicht so weit entwickelt ist, wie vielleicht in Städten wie Frankfurt oder München. Allerdings weist Hamburg mit 7,8% die niedrigste Leerstandsrate aller zum Vergleich stehenden Städte auf. Auch das gewichtete Mietniveau in Hamburg liegt mit 12,67 Euro/m^2 Bürofläche im unteren Bereich. Hamburg zeichnet sich durch einen aus-

---

[134] Vgl. City Profile Frankfurt/M., JLL, Update 2Q 04.

geglichenen Branchenmix aus, der in den IT-Boomjahren zwischen 1998 und 2001 nicht in einem Maße prosperierte, wie das München und auch Frankfurt taten, aber auch nicht vergleichbar stark durch den dann folgenden Einbruch der Nachfrage in Mitleidenschaft gezogen wurde.

Der Standort *München* fällt vor allem durch seinen stabilen Arbeitsmarkt und der niedrigsten Arbeitslosenquote unter den Vergleichsstandorten von 5,7% auf. Das BSP pro Einwohner liegt mit 62.690 Euro pro Einwohner gemeinsam mit Düsseldorf unter Frankfurt aber noch auf hohem Niveau über Hamburg und Berlin. Der Büroflächenumsatz liegt im Mittel der letzten drei Jahre bei über 640.000 m^2. Im Boomjahr 2000 wurde knapp über eine Million m^2 vermietet und selbst in 2001 wurde trotz des Einbruchs ab der Sommerpause[135] noch eine Vermietungsleistung von 912.000 m^2 registriert. München hat sich seit den 1990er Jahren zu einem IT-Standort entwickelt und gut an dem Aufstieg dieser Branche partizipiert. Selbst in schwierigen Märkten für Unternehmen aus der Informationstechnologie macht der Anteil der Nachfrager nach Bürofläche noch rund 13% aus und ist damit vor Produktionsunternehmen mit 12% die stärkste Gruppe von Neuanmietern. Auch die Bankenbranche mit 12% und die Medienbranche mit rund 11% kennzeichnen den Münchner Büromarkt. Außerhalb der Münchner Stadtgrenzen, jedoch zum Großraum dazugehörig befindet sich die Biotechnologiebranche, die sich wesentlich im westlich gelegenen Martinsried angesiedelt hat. Das bedeutet eine dominantere Aufteilung der Nachfragermärkte in einige wenige Branchen. Gegebenenfalls kann dies zu höheren Risiken in konjunkturellen Krisen führen, allerdings ermöglicht die Konzentration von Branchen auch eine Magnetwirkung auf weitere Unternehmen, da neben einer möglichen günstigeren Infrastruktur auch ein „Lemminge-Effekt" nicht auszuschließen ist. Ein gelegentlich verwendeter Vergleich mit Silicon Valley kann nur bedingt gelten, da dort völlig andere arbeitsmarktpolitische Rahmenbedingungen, die flexibleres Agieren auf veränderte Situationen ermöglichen, vorherrschen. Auch die Mentalität der Arbeitskräfte und deren Umgang mit Krisensituationen sind nicht vergleichbar.

Der gewichtete Büromietpreis liegt mit 14,08 Euro pro m^2 zwischen den günstigeren Standorten Berlin, Düsseldorf und Hamburg und dem Ausreißer Frankfurt. Allerdings wurde gerade in mittleren Lagen ein deutlicher Preisanstieg aufgrund der starken Nachfrageüberhänge durch die IT-Unterneh-

---

[135] Die Büroflächennachfrage geht erfahrungsgemäß in den Sommermonaten Juli und August etwas zurück. Im Jahr 2001 war allerdings die Nachfrage nach Büroflächen im Monat August so stark zurückgegangen, dass die damalige Einschätzung der Marktexperten eher auf eine Normalisierung der zu diesem Zeitpunkt extrem heißen Nachfragephase abzielte. Tatsächlich wäre bei einer genaueren Analyse der Neuanfragen nach Bürofläche möglicherweise dieses deutliche Anzeichen einer rezessiven Marktentwicklung früher erkennbar gewesen.

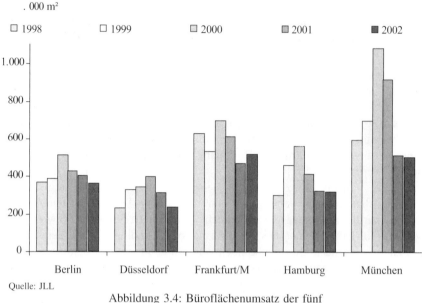

Quelle: JLL

Abbildung 3.4: Büroflächenumsatz der fünf
deutschen Immobilienhochburgen

men in den Jahren 1998 bis 2001 verzeichnet. Aufgrund der begrenzten Wertschöpfungspotenziale pro Flächeneinheit Büro wurden gerade in Preissegmenten zwischen 12,50 Euro und 15 Euro pro m^2 zeitweise extreme Angebotsengpässe registriert. Die Leerstandsrate in München lag zeitweise unter 3% und befindet sich zum Erhebungsstichtag mit 8,1% knapp über dem Wert von Hamburg an zweitniedrigster Stelle. Die Dynamik gemessen am Umsatz pro Bestand ergibt mit 3,7% keinen auffällig hohen Wert. Allerdings wurde im Rekordjahr 2000 ein Wert von rund 6,5% erreicht. Grundsätzlich kann München als einer der stärksten Standorte hinsichtlich neuer Technologien gezählt werden, die aufgrund der mittlerweile kumulierten IT-Unternehmen auch eine gewisse Abhängigkeit entwickelt hat.[136]

Die Charakterisierung der fünf deutschen Städte macht deutlich, wie unterschiedlich die jeweiligen Standorte hinsichtlich Nachfragerstruktur, Mietpreisniveau und möglichem Entwicklungspotenzial sind. Das bedeutet auch, dass sich bei gegebener nationaler oder globaler wirtschaftlicher Entwicklung die jeweiligen Standorte unterschiedlich voneinander entwickeln werden. Auch spielen in diesem Kontext die jeweiligen landes- und städte-

---

[136] Vgl. City Profile München, JLL, Update 2Q 04.

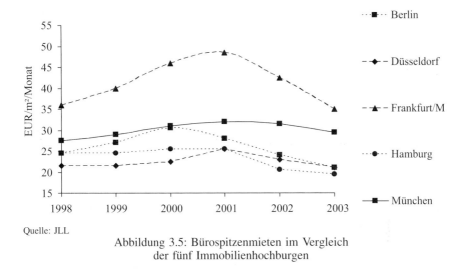

Quelle: JLL

Abbildung 3.5: Bürospitzenmieten im Vergleich
der fünf Immobilienhochburgen

politischen, durch die Politik gesetzten Rahmenbedingungen bei der wirtschaftlichen Entwicklung eine Rolle. Die Entwicklung der Mietpreisniveaus
ist auch ein Spiegelbild der Wertschöpfungspotenziale der jeweiligen Nut-
zergruppen in den jeweiligen Regionen.[137] Das wird auch deutlich, wenn
die jeweiligen BSP pro Kopf mit dem Mietpreisniveau verglichen werden.
Frankfurt liegt bei beiden Werten an erster Stelle und Berlin nimmt in beiden Positionen den letzten Platz ein. Bei der späteren Betrachtung der
Mietpreise werden diese grundsätzlichen strukturellen Differenzen nicht
weiter berücksichtigt, da es sich dabei um die Addition mehrere Einflüsse
handelt.

Der Vergleich der *Spitzenmieten* kann nur bedingt mit dem gewichteten
Durchschnittsmietzins verglichen werden. In den jeweiligen Städten sind
oftmals nur sehr kleine Bereiche in der Lage, diese Mietpreise zu erreichen.
Dennoch werden sie in der statistischen Erhebung und zur Analyse von
Märkten gern herangezogen. So wird dieser Mietpreis in Berlin nur im
Areal um den Potsdamer/Leipziger Platz erreicht. In Düsseldorf wird die
Spitze nur im Bankenviertel südlich der Innenstadt und in München nur in
der Maximilianstraße westlich des Altstadtrings erzielt.[138] Die größte Vola-

---

[137] Historische Preisniveaus können gem. Schneller und Mussweiler (2003) auch
von wichtiger Bedeutung sein und mögliche Preisanpassungsprozesse verlangsamen.

[138] In den Boomjahren 2000 und 2001 wurden vereinzelt auch außerhalb der
klassischen Spitzenlagen Mieten erzielt, die sich kurz darauf als nicht nachhaltig
und damit überteuert erwiesen. Diese Standorte werden nicht berücksichtigt.

tilität weist Frankfurt auf, aber auch hier gilt: Um Betawerte als Risiko-
koeffizienten zu ermitteln, sollten die jeweiligen Teilmärkte, die ein bestimmtes Nutzerklientel bedienen, identifiziert und getrennt ausgewertet werden.
In dem vorliegenden Fall ist das sicher für entsprechende 1A-Lagen möglich. Daraus Aussagen für den Büromarkt Frankfurt und dessen Mietpreis-
schwankungen abzuleiten sollte jedoch mit Zurückhaltung erfolgen.

Die Entwicklung des Münchner Spitzenmietzinses widersprich der Entwicklung auf dem Flächenmarkt und bestätigt diese Aussage. So stieg aufgrund der außergewöhnlich hohen Nachfrage[139] nach Bürofläche in der IT-
Boomphase zwar der gewichtete Mietzins in München stark an, der Spitzenmietzins entwickelte sich aber weit weniger steil nach oben, als das in
den anderen Städten der Fall war. Selbst in den Jahren nach dem Zusammenbruch von IT-Branche und Büroflächennachfrage stieg der Spitzenmietzins sogar noch leicht an.

3.2.4 Flächenberechnung in Deutschland

Ein weiteres Problem bei dem Versuch, Verhaltensweisen auf dem Büroimmobilienmarkt zu untersuchen sind die uneinheitlichen Maßparameter
hinsichtlich der Flächenermittlung. In Deutschland haben sich zur Ermittlung der zu vermietenden Fläche die unterschiedlichsten Berechnungsmethoden entwickelt. Eine gesetzlich definierte Vorgabe gibt es in Deutschland nur im sozialen Wohnungsbau in den §§ 42 bis 44 II. Berechnungsver-
ordnung (II. BV).[140] Im gewerblichen Bereich können die Berechnungsmethoden zwischen den Vertragsparteien weitestgehend frei festgelegt
werden.[141] Die nachfolgende Vorstellung der verschiedenen Methoden soll
einen Einblick vermitteln, welch komplexer Prozess allein die „Vergleich-
barmachung" von Flächen wäre, sollte dies aus Gründen exakter Datenerhebung oder für präzise statistische Untersuchungen notwendig sein.

Die „*DIN 277* – Grundflächen und Rauminhalte von Bauwerken im
Hochbau" (Ausgabe 1973 und 1987) wird als Grundlage zur Ermittlung
von Gebühren von Architekten und Verwaltungsbehörden herangezogen.
Darüber hinaus dient sie als Grundlage für detaillierte Flächendefinitionen.
Die DIN 277 definiert die Bruttogrundfläche (BGF), die Konstruktions-
grundfläche (KGF) und die Nettogrundfläche (NGF). „Die Bruttogrundfläche ist die Summe der Grundflächen aller Grundrissebenen eines Bau-

---

[139] Vgl. Abbildung 3.4, „Büroflächenumsatz der fünf deutschen Immobilienhochburgen".

[140] Ab dem 01.01.2004 erfolgt die Flächenermittlung nach der Wohnflächenver-
ordnung (WoFlV), die die II. BV ablöst.

[141] Vgl. Schießer (2003).

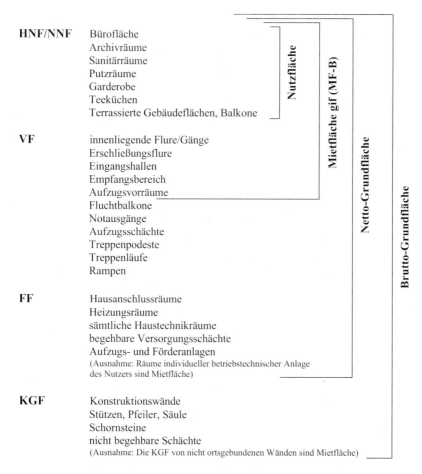

Quelle: „Richtlinie zur Berechnung der Mietfläche für Büroräume", 1996 gif

Abbildung 3.6: Mietflächen für Büroraum

werkes."[142] Die BGF beinhaltet damit alle Flächen eines Gebäudes, auch die Grundflächen der aufgehenden Bauteile, die als KGF definiert sind. Der immer wieder fälschlicherweise in diesem Kontext verwendete Begriff Bruttogeschoßfläche existiert so nicht und wäre falsch. Die NGF ist die Differenz aus BGF und KGF und darf nicht automatisch mit der Mietfläche gleich gesetzt werden. Die NGF wird weiter in die Nutzfläche (NF), Funktionsfläche (FF) und die Nebennutzfläche (NNF) untergliedert.

---

[142] DIN 277 (1987).

Davon abweichend werden nach der *II. BV* Grundflächen für jeden Raum separat ermittelt. Pfeiler, Säulen und Schornsteine werden ab einer Grundfläche von $\geq 0,1$ m^2 nicht übermessen. Wiederum zur Fläche hinzugerechnet werden Fenster- und Wandnischen mit einer Tiefe von $\leq 0,13$ m Tiefe und Erker und Wandschränke mit einer Grundfläche von $\geq 0,5$ m^2.[143] Darüber hinaus sind zahlreiche weitere Details in der II. BV und ab dem 1.1.2004 in der WoFlV geregelt. Diese Regelwerke finden neben dem öffentlich geförderten Wohnungsbau auch Anwendung im frei finanzierten Wohnungsbau, allerdings nicht bei der Berechnung gewerblich genutzter Flächen.

Die *DIN 283* wurde bereits 1951 vom deutschen Normenausschuss herausgegeben, aber bereits 1983 wieder zurückgezogen. Im frei finanzierten Wohnungsbau findet sie noch Anwendung, ist aber der II. BV sehr ähnlich.

Für Büroraum hat die Gesellschaft für immobilienwirtschaftliche Forschung e. V. *(gif)* eine Richtlinie zur Flächenberechnung herausgegeben, deren Anwendung den jeweiligen Vertragsparteien obliegt, jedoch eine zunehmende Akzeptanz im Markt gefunden hat. Diese Richtlinie zur Berechnung von Mietflächen für Büroraum (MF-B)[144] definiert die Mietflächen mit engem Praxisbezug mit dem Ziel, Flächen und statistische Auswertungen vergleichbarer zu machen. Die gif wendet zwar teilweise die Definition der DIN 277 an, beschreibt aber die Flächenermittlung dann unter Anwendergesichtspunkten. Sie kennt daher auch die Definitionen HNF, NNF, FF und VF aus der DIN 277. Aufgehende Bauteile (KF) bis zu einer Grundfläche von 0,25 m^2 innerhalb einer Mietbegrenzungslinie werden jedoch ebenso übermessen wie bewegliche und Leichtbauwände, zu denen Gipskartontrennwände in Büros zählen. Dies macht Sinn, da der Vermieter in der Regel Mieterwünsche hinsichtlich Raumaufteilung umsetzt und durch eine hohe Dichte an Trennwänden neben erhöhten Bereitstellungskosten der Mietfläche selbige auch noch um die Konstruktionsfläche der Trennwände verringert.

Die Verwendung der Flächendefinitionen gemäß gif in Deutschland für Büroflächen nimmt weiter zu. Gründe sind vor allem auch der Wunsch der Marktbeteiligten nach Transparenz. Die Verwendung allein der DIN 277 erfordert hingegen in aller Regel noch individuelle Ergänzungen, die den jeweiligen Anwendungen gerecht werden und tragen daher nicht zu mehr Transparenz im Markt bei. In aller Regel werden aber nach wie vor individuelle Abweichungen von den beschriebenen Flächenberechnungen vereinbart, die wiederum die Bestrebungen nach mehr Transparenz konterkarieren

---

[143] Vgl. Schießer (2003), S. 23.

[144] Daneben existiert auch noch eine Richtlinie zur Berechnung der Mietflächen für Handelsraum (MF-H).

können. So lassen sich in engen Anbietermärkten Büroflächen tendenziell stärker in Anlehnung an BGF vermieten. In Zeiten mit stärkerem Flächenangebot spielt das Verkaufsargument „Flächenberechnung" und Effizienz eine stärkere Rolle im Kampf um den Nutzer, so dass dann die Berechnungen einen Trend hin zu NGF- oder gif-Berechnungen erfahren. Das bedeutet, dass Flächendefinitionen nicht nur regionale Eigenheiten aufweisen können, sondern auch innerhalb eines Marktes durch wechselnde Marktzyklen nur noch eingeschränkt vergleichbar sind. Im Wohnungsbereich finden die beiden Berechnungsmethoden gif und DIN 277 keine Anwendung.

3.2.5 Der Münchner Büroimmobilienmarkt

Neben der regionalen Differenzierung der Märkte soll im folgenden Kapitel auch auf die Entwicklung des Münchner Büroimmobilienmarktes der vergangenen Jahre eingegangen werden. Mit Blick auf die dann folgende empirische Untersuchung wird hier besonderes Augenmerk auf die temporäre Entwicklung der verschiedenen Mietpreise im Untersuchungsgebiet, sowie deren beeinflussende Größen auf dem lokalen Immobilienmarkt gelegt.

Der Spitzenmietzins einer Stadt/Region bezieht sich auf die tatsächlich im Erhebungsjahr erzielte höchste Nettokaltmiete für Büroflächen. Dieser Wert wird in München bis auf sehr vereinzelte Ausnahmen nur in der Maximilianstraße, und auch dort nur im Bereich innerhalb des Altstadtrings erreicht. Dabei handelt es sich um weniger als 50 Adressen. Die Angabe des Spitzenmietzinses ist daher, wenn dieser als Parameter für bestimmte Marktentwicklungen herangezogen wird, mit Vorsicht zu betrachten. Darüber hinaus ist die Entstehung dieses Wertes in den jeweiligen Vermietungen nicht immer vergleichbar, da besonders im hochpreisigen Segment in schwachen Marktphasen Vermieter lieber über Incentives dem Mieter entgegen kommen, als den Nettomietzins zu reduzieren. Dieses würde im Einzelfall eine ungünstigere Bewertung des Objekts nach sich ziehen, was zu Wertabschreibungen führen kann. In engen Märkten dagegen ist der Mieter unter Umständen gezwungen, Vertragsbedingungen zu akzeptieren, die ihn zu stärkerer Kostenbeteiligung bei mieterspezifischen Investitionen zwingen und dadurch den effektiven Mietzins beeinflussen. Derartige Effekte sind in den statistischen Daten nicht berücksichtigt und werden auch von den namhaften Immobilienunternehmen, die diese Daten erheben, nicht erfasst.

Bei Betrachtung verschiedener Teilbereiche des Münchner Immobilienmarktes hinsichtlich des Spitzenmietzinses wird die Bedeutung der jeweiligen Lage ersichtlich. Die Preisbewegungen der vergangenen zehn Jahre verläuft mit Ausnahme des Westends relativ homogen. Das Westend hat seit 1999 eine überproportionale Aufwertung erfahren, die möglicherweise

Eur/m²/Monat

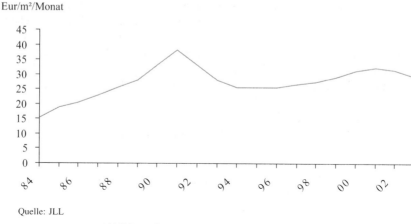

Quelle: JLL

Abbildung 3.7: Bürospitzenmiete München

durch eine konzentrierte Entwicklung von Büroflächen an einem Standort zu erklären ist.[145] Die empirische Untersuchung beschäftigt sich ab Kapitel 5 auch mit der Frage, wie stark die Konzentration von Büroflächen an einem (Mikro-)Standort preisbeeinflussend wirkt.

Die Preisentwicklung der Spitzenlagen in der Innenstadt sowie von Bogenhausen[146] verlaufen auf unterschiedlich hohem Niveau parallel wie in Abbildung 3.8 ersichtlich ist. Dagegen fällt der Standort Arabellapark gegen den Trend kontinuierlich ab. Der Grund kann darin liegen, dass der Arabellapark in unmittelbarer östlicher Nachbarschaft von Bogenhausen gelegen, nahezu retortenähnlich in den Jahren 1965 bis 1969 entwickelt wurde[147]. Bis 1995 kamen noch Büro- und Wohngebäude hinzu, danach war jedoch dieses Areal, welches zu Beginn weitgehend von der Münchner Schörghuber-Gruppe entwickelt wurde, im Wesentlichen abgeschlossen. Die Tatsache, dass die Bürogebäude im Arabellapark fast ausnahmslos vor 1985 erstellt wurden, lässt die Vermutung zu, dass das Alter von Bürogebäuden einen erheblichen Einfluss auf die Mietpreisentwicklung und damit auch auf

---

[145] Auf diesem ehemaligen Gebiet der „Alten Messe" entsteht ein neues Stadtquartier von ca. 1.500 Wohnungen und 3.500 Büroarbeitsplätzen.

[146] Bogenhausen hat als Bürostandort keine große Bedeutung erlangt. Dieser Stadtteil ist geprägt durch kleinere Einzelobjekte und hochwertige Villen, die nur zu einem geringen Teil gewerblicher Nutzung zur Verfügung stehen. Klassische Nutzer sind dort Rechtsanwälte, kleinere Finanzdienstleister und verschiedenste kleinere Beratungsunternehmen für höherwertige Dienstleistung.

[147] Referat für Stadtplanung, Landeshauptstadt München, (2004).

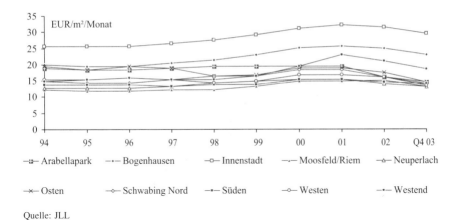

Quelle: JLL

Abbildung 3.8: Bürospitzenmieten in Teilbereichen von München

die Wertentwicklung von Bürogebäuden hat. Auch dieses Thema soll mit Hilfe der empirischen Untersuchung bearbeitet werden.

Wie bereits zuvor diskutiert, ist die Aussagefähigkeit von Spitzenmieten nicht ohne Einschränkung zu verwenden. Einen Überblick über die Spannweite der Mietpreise, die in den jeweiligen Zeiträumen vereinbart wurden vermittelt die folgende Grafik „Büromietpreisspannen nach Teilmärkten". In Bezug zu den jeweiligen Spitzenmieten wird bei dem Vergleich von Innenstadt und Bogenhausen deutlich, dass beide Standorte zwar in der Spitze differieren, jedoch nach unten hin sehr ähnliche Mindestmieten erzielen. Der Arabellapark fällt durch eine sehr enge Mietpreisspreizung auf, was in der Homogenität der Objekte hinsichtlich Alter und auch Vergleichbarkeit der Lage[148] begründet sein könnte.

Der mittlere (gewichtete) Mietpreis der jeweiligen Teilbereiche und dessen Positionierung innerhalb der Spannweite der erzielten Mieten ermöglicht eine Einschätzung hinsichtlich der Verteilungsfunktion der Mietpreise. In Abbildung 3.10 „Büromietpreisspannen und gewichtete Durchschnittsmieten" sind die zwei teuersten Standorte die Innenstadt (19,31 €/m^2) und Bogenhausen (15,85 €/m^2). Beide Bereiche zeichnen sich durch einen hohen Anteil historischer Gebäude mit überdurchschnittlich hohem Ausstattungsstandard aus. Dass das Westend eine derart schiefe Verteilung auf-

---

[148] Die Entfernung zur U-Bahn ist bei den meisten Gebäuden sehr ähnlich. Die Struktur des Arabellaparkes ist sehr kompakt, das Zentrum Rosenkavalierplatz liegt mittig und ist von allen Seiten vergleichbar gut erreichbar.

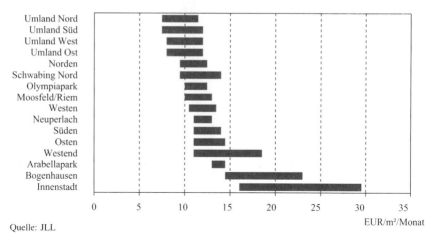

Quelle: JLL

Abbildung 3.9: Büromietpreisspannen nach Teilmärkten

weist, liegt, wie bereits erwähnt, in der starken Konzentration neuer Büro-gebäude[149] in kurzer Zeit. Das führte wahrscheinlich zu einer Anhebung des Spitzenmietzinses aufgrund der starken Konzentration von neuen Büro-gebäuden. Der Anteil neuer Bürogebäude im Kontrast mit teilweise sehr preiswerten aber unattraktiven Gebäuden an der Hauptverkehrsachse Lands-berger Straße führte zu einer Art Sog hinsichtlich der im Westend abge-schlossenen Mietverträge. Dadurch ist auch die schiefe Verteilung zu erklä-ren. Grundsätzlich ist aber bei der Interpretation solcher Teilmärkte in Be-zug auf erzielte Mietpreisergebnisse stets Kenntnis der Einzeltransaktionen erforderlich. Als Beispiel seien die drei größten Transaktionen des Münch-ner Marktes aus dem Jahr 2003 herangezogen. So mieteten die Unterneh-men Deutsche Telekom[150] (69.000 m^2 im Münchner Osten), Roland Berger (21.600 m^2 in Schwabing Nord) und IBM (19.000 m^2 im Moosfeld) zusam-men 109.600 m^2 Bürofläche an und hatten damit einen Marktanteil an der gesamten Vermietungsleistung innerhalb der Stadt München von knapp 22%. In den jeweiligen Teilmärkten hatten diese Vermietungen damit maß-geblich die gewichtete Miethöhe beeinflusst und müssen als Ausreißer für

---

[149] Zwischen 1999 und 2002 wurden im Westend über 180.000 m^2 neue Büro-fläche erstellt.

[150] Die Telekom verkaufte ihr eigenes Grundstück, um gleichzeitig einen langfris-tigen Mietvertrag für das noch zu erstellende Gebäude abzuschließen. Es handelt sich dabei also um ein klassisches „sale & lease back"-Geschäft. Dadurch unter-scheidet sich diese Anmietung von anderen Transaktionen im Markt und kann nur bedingt als reines Mietgeschäft gelten. Das betroffene Objekt ist nicht in den hier untersuchten Datensatz eingeflossen.

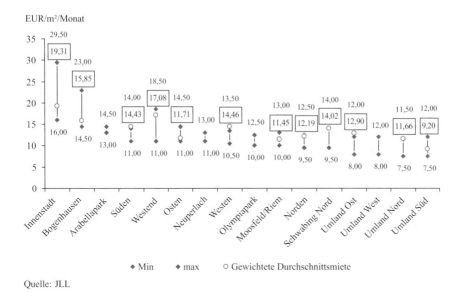

EUR/m²/Monat

Min   ♦ max   ○ Gewichtete Durchschnittsmiete

Quelle: JLL

Abbildung 3.10: Büromietpreisspannen und gewichtete Durchschnittsmieten

den Fall gesondert betrachtet werden, wenn die Gebäude Standards aufweisen, die nicht als lagetypisch bezeichnet werden können. Bei den hier genannten Vermietungen kann ein lageuntypischer Mietzins in jedem Fall für die Roland Berger-Vermietung vermutet werden. Dabei handelt es sich um ein neu erstelltes Hochhaus in exponierter Lage, für das ein eigenständiger Mikrostandort unabhängig der bestehenden Nachbarschaft unterstellt werden kann.

Neben der Nachfrage nach Bürofläche ist der Mietpreis in erheblichem Maße von der Angebotssituation auf den lokalen Märkten abhängig. Es kann davon ausgegangen werden, dass die Angebotssituation der jeweiligen Teilmärkte isoliert betrachtet nur marginalen Einfluss auf die Mietpreissituation hat. Innerhalb einer Region, wie in diesem Beispiel München, sorgt Arbitrage zwischen den Teilmärkten dafür, dass außer den bestehenden Mietdifferenzierungen keine weiteren erheblichen Effekte preisbeeinflussend wirken. Zwischen verschiedenen Regionen könnten hingegen unterschiedlich stark ausgeprägte Angebotssituationen Verknappungs- oder Überangebotseffekte mit entsprechenden Auswirkungen auf die Mietpreise haben. Der Grund dafür liegt auch darin begründet, dass Standortentscheidungen von Unternehmen als Büronutzer aufgrund des relativ geringen Anteils der Facilitykosten an den Gesamtkosten je Arbeitsplatz nur marginal

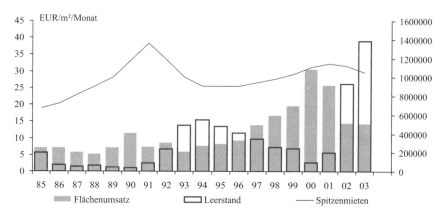

Quelle: JLL

Abbildung 3.11: Bürospitzenmieten, Flächenumsatz und Leerstand (München)

mietpreisgetrieben sind. Vielmehr sind für die Standortwahl strategische Gründe bedeutsam.

Die Grafik in Abbildung 3.11 zeigt die Entwicklung der Vermietungs-umsätze von Bürofläche und die Entwicklung des Leerstands in München im Vergleich zur Spitzenpreisentwicklung im Zeitraum von 1985 bis 2003.

Der Verlauf der Spitzenmietpreiskurve zeigt seit Beginn der Erhebung 1985 einen stetigen Anstieg, der sich nach der Wende 1989 noch ein wenig beschleunigt. Der Einbruch erfolgte 1991, allerdings ging der Flächen-umsatz nur geringfügig zurück.[151] Der Leerstand erhöhte sich dann seit 1990 stetig bis 1994 um dann bei zunehmendem Flächenumsatz im Jahr 2000 seinen tiefsten Stand zu haben. Zu diesem Zeitpunkt war der Münch-ner Büroflächenmarkt kaum mehr in der Lage, alle Flächengesuche zu be-friedigen. In Einzelfällen wurden Flächen bereits vermietet, die zwar für den Vermieter eine Öffnungsmöglichkeit hatten, der bestehende Nutzer aber

---

[151] Der Büroflächenumsatz wird durch Aufnahme der verfügbaren Daten getätig-ter Vermietungsabschlüsse in entsprechende Take Up-Listen der jeweilig am Markt agierenden Makler- und Beratungsunternehmen aufgezeichnet. Seit 1995 werden diese Informationen zwischen den drei lokalen Marktführern JLL, Müller Internatio-nal und Schauer & Schöll mit dem Ziel abgeglichen, die Dunkelziffer nicht regis-trierter Vermietungen zu reduzieren. Es kann davon ausgegangen werden, dass seit-her der Anteil nicht registrierter Vermietungen bei unter 10% liegt. Über Unsicher-heiten vor diesem Zeitraum kann nur spekuliert werden, der Wert dürfte sich aber in Größenordnungen zwischen 15 und 25% bewegen. Damit wird die Qualität der Aussagefähigkeit dieser Zeitreihe entsprechend eingeschränkt.

einen Auszug nicht beabsichtigte. Vermieter hatten in dieser Zeit die seltene Gelegenheit, ihr Immobilienportfolio hinsichtlich Bonität der Mieter und auch Vertragslaufzeit anzupassen. Gerade das Korsett einer langen Mietvertragslaufzeit ohne Öffnungsklausel kann für den Mieter erhebliche ökonomische Auswirkungen haben. Das gilt im Besonderen, wenn lange Vertragslaufzeiten von bis zu zehn Jahren in Hochpreisphasen abgeschlossen werden. Demgegenüber wird der Nettomietzins des Vertrages auf Mieterseite oftmals überschätzt[152]. Der Vermieter erreicht mit einem bonitätsstarken Mieter und einem langen Mietvertrag eine deutliche Verbesserung seines Immobilienwertes, da die Länge des Mietvertrages bei der Wertermittlung des Gebäudes erheblichen Einfluss bei der Ermittlung des „nachhaltigen" Mietzinses hat. Einem potenziellen Kaufinteressent gegenüber wird damit das Argument, es handelt sich um ein „overrentetes" Objekt, mit zunehmender Restlaufzeit des Mietvertrages, entkräftet.

Das Zenit auf dem Münchner Flächenmarkt wurde im Juli 2001 erreicht, nachdem bereits im Vorjahr 2000 ein Rekordumsatz von über 1 Mio. m^2 Bürofläche registriert wurde. Dieser stetige Anstieg des jährlichen Umsatzes wurde getrieben durch die Ansiedlung immer neuer Unternehmen aus der Informationstechnologie und der Expansion bereits ansässiger IT-Unternehmen.[153] Bereits ab Juli 2001 war die Nachfrage rückläufig. Dies wurde zu diesem Zeitpunkt jedoch noch auf die Sommerpause und einen überhitzten Markt zurückgeführt. Nach dem Einbruch ab Herbst 2001 sank der Umsatz auf ein Niveau der Jahre um 1995 bis 1998, allerdings „explodierte" nun der Leerstand aufgrund der erheblichen im Bau befindlichen Flächenvolumina[154], wie das in Abbildung 3.12 ersichtlich ist.

Der Spitzenmietzins wurde während dieser Marktphase von der starken Nachfrage der IT-Unternehmen nur bedingt beeinflusst, da diese Unternehmen zwar gute Infrastruktur nachfragen, jedoch nicht die 1A-Lage in unmittelbarer Fußgängerzone benötigen. Vielmehr tritt in diesen zentralen Lagen noch ein Stellplatzproblem auf, der sich mit mittleren Stadtlagen tendenziell entspannt. Darauf wird in der empirischen Untersuchung ab Kapitel 5 noch näher eingegangen werden.

---

[152] An dieser Stelle soll nicht der Eindruck entstehen, dass der Nettomietzins keine bedeutsame Kenngröße in der Beurteilung von Immobilienwerten ist. Es muss jedoch darauf hingewiesen werden, dass besonders im Gewerbemietvertrag sehr individuelle und ökonomisch relevante Gestaltungsmöglichkeiten bestehen, die nicht immer erkennbar sind und im Falle der statistischen Auswertung von Mietpreisen bedacht werden sollten.

[153] In den Jahren 1998 bis 2000 mietete allein die Siemens AG in München rund 300.000 m^2 zusätzliche Bürofläche an, was einem Arbeitsraum für etwa 15.000 Mitarbeiter entspricht.

[154] Vgl. auch Kapitel 3.2.1 Angebots- und Nachfrageelastizitäten.

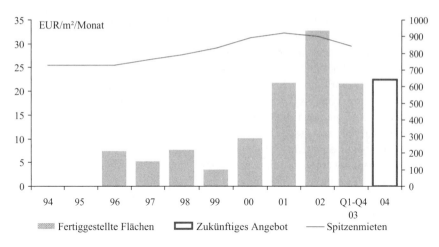

Quelle: JLL

Abbildung 3.12: Bürospitzenmieten und fertiggestellte Bürofläche

Aufgrund des Time-Lag bei der Lieferung neuer Büroflächen sowie möglicher Unsicherheiten über die Einschätzung künftiger Absatzchancen von
neuen Bürogebäuden stieg das Angebot an Neubauflächen erst ab 2000
stark an und erreichte sein Zenit 2002.[155] Da bei der Erhebung stets Kalen-
derjahre ermittelt werden, wird nicht ersichtlich, dass erst ab Mitte 2003
die Welle neuer Büroflächen, die den Markt überschwemmte, nachlässt. In
der zweiten Hälfte des Jahres 2003 sank die Zahl fertiggestellter Flächen
bereits deutlich. Die geschätzte Menge an künftigem Neuflächenangebot für
2004 wird erfahrungsgemäß weiter sinken, da in der Statistik alle Büroflächen erhoben werden, die nach Auskunft der jeweiligen Eigentümer entwickelt werden. Tatsächlich realisiert werden aber in Abhängigkeit der jeweiligen Marktlage nur Teile dieses Potenzials.

Die Markteinschätzung anhand der Mietpreisentwicklung zum jeweiligen
Zeitpunkt durch die Markbeteiligten[156] wird durch die in Abbildung 3.13[157]
vorgestellte Immobilienuhr veranschaulicht. Maximales Mietpreiswachstum
wurde demnach in den Jahren 1998 bis 2000 registriert. Der Wert für 2001
könnte für Jahresbeginn noch auf 10 Uhr und am Ende des Jahres, als die
Nachfrageschwäche bereits seit der Sommerpause anhielt und mittlerweile

---

[155] Siehe Abbildung 3.12.
[156] Marktbeteiligte sind in diesem Fall die auf den Transaktionsmärkten agierenden Berater und Makler.
[157] Siehe auch Abbildung 3.3 „Europäische Immobilienuhr".

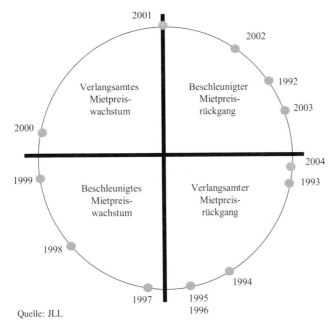

Abbildung 3.13: Immobilienuhr München[158]

aus den USA die ersten größeren Entlassungen im für München so wichtigen IT-Bereich bekannt wurden, auf 2 bis 3 Uhr stehen. Zu berücksichtigen ist dabei, dass die Marktentwicklung wie auch in Kapitel 3.3.1 ausgeführt wurde, in beide Richtungen auf der Uhr, also nicht nur im Uhrzeigersinn erfolgen kann.

Die zum Erhebungsstichtag der empirischen Untersuchung ermittelten Büroflächen sind im wesentlichen auf dem Mietmarkt angeboten. Eine Preisfindung bei Flächen, die vor einigen Jahren unter anderen Bedingungen vermietet wurden und bis zum Erhebungsstichtag durch Indexmieten unterschiedlich stark angepasst wurden, ist nicht mit Marktmieten zu diesem Zeitpunkt identisch. Das bedeutet, dass bei der Erhebung von Daten darauf zu achten ist, ob Bestandsmieten verwendet werden oder ob es sich um Neuvermietungen handelt. Im Falle von Bestandsmieten tritt dann das Problem individuell vereinbarter Mietsteigerungsmechanismen auf, die zu

---

[158] Die Uhr zeigt, wo sich der Büromarkt nach Einschätzung von JLL Ende des Jahres innerhalb des Mietpreis-Kreislaufes befindet. Der lokale Markt kann sich in der Uhr in verschiedene Richtungen und mit verschiedenen Geschwindigkeiten bewegen. Die Positionen des Marktes bezieht sich auf die Spitzenmieten.

Verzerrungen führen können. Da im Rahmen der Vertragsgestaltung zwischen Mieter und Vermieter große Gestaltungsmöglichkeiten bestehen, können diese dazu führen, dass im Rahmen kreativer Verhandlungsführung andere kaufmännisch relevante Komponenten mit Mietsteigerungstechniken verbunden werden. So spielt die Laufzeit bei institutionellen Vermietern für die Bewertung der Immobilie eine wichtige Rolle, und damit auch für Bauträger und Entwickler, die ihre fertigen und möglichst vermieteten Objekte dann an solche verkaufen wollen. Eine geringe Anfangsmiete bei einem jungen oder sehr expansiven Unternehmen in der Phase einer Produkteinführung kann zu einer Reduzierung der unternehmerischen Risiken des Mieters führen, was wiederum auch im Interesse des Vermieters liegt. Auch Umsatzmieten[159] können zu verzerrten Daten führen, wenn diese isoliert betrachtet werden. Andererseits ist oftmals der gesamte kaufmännische Kontext von Mietverträgen aufgrund der Vielzahl möglicher Gestaltungsvarianten nicht mehr problemlos im Rahmen empirischer Untersuchungen zu verwenden.

Um derartige Unsicherheiten auszuschließen, wurden in der in dieser Arbeit verwendeten Datenbasis nur Neuvermietungen oder verfügbare Büroobjekte mit entsprechenden Angebotsmietzinsen zu einem gemeinsamen Erhebungsstichtag verglichen.

Auch die Flächenstruktur, die zum Erhebungszeitpunkt vorhanden ist, ist für die Interpretation bedeutsam. Folgende Grafik zeigt, dass rund Dreiviertel der zu vermietenden Büroflächen unter Kategorie A als hochwertig eingestuft werden. Nur ein sehr geringer Teil ist veraltete Fläche, die den gegenwärtigen Marktanforderungen nicht oder nur noch bedingt gerecht wird[160]. Die Grafik „Bürospitzenmieten und fertiggestellte Bürofläche" (Abbildung 3.12) gibt Antwort auf die Frage nach der überproportional hohen Leerstandsrate hochwertiger Büroflächen. Der Grund liegt also nicht in der schwereren Vermietbarkeit moderner Flächen, sondern in der mangelnden Aufnahmefähigkeit des Marktes, der ein erhebliches Volumen[161] von Büroflächen in kurzer Zeit freigesetzt hat.

---

[159] Umsatzmieten sind aus dem Einzelhandel bekannt und verlagern einen Teil des unternehmerischen Risikos vom Mieter auf den Vermieter. Bürocenterbetreiber wie z.B. Regus haben dieses Mietpreismodell auch im Bürosektor bekannt gemacht.

[160] Die Einordnung der Flächen in drei Kategorien erfolgt nach weichen Kriterien und kann nur eine ungefähre Richtschnur für die Qualität der Objekte darstellen. Kategorie A bedeutet Neubau oder vergleichbarer moderner und zeitgemäßer Standard. Kategorie B erfüllt noch die Anforderungen an zeitgemäße Bürogebäude, ist jedoch meist ein (älteres) Bestandsobjekt. Kategorie C-Gebäude sind schwer bis nicht vermietbar und erfüllen nicht oder nur mit starken Einschränkungen die Anforderungen an ein zeitgemäßes Bürogebäude.

Das Kreisdiagramm zeigt, dass Ende 2003 über drei viertel der leerstehenden Bürofläche in München Kategorie-A-Flächen sind. Die meisten dieser Flächen sind unvermietete Neubauten, die der Markt als eine „Bugwelle" vor sich herschiebt. Das bedeutet auch, dass empirische Untersuchungen in Bezug auf Ausstattung, Mietpreis und Leerstand nicht immer ohne weiteres möglich sind. Daher bezieht sich diese Analyse auf einen Stichtag, an dem sich der Markt noch nicht in einem so ausgeprägten Veränderungsprozeß befand.

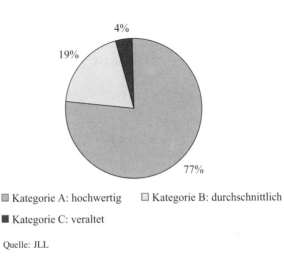

Kategorie A: hochwertig   Kategorie B: durchschnittlich

Kategorie C: veraltet

Quelle: JLL

Abbildung 3.14: Büroflächenleerstand
nach Ausstattungsqualität[162]

Der Einfluss des starken Zuwachses an Angebot neuer Büroflächen auf die Gesamtmarktsituation mit dem Indikator Leerstandsrate macht die folgende Grafik deutlich. Der starke Zuwachs an nicht vom Markt absorbierbaren modernen Bürogebäuden in kurzer Zeit treibt die Leerstandsrate des gesamten Bürobestandes in gleichem Maße nach oben, wie die Quote der leeren Neubauflächen. Die Kurven verlaufen nahezu parallel. Das Delta zwischen beiden Kurven nimmt zwar ebenfalls zu und zeigt damit die sinkende Nachfrage nach Flächen seit Ende 2001, übt jedoch weit weniger Einfluss auf die Gesamtmarktsituation aus, als dass möglicherweise vermutet werden

---

[161] In den Jahren 2001 bis 2003 wurden im Mittel 725.000 m² Bürofläche pro Jahr fertiggestellt. Das entspricht dem 4,3-fachen der mittleren Büroflächenfertigstellung der Jahre 1996 bis 1999 (169.100 m²).

[162] Stand: 31.03.2004, Gesamtleerstand 1.530.100 m².

% Gesamtbestand

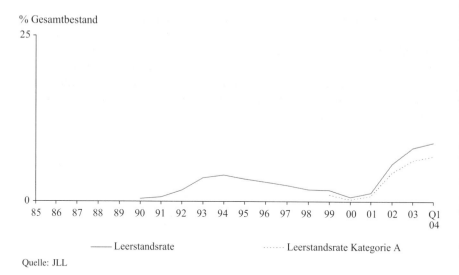

Quelle: JLL

Abbildung 3.15: Büroflächenleerstandsraten – Gesamt und Kategorie A

könnte. Wesentlich für die sich entwickelnde Diskrepanz zwischen Ange-
bots- und Nachfragesituation war offensichtlich die Fehleinschätzung der
zahlreichen, für die Produktion des Überangebots von Büroflächen verant-
wortlichen Unternehmen und weniger die einbrechende Nachfragesituation.

Das Schaubild macht die für den zunehmenden Leerstand verantwort-
lichen neu auf den Markt kommenden Büroflächen ab 2001 deutlich. Die
durch Flächenaufgabe freiwerdenden Büroflächen machen einen deutlich
geringeren Anteil am wachsenden Leerstand aus, als das die Kategorie-
A-Flächen tun.

3.2.6 Datenqualität statistischer Erhebungen

Hinsichtlich der Qualität des verwendeten Datenmaterials und statistischer Erhebungen im Büroimmobiliensektor soll kurz auf deren Aussagefähigkeit hingewiesen werden, um dem Leser eine möglichst realistische
Einschätzung bei der Verwendung von diesem oder vergleichbaren Datenmaterial zu vermitteln.

So werden die *Bestände an Büroflächen* in den jeweiligen Städten seit
zehn bis 17 Jahren fortgeschrieben. Die Fortschreibung setzt sich zusammen
aus Büroflächenneubau plus Nutzungsänderung bestehender Gebäude zu
Bürofläche minus Abriss von Büroflächen minus Nutzungsänderung von

Büroflächen in andere Bereiche. Die zu Beginn der Fortschreibung ermittelten Büroflächenbestände mussten allerdings in allen Städten überschlägig geschätzt werden. Eine Zählung wurde in keiner Stadt durchgeführt. Auch die Ermittlung über Gewerbesteuererhebungen oder Mitarbeiterzahlen wäre nicht zielführend gewesen. Damit wird, eine exakte Fortschreibung vorausgesetzt, ein möglicher Schätzfehler relativ zwar geringer, jedoch bleibt seine unbekannte absolute Größe unverändert bestehen. So hat sich in München zwischen 1994 und 2004 der Bestand an Bürofläche von 14,8 Mio. m^2 auf 17,3 Mio.[163] m^2 um rund 18 % erhöht. Die Regionale Marktabgrenzung weicht dabei jedoch stark zwischen den jeweiligen Standorten ab. Bei diesem Münchner Wert handelt es sich um die Flächenbestände von dem Stadtgebiet München und dem Umland in einem Gürtel von etwa 30 km um München herum. Das beinhaltet die Flughafenregion um Halbergmoos und Ober- und Unterschleißheim im Norden, Aschheim-Dornach bis Haar im Osten und Martinsried im Westen. Hamburg hingegen hat einen Flächenbestand von 12,9 Mio. m^2. Jedoch bezieht sich das ausschließlich auf das Stadtgebiet Hamburgs. Berlin verfährt wie Hamburg und berücksichtigt ebenfalls nur das Stadtgebiet. Frankfurt ermittelt die Flächenbestände aus dem Stadtgebiet zuzüglich Eschborn und Kaiserlei. Düsseldorf zählt zu den Flächen aus dem Stadtgebiet auch noch die Büros der umliegenden Gemeinden Neus, Ratingen, Erkrath und Hilden dazu.

Diese unterschiedlichen Definitionen haben ihren Ursprung in erster Linie in lokalen gewachsenen Marktstrukturen und beziehen sich auf die Datenerhebung von JLL. Andere große Marktteilnehmer können im Einzelfall abweichende regionale Bereiche auswerten, so dass bei dem Vergleich von Daten stets die Erhebung der Daten von großer Bedeutung ist. Auch die Marktdurchdringung und Marktkenntnis der jeweiligen datenerhebenden Unternehmen in Bezug auf Verlässlichkeit und Aussagefähigkeit ist von eminenter Bedeutung, die bei der Übernahme von Datenmaterial oftmals nicht ausreichend gewürdigt wird. Fehlende Detailkenntnis beim „Übernehmen" von Immobiliendaten führt dann oftmals zu den vielkritisierten widersprüchlichen Aussagen über Marktentwicklungen, deren Differenzierung für den (Daten-)Anwender oftmals unmöglich wird.

Auch die *Flächenumsatzzahlen* können teilweise zwischen den verschiedenen Marktteilnehmern erheblich differieren. So werden in Frankfurt und München die Flächenumsätze zwischen den großen Marktteilnehmern anhand von Transaktionslisten[164] quartalsweise abgeglichen. Dadurch werden

---

[163] Stand 3. Quartal 2004.

[164] Diese Listen enthalten Informationen über Mietvertragsabschlüsse wie Preis, Fläche, Mietername, Abschlussdatum, Bezugstermin, Vermieter und angemietetes Objekt.

Informationsdefizite ausgeglichen und Werte mit relativ hoher Verlässlich-keit erzielt. In Düsseldorf hingegen hatte aufgrund stark unterschiedlicher Marktbeobachtungen der jeweiligen Immobilienunternehmen zu Beginn 2004 sogar der Bürgermeister der Stadt mit Vermittlungsversuchen die Marktteilnehmer um entsprechende Abstimmung gebeten. Für angelsächsi-sche Marktteilnehmer ist dieses als eher typisch deutsch zu bezeichnendes Verhalten nicht nachvollziehbar. Die aus unterschiedlichen Marktdaten ent-stehende Verunsicherung hinsichtlich künftiger Erwartungen potenzieller In-vestoren führt daher in einem nicht quantifizierbaren Maße zu Nicht-Inves-titionen. Die Höhe des dadurch entstehenden Schadens ist nicht quantifi-zierbar.

4 Der hedonische Ansatz

4.1 Möglichkeiten und Einschränkungen

Die hedonische Preisbestimmung versucht das Problem der Vergleichbarkeit heterogener Güter zu lösen, indem die charakterisierenden Merkmale von Gütern monetär im Sinne von Schattenpreisen bewertet werden. Dadurch werden Güter vergleichbar gemacht, die einem Veränderungsprozess in Qualität und Ausstattung (technischen Fortschrittsprozess) unterliegen oder sich untereinander durch (zahlreiche) Charaktereigenschaften voneinander abgrenzen.

Die Möglichkeit, auf diese Weise z.B. Nachfragewerte für einzelne Eigenschaften eines Gutes zu erhalten, eröffnet auch die Möglichkeit für den Anbieter, seine Kostenrechnung entsprechend zu verfeinern und unter Umständen sein Produkt zielorientierter zu gestalten. Dadurch erhöht sich der Nutzen beim Nachfrager und unter Umständen führt das zum Durchsetzen einer höheren Produzentenrente.

Im Bereich von Wohnimmobilien wurden schon einige interessante Versuche unternommen, die hedonische Idee im Rahmen empirischer Analysen umzusetzen. Unter anderem hat Haupt (2002)[165] wesentliche Beiträge zur Entwicklung der hedonischen Idee untersucht und am Beispiel des Wohnungsmarkts empirische Untersuchungen durchgeführt.

Aufgrund der bestehenden gesetzlichen Vorgaben auf dem deutschen Wohnungsmarkt hinsichtlich Ausstattung[166], Vertragsbedingungen als auch Mietspiegelgestaltung müssen empirische Untersuchungen vor dem Hintergrund eingeschränkt frei agierender Marktteilnehmer mit entsprechender Vorsicht betrachtet werden. Der Grund dafür, dass die wenigen Untersuchungen auf deutschen Immobilienmärkten sich fast ausschließlich mit dem Wohnungsmarkt beschäftigten, kann auch auf die unterschiedliche Datenverfügbarkeit zurückzuführen sein. Grundsätzlich kann festgestellt werden, dass die Immobilienmärkte in Deutschland im gewerblichen Sektor weitaus weniger staatliche Eingriffe zu verkraften haben, als das im Wohnungssektor der

---

[165] Vgl. auch Haupt (2002), S. 24 ff.

[166] So ist u.a. ab einer definierten Geschoßzahl ein Aufzug pro Wohneinheit definierte Lagerflächen, eine bestimmte Zahl an PKW-Abstellflächen, Fensterflächen, Grünflächen, etc. vorgeschrieben.

Fall ist. Es kann daher erwartet werden, dass bei gesicherter Datenqualität der Gewerbeimmobilienmarkt als weitgehend freies Marktsegment für empirische Untersuchungen hedonischer Preise gut geeignet ist.

Hinsichtlich der Datenverfügbarkeit und damit auch der Datenqualität gibt es auch regionale Unterschiede, die vielfältige Ursachen haben. So besteht im Gegensatz zu Deutschland in den USA die Möglichkeit, Immobilientransaktionen über entsprechende Behörden zurück zu verfolgen. Dadurch sind Informationen wie Kaufpreis, Käufer und Verkäufer für Jedermann verfügbar.

In Deutschland stehen für Wohnimmobilien durch überregional flächendeckend tätige Institutionen wie den IVD[167] oder in vielen Städten und Gemeinden verfügbare Mietspiegel[168] verwertbare Informationen zur Verfügung. Bei Gewerbeimmobilien und besonders für Büroimmobilien trifft dies nicht in gleichem Umfang zu.

Auf dem Büroimmobilienmarkt operieren einige große Immobilienberatungsunternehmen, die sich in den fünf größten Städten[169] Deutschlands die Transaktionsmärkte unter sich aufteilen. Einheitliche Institute wie öffentliche Mietspiegel, in die mehrere Marktbeteiligte ihre Daten aus Transaktionen und Vermietungen einspeisen existieren nicht. Eine Ausnahme sind die Kaufpreissammlungen der regionalen Gutachterausschüsse, in die jede Grundstückstransaktion über die Notare gemeldet werden muss.[170]

4.2 Hedonismus – Bisherige Entwicklung

Aus der Zerlegung der (Lebens-)Zeit in (Lust-)Abschnitte wurde der Begriff Hedonismus für die Anwendung in der heutigen Zeit entliehen. Die Übersetzung des Begriffs „Hedonismus" ist daher bei der Zuordnung seiner späteren Verwendung nur wenig hilfreich. Unter ökonomischen Gesichtspunkten tauchte der Begriff erst zu Beginn des letzten Jahrhunderts wieder auf.

---

[167] Der Immobilien-Verband Deutschland (IVD) ist mit Beschluss vom 24.08.2004 aus den Verbänden RDM und VDM hervorgegangen.

[168] Es wird unterschieden in den (einfachen) Mietspiegel gem. § 558 c und den qualifizierten Mietspiegel gem. § 558 d, der nach anerkannten wissenschaftlichen Grundsätzen erstellt worden ist.

[169] In den Städten Berlin, Hamburg, München, Frankfurt und Düsseldorf (Düsseldorf sind die drei umsatzstärksten deutschen Gewerbemakler im Jahre 2002 (JLL, ATIS Real Müller und Property Partners) mit Niederlassungen vertreten.

[170] Die gesetzlich verankerte Kaufpreissammlung der örtlichen Gutachterausschüsse steht nur einem eingeschränkten Personenkreis mit begrenzten Informationen zur Verfügung.

Exkurs:

Hedonismus – Historische Entwicklung

Hedonismus definiert sich als philosophische Anschauung, nach der alle Handlungen des Menschen vom Lustgewinn bestimmt sind und Leid vermieden wird. Hedonismus wird als „die Lehre bezeichnet, nach der Lust und Genuss das höchste Gut des Lebens sind."[171]

Bereits um 410 v. Chr. soll laut dem antiken Philosophen Platon, Kallikles gegenüber Sokrates behauptet haben, dass derjenige, der richtig leben wolle seine Begierden befriedigen müsse und nach dem Prinzip der „Lustmaximierung" leben soll.[172] Sokrates widerspricht hier Kallikles und betrachtet Lust und Genuss ganzheitlich mit all seinen Folgen. Damit schließt er Taten oder Verhalten, die der Befriedigung der Begierde dienen, jedoch zu negativen Folgen an Dritten führen aus. Um nach Sokrates zum maximalen Lustgewinn zu gelangen, braucht man Mäßigung, Selbstbeherrschung und Einsicht in die Möglichkeiten des Lustgewinns.

Die Ethik des Hedonismus ist auf den griechischen Philosophen Aristippos[173], einen Schüler des Sokrates und Begründer der Schule der Kyrenaiker[174] zurückzuführen. Von den Kyrenaikern wurde der Standpunkt vertreten, das nicht der frei ist, der sich der Lust entzieht, sondern der sie erstrebt und erreicht, ohne deshalb den Verhältnissen untertan zu sein. Dabei sind nur die eigenen Sinneswahrnehmungen sicher, die objektive Welt und die Wahrnehmungen der anderer bleiben unbekannt.

Darüber, wer nun in der Neuzeit tatsächlich mit Untersuchungen hedonischer Modelle den entscheidenden Impuls für deren spätere Weiterentwicklung sowie eine breitere Anwendung gab, bestehen widersprüchliche Aussagen.

Bereits 1912 schätzte Davies[175] Grundstückspreise aufgrund ihrer Tiefe und entwickelte aufgrund von über 10.000 Untersuchungen eine entsprechende Funktion. 1922 veröffentlichte Haas[176] seine „Master-Thesis" *„A Statistical Analysis of Farm Sales in Blue Earth County, Minnesota, as a*

---

[171] *Hedone* kommt aus dem Altgriechischen und bedeutet „Lust".

[172] Wir wissen von Sokrates' Ansichten nur aus den Werken von Platon, Xenophon und Aristophanes, da Sokrates selbst keine schriftlichen Zeugnisse hinterlassen hat.

[173] * um 435 v. Chr. Kyrene, † 355 v. Chr.

[174] Kyrene (Cyrene): altgriechische bedeutende Handelsstadt, im 7. Jahrhundert v. Chr. gegründet. Die Stadt liegt im heutigen Libyen östlich von Tripolis und heißt Shahhat.

[175] Vgl. Davies (1912).

[176] Vgl. Colwell, Dilmore (2000), S. 620.

Basis for Farm Land Appraisal" an der University of Minnesota. Haas ermittelte in seiner Arbeit vier variable Einflussgrößen,[177] mit denen er eine
entsprechende Regressionsgleichung errechnete. Colwell und Dilmore
(2000) halten dies für die erste praktische Untersuchung eines hedonischen
Preismodells. Davies führte seine Untersuchungen ausschließlich mit Primärdaten, also selbst erhobenen Informationen durch. Eine ältere Untersuchung dieser Art ist nicht bekannt. Diese Idee wurde von Wallace (1926)
aufgegriffen und weiter bearbeitet. Über diesen Umweg wurde Court die
Arbeit von Haas bekannt,[178] der dann das Modell für die Autoindustrie weiter bearbeitete. Allerdings wurde dort mit Sekundär- und Primärdaten gear-
beitet, was zur Untersuchung des theoretischen Modells eventuell gewisse
Unsicherheiten bei der Interpretation der Ergebnisse nach sich ziehen
könnte.

Im Jahre 1928 führte dann Frederick Waugh Untersuchungen durch, die
sich im Agrarsektor mit der Preisdifferenzierung von Spargel beschäftigte.
Doch obwohl Waugh als einer der Ersten eine systematische Analyse des
Einflusses von Qualität auf den Preis nachweisen konnte, wird ihm in der
einschlägigen Literatur nicht der Verdienst der Erfindung der hedonischen
Idee zugesprochen.

Hedonismus im Sinne hedonische Preise nach heutigem Verständnis wurde
1939 von Andrew Court im Rahmen einer Untersuchung von Automobilprei-
sen entwickelt. Court war in den 1930er Jahren bei General Motors beschäftigt. In der damals einschlägigen Automobilliteratur wurde die Ermittlung
angemessener Preise unterschiedlicher Fahrzeuge über das Gewicht empfoh-
len[179]. Dies erfolgte wohl auch vor dem Hintergrund, dass auch die Werte
der damals üblichen alternativen Fortbewegungsmittel (Pferde, Kühe, Och-
sen) ausschließlich pro Gewichtseinheit ermittelt wurden. Court entwickelte
einen Indize, mit dem unterschiedliche Qualitätsmerkmale berücksichtigt
wurden. Damit schaffte Court ein Instrument, Automobilpreise trotz technischer Weiterentwicklung miteinander vergleichen zu können.

Eine wesentliche Weiterentwicklung der hedonischen Preisdefinition ge-
lang dann Grilliches (1961) mit der Entwicklung eines qualitätsbereinigten
Preisindizes für Automobile[180]. Dennoch hat sich gerade bei der Entwicklung von Indizes mit geeigneten hedonischen Preisdefinitionen diese Me-

---

[177] Als abhängige Variable in Bezug auf den Bodenpreis wählte Haas „Qualität
der Straße an dem Grundstück, Größe der benachbarten Stadt, Entfernung zur
nächsten Stadt und Bodenqualität".
[178] Court hat die Informationen von Wallace vermutlich über Wilcox, den damaligen Chef des „Büros zur Arbeitsmarktstatistik" der USA erhalten.
[179] Vgl. Triplett (2002).
[180] Vgl. Grilliches (1961) und Haupt (2002).

thode nur langsam etabliert. In Deutschland sind diese Verfahrensweisen noch weitgehend die Ausnahme.[181]

Dass die intensive Diskussion der hedonischen Theorie vor allem in der englischsprachigen Literatur der vergangenen 30 Jahre nur zu einer relativ kleinen Zahl praktischer Anwendungen führte, sieht Haupt (2002) in der mangelnden Zusammenarbeit zwischen Forschung und Praxis. Da nach seiner Auffassung aufgrund der Breite der ökonomisch-theoretischen Modellbildung eine große Bandbreite politischer Implikationen möglich ist, empfiehlt er eine dringende datenbasierte Herangehensweise. Mit der vorliegenden Arbeit soll dieser Anregung gefolgt werden.

4.3 Einführung des Begriffs Bid-Rent

Dem Ansatz von Rosen (1974) folgend sind nicht die Güter selbst, sondern deren Eigenschaften die tatsächlichen Einflussfaktoren der Nutzenfunktion bzw. die Inputs der Produktionsfaktoren.[182] Voraussetzung ist die Unteilbarkeit von Gütern, d.h. deren Charaktereigenschaften können nur mit erheblichen Kosten verändert werden, die die Effizienz der Nutzung in Frage stellen würde. Die (Schatten-)Preise der jeweiligen Charakteristika der heterogenen Güter interpretiert Haupt auch als „gleichgewichtige marginale Zahlungsbereitschaft". Das setzt allerdings voraus, dass für jeden Nachfrager eines heterogenen Gutes die optimale Charakteristikakombination verfügbar ist. Diese Annahme wird in der Praxis im Idealfall nur näherungsweise erreicht werden können. Darüber hinaus führt Rosen neben dem Begriff „bit-rent" auch den begriff „offer-rents" ein. In der Ermittlung hedonischer Preise können beide Begriffe verwendet werden, Rosen empfiehlt jedoch in Bezug auf die Interpretation der Resultate, zwischen Nachfrager- und Angebotsparametern zu differenzieren.

Unabhängig von der Verfügbarkeit der Eigenschaftenkombination strebt jeder Nutzer an, seinen Nutzen zu maximieren. Das bedeutet, dass jeder Nutzer die Kombination von Eigenschaften eines heterogenen Gutes wählt, die diesem Ziel am nächsten kommt. Daraus lässt sich die Optimalbedingung formulieren:

---

[181] Das statistische Bundesamt hat seit Januar 2002 für die Berechnung von Verbraucherpreisindizes bei Personalcomputern erstmals hedonische Methoden als Verfahren der Qualitätsbereinigung eingesetzt. Dabei werden die Preise einzelner Komponenten statt der vollständigen Computer eingesetzt und somit das Problem des in diesem Produktsegment schnellen Veränderungsprozess der technischen Leistungsfähigkeit der Geräte umgangen. Weitere „Hedonische Preisindizes" sind geplant für Pkws, EDV-Güter und Unterhaltungselektronik und Haushaltsgeräte.

[182] Vgl. auch Haupts 2002, S. 30.

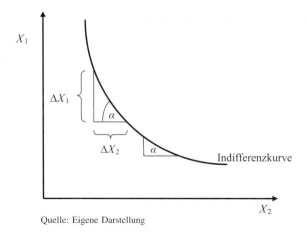

Quelle: Eigene Darstellung

Abbildung 4.1: Substitutionsbeziehung

„Die Kombination der Charaktereigenschaften ist dann optimal, wenn die Grenzrate der Substitution dem reziproken Faktorpreisverhältnis entspricht."[183]

$$-\frac{\Delta x_1}{\Delta x_2} = \frac{y_2}{y_1}$$

Der Quotient $-\Delta x_1/\Delta x_2$ gibt die Menge an Charaktereigenschaften x_1 an, auf die bei Steigerung der Eigenschaften x_2 verzichtet wird, wenn Nutzenfunktion und Budgetrestriktion des Nachfragers unverändert bleibt. Dieses Verhältnis beschreibt die Grenzrate der Substitution (GRS).

Der Quotient y_2/y_1 gibt das Schattenpreisverhältnis beider Eigenschaften an.

Dieser Zusammenhang lässt sich grafisch anschaulich darstellen und führt zu einem fallenden und konvex zum Ursprung des Koordinatensystems gekrümmten Kurvenverlaufs. Da an allen Punkten der Kurve die gleiche Nutzenmenge zugrunde gelegt wird, spricht man von Indifferenzkurven. Die GRS lässt sich an jeder Stelle der Kurve durch den Tangens des Winkels α beschreiben.

Voraussetzung für eine stetig gekrümmte Indifferenzkurve ist die unendliche Teilbarkeit der Faktoren. Diese Voraussetzung wird in Produktionsprozessen bei Faktoreinsätzen wie Düngemitteleinsatz, Arbeitszeit oder Ma-

---

[183] Vgl. Henrichsmeyer et al. 1991, S. 120 ff.

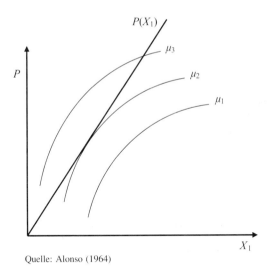

Quelle: Alonso (1964)

Abbildung 4.2: Bid-Rent-Funktion

schinenlaufzeiten erfüllt. Bei der Betrachtung von Charaktereigenschaften heterogener Güter, die diese Eigenschaft nicht teilen, wie das bei Immobilien der Fall ist, erhalten wir statt einer kontinuierlichen Linie eine Anzahl von Punkten, die der endlichen Möglichkeiten der jeweiligen Kombination entspricht.

Die veränderten Grenznutzenverhältnisse der jeweiligen Charakteristika eines Gutes können dabei als Invertierung gewöhnlicher Indifferenzkurven dargestellt werden. Man bezeichnet diese dann Bid-Rent. Die Bid-Rent gibt also an, wieviel ein Haushalt für verschiedene Charaktereigenschaften bei gegebenem Nutzenniveau und Einkommen zu bieten (zahlen) bereit ist. Die Steigung der Bid-Rent-Kurve entspricht dabei dem Grenznutzen der jeweiligen Charakteristika.

Jedes heterogene Gut hat dabei eine eigene Bid-Rent-Funktion. Da heterogene Güter durch eine Vielzahl verschiedenartiger Charaktereigenschaften definiert sein können, definiert die Kombination der Bid-Rent-Funktionen die Steigung des jeweiligen Gradienten.

Bid-Rent kann als Preis bezeichnet werden, der bei einem Bieterverfahren für eine Lage bei einem Grundstück bzw. Mietfläche in einem Gebäude durch höchstes Gebot durch einen Nutzer entstehen würde.

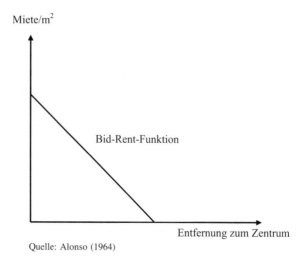

Quelle: Alonso (1964)

Abbildung 4.3: Bid-Rent

Alonso setzt dabei drei Annahmen voraus:[184]

1. Alle Bieter verfügen über vollständige Informationen des Angebotsmarkts.

2. Jede Bid-Preis-Kurve verläuft auf einem individuellen Nutzenniveau. Mehrere Bid-Preis-Kurven verlaufen auf verschiedenen Nutzenniveaus analog zu den Indifferenzkurven.

3. Bid-Preise haben keine notwendige Beziehung zu tatsächlichen und aktuellen Preisen. Sie sagen lediglich aus, dass ein bestimmtes Nutzenniveau erreicht wird.

Das bedeutet, dass eine Bid-Rent der Betrag (an Miete) ist, den ein Nutzer an verschiedenen Lagen bereit ist zu zahlen. Eine höhere Bid-Rent-Funktion führt daher zu einer niedrigeren Indifferenzkurvenfunktion.

Grundlage für Alonsos Argumentation sind die mit zunehmender Entfernung zum Stadtzentrum zunehmenden Transportkosten. Damit baut Alonso auf die Argumentation von von Thünen auf, der mit seinen konzentrischen Kreisen (Thünsche Ringe) erstmals Transportkosten und Landpacht in unmittelbare Beziehung setzte.[185]

---

[184] Vgl. Alonso (1964), S. 59.
[185] Vgl. von Thünen (1990).

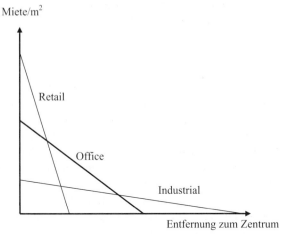

Quelle: Eigene Darstellung

Abbildung 4.4: Bid-Rent-Kombination

Da wir an späterer Stelle hinsichtlich Transportkosten ausschließlich auf den Personentransport von und zur Arbeitsstelle bzw. zu Flughafen, Bahnhof etc. abzielen, soll hier auf die Transportkosten anderer Güter außerhalb der Büromärkte nicht näher eingegangen werden.

Für den Anwendungsbereich von Immobilien wird in Anlehnung an von Thünen deutlich, dass Entfernungen zum Zentrum von unterschiedlich gewichteter Bedeutung sind. Der Einzelhandel legt Wert auf hoch frequentierte Lauflage,[186] die sich in aller Regel zentrumsnah befindet und ist dort auch zur Zahlung entsprechender Mietpreise bereit. Für den Büronutzer ist die Nähe zum Zentrum ebenfalls von Bedeutung, jedoch handelt es sich dabei nicht um ein Ausschlusskriterium, wie das für bestimmte Einzelhandelsbranchen gilt, zum anderen sind die Anforderungen an die Lage nicht so restriktiv. Service- und Lagerflächen sind in aller Regel am wenigsten anspruchsvoll hinsichtlich ihrer Lagepräferenz und benötigen nicht das Zentrum, da nicht der Endverbraucher in der Fußgängerzone, sondern stärker andere Gewerbunternehmen im „Stadtgürtel" als Geschäftspartner auftreten.

---

[186] Vgl. Kemper (2000), S. 17 ff.

7*

4.4 Anwendungsmöglichkeiten der hedonischen Methode

Für den Produzenten

Für den Eigentümer und/oder Investor ist die gewerbliche Immobilie in aller Regel Anlageform im Rahmen einer von ihm gewählten Portfoliostrategie. Nur in seltenen Fällen werden einzelne Gewerbeobjekte als alleiniger Renditeträger ohne ergänzende Vermögenstitel gehalten. Ausnahmen können z. B. selbstgenutzte Büro- oder Lagerhäuser sein. Allerdings ist seit Jahren ein stetiger Trend weg von der selbstgenutzten und hin zur gemieteten (Gewerbe-)Immobilie zu verzeichnen.[187] Der Grund liegt zum Einen in der in aller Regel höheren Rendite des eingesetzten Kapitals im eigenen Unternehmen als im Anlagevermögen der selbstgenutzten Immobilie, zum anderen ermöglicht eine angemietete Büroimmobilie räumliche Anpassungsprozesse durch „Flächenatmung" entsprechend der jeweiligen wirtschaftlichen Entwicklung des Unternehmens im Rahmen der mietvertraglichen Möglichkeiten.

Das bedeutet, dass die Immobilie als Büroobjekt ein Vehikel für die Erzielung von regelmäßigen Erträgen ist und sich ihr Wert ausschließlich daraus bemisst. Der Grad der künftigen Akzeptanz der Immobilie in Verbindung mit der Entwicklung auf den Immobilienmärkten entscheidet über die Erträge, die mit diesem Vehikel in Zukunft zu erzielen sind. Da der Wert einer Immobilie ausschließlich aus der Erwartung künftiger Erträge gebildet wird, muss der Reduzierung eben jener Risiken, die eine geplante Wertentwicklung berühren erhebliche Bedeutung beigemessen werden.

Bei aller Unsicherheit über künftige Marktentwicklungen ist daher eine möglichst umfassende Kenntnis über gegenwärtige Bedürfnisse der Nutzer hilfreich. Für den Bauträger wie für den späteren Investor und Vermieter ist die möglichst exakte Kenntnis der Nutzenfunktion künftiger Mieter bei der Maximierung einer effizienten Faktorallokation notwendig. In der Praxis wird sich dabei möglichst auf die Erfahrung von längjährigen Unternehmen am Markt sowie deren Berater verlassen. Umfassende Analysen auf Basis empirischer Untersuchungen sind, wenn diese überhaupt durchgeführt werden, eine Ausnahme. Vor dem Hintergrund der teilweise sehr erheblichen Finanztransaktion, die für Einzelbüroobjekte schnell einen dreistelligen Millionenbetrag übersteigen, scheint dieses Vorgehen nicht mehr zeitgemäß. Möglicherweise kann hier der Einsatz hedonistischer Preismodelle zur Reduzierung von Schätzrisiken hinsichtlich Ausstattungsfaktoren von Büroimmobilien beitragen.

---

[187] Vgl. Colliers (2003).

Für den Nutzer

Bei der Anmietung von Büroraum bindet sich der Nutzer in aller Regel für einen fest definierten Zeitraum[188] an die Mietfläche. Daraus entsteht für den Mieter eine Verpflichtung gegenüber dem Vermieter, der er sich im Normalfall[189] nicht vorzeitig entziehen kann. Der aus der Vertragslaufzeit resultierende Barwert kann dadurch erheblich sein. Damit ist vergleichbar mit anderen Finanztransaktionen auch die Entscheidung zur Anmietung von Büroraum für ein Unternehmen von erheblicher wirtschaftlicher Tragweite geprägt. Als Konsequenz daraus werden vor allem bei internationalen und angelsächsisch geprägten Unternehmen bereits heute umfangreiche Due Diligence Prüfungen vor Neuanmietungen oder Vertragsverlängerungen durchgeführt. Schuh (2003) verwendet im Zusammenhang zur marktseitigen Potenzialeinschätzung auch den Begriff „Commercial Due Dilligence".

Die Erarbeitung von Anforderungskriterien an einen Standort und dessen Bürogebäude sind mittlerweile Standard. Allerdings sind die Nutzer in aller Regel nicht in der Lage, Opportunitätskosten für die Eigenschaft „keine Klimaanlage" zu beziffern. Bisher wird sich ausschließlich an den Sachwerten sowie deren Abschreibung von technischer Ausstattung wie Klimatechnik, Doppelboden, etc. orientiert. Auch Untersuchungen von Mills (1992), Stahl (1987) oder Wheaton und Torto (1994) konnten hierzu keine erschöpfende Antwort geben, da keine ausreichenden Informationen über die in der Stichprobe verwendeten Objekte vorlagen.[190] Allerdings ist es Dunse und Jones (2002) mit einer umfassenden Untersuchung der Glasgow-Area gelungen, aufzuzeigen, welchen Einfluss neben den „Submarkets" auch die technische Ausstattung von Immobilien auf den Mietpreis hat. Es wäre also auch für die Nutzer von Interesse, ihre Entscheidungsgrundlage mit Hilfe funktionierender und plausibler Analyseverfahren zu verbessern.

---

[188] Die oftmals vermieterseits geforderte 10-jährige Mietvertragsdauer hat ihren Ursprung in preisindexierten Mietverträgen, die unter bestimmten Umständen und mit entsprechender Laufzeitbindung an den Vermieter zulässig sind und einen Index mit dem Ziel des Inflationsausgleichs ermöglicht.

[189] Bei einem formal korrekten Gewerbemietvertrag kann sich der Mieter seiner Verpflichtung zur Vertragserfüllung in aller Regel nur durch Konkurs oder begründeter fristloser Kündigung gem. § 543, BGB entziehen.

[190] Die v.g. Arbeiten untersuchten als Schwerpunkt Zusammenhänge zwischen Mietpreis und Lagemerkmalen. Die Arbeiten dienen aber als Grundlage, um weiterführend auch den Einfluss von Ausstattungsmerkmalen und anderen Faktoren auf den Mietpreis zu untersuchen.

4.5 Bisherige Untersuchungen von Büromieten

Für den speziellen Bereich von Büroraummieten sind nur wenige umfassende Untersuchungen bekannt. Allerdings muss bei dem Vergleich jeweiliger Untersuchungen auf die Art der Datenerhebung und die Beschaffung der verwendeten Variablen geachtet werden. So verwenden die Analysen von Glascock et al. (1990), Mills (1992), McDonald (1993) sowie Wheaton und Torto (1994) nur Dummy-Variable für die Lagekomponente[191]. Dadurch sind der empirischen Untersuchung von Lagefaktoren auf den Mietpreis natürliche Grenzen gesetzt.

Eine der ersten Untersuchungen mit detaillierten Informationen zur Ermittlung hedonischer Mietpreise war möglicherweise Clapp (1980) mit einem Datensample von 105 Bürogebäuden in Los Angeles. Clapp untersuchte den Mietpreis in Bezug auf insgesamt 16 Variable Einflussgrößen. Dabei konzentrierte er sich im Wesentlichen auf Lagemerkmale wie Entfernung zum Zentrum,[192] durchschnittliche Anfahrtszeit der Beschäftigten in dem Gebäude, Entfernung zur nächsten Highway-Auffahrt und die Konzentration von Bürogebäuden innerhalb eines Radius von zwei Blocks. Darüber hinaus wurden noch Grundstückssteuer, Alter und verschiedene Nachbarschaftsmerkmale untersucht. Von Bedeutung schien ihm die Entfernung zum Arbeitsplatz der jeweiligen Mitarbeiter, die er in 36 der 105 Objekte untersucht. Daraus leitete Clapp ab, dass geringere Transportkosten der Beschäftigten die Bereitschaft zur Folge hat, für geringeren Lohn zu arbeiten. Anhand der Betakoeffizienten stellte Clapp bereits fest, das die Entfernung zum Zentrum der Faktor mit der größten Gewichtung im Vergleich zu den beiden anderen Lagekomponenten ist. Er folgerte daraus, dass die Unternehmen bereit sind, für die Möglichkeit „face-to-face" angesiedelt zu sein, einen Aufschlag zu zahlen.

Gegenüber der Untersuchung von Clapp versuchte Wheaton (1984) einen Zusammenhang zwischen Büromietzins und Gebäudeeigenschaften, Verkehrsanbindung, Bildungsstand der benachbarten Haushalte, Verhältnis von Objektgröße zur gesamten Bürofläche des Blocks und der Grundsteuer zu untersuchen. Er verwendete dazu einen Datensatz von Bürogebäuden der Boston-Region. Wheaton stellte fest, dass die Grundsteuer keinen Einfluss auf die Miete hat. Allerdings korrelierten die Verhältnisse Objektgröße vs. Bürofläche des Blocks mit dem Mietpreis, was eventuell mit dem „face-to-face"-Faktor verglichen werden kann und die Resultate von Clapp in diesem Punkt bestätigt. Außerdem stellte er einen signifikanten Zusammenhang zwischen Verkehrsanbindung und der Miethöhe fest.

---

[191] Vgl. Bollinger et al. (1998), S. 1098.

[192] Als Zentrum ist hier das „Center of Business District" (CBD) gemeint.

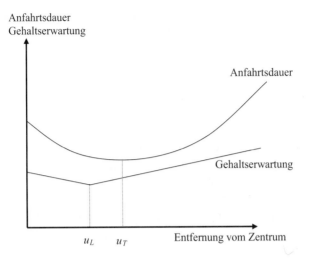

Quelle: Clapp (1980), S. 394

Abbildung 4.5 Anfahrtszeit vs. Gehaltserwartung

In einer weiteren Untersuchung von Canaday und Kang (1984) wurden 19 Bürogebäude in Campaign-Urbana, Illinois, untersucht. Dabei wurden die Entfernungen zum nächsten Einkaufszentrum und die Entfernung zum Campus der Universität von Illinois verglichen. Nur die Entfernung zum Campus hatte signifikanten Einfluss auf den Mietpreis.

Bollinger et al. (1998) bezeichneten allerdings die von Svitanidou (1995) durchgeführte Untersuchung an einer Stichprobe mit über 1400 Objekten aus der Region Los Angeles als die am umfassendsten dargestellte Untersuchung von Büromieten.[193] Darin werden als Einflussfaktoren unter anderem Entfernung zum Zentrum, Verkehrsanbindung, Entfernung zum Flughafen, Entfernung zum Strand, Arbeitslosigkeit, Kriminalitätsrate und Bildungsstand des Districts, Gewerbegebiete, Gebäudedichte und Wachstumspotenzial des Gewerbegebietes gemessen. Svitanidou ermittelte für alle Einflussgrößen signifikante Zusammenhänge auf die Miethöhe. Der Einfluss von Entfernung zum Zentrum war bereits in den vorigen Untersuchungen erkannt worden. Allerdings ordnet Svitanidou die Eigenschaften einzelnen Gruppen zu. So trennt er den Nutzen der Unternehmen von dem Nutzen der Beschäftigten. Eine nur beschränkte Möglichkeit, ein Gewerbegebiet auszudehnen, ermöglicht es den Beschäftigten, in der Nähe der Arbeit zu

---

[193] Vgl. Bollinger et al. (1998), S. 1098 f.

wohnen[194] und dadurch geringere Transportkosten zu verursachen. Dadurch steigt die Bereitschaft, für geringeres Gehalt zu arbeiten.[195]

Aufbauend auf die genannten Untersuchungen erhob Bollinger et al. (1998) eine Stichprobe von über 1500 Objekten aus der Atlanta-Region mit rund 30 Variablen. Obwohl die Mehrzahl der Charaktereigenschaften als Dummy-Variable ausgebildet waren, konnte mit dieser Untersuchung eine Vielzahl von Informationen über Ausstattung, Umfeld und Lage der Objekte berücksichtigt werden. Im Ergebnis stellten Bollinger et al. fest, dass der „face-to-face"-Kontakt in Bezug auf Zulieferer, Kunden sowie Mitarbeiter und Manager anderer Unternehmen von besonderer Bedeutung für die Unternehmen ist. Er bezeichnet dieses Lagekriterium als den wichtigsten Faktor bei der Mietdifferenzierung.

Neben den hier erwähnten Untersuchungen, die als Querschnittsanalyse stichtagsbezogen durchgeführt wurden, hat Slade (2000)[196] im Rahmen einer sechs Einjahres-Perioden umfassenden Untersuchung in der Phoenix-Area[197] den Einfluss verschiedener Parameter und deren veränderte Einflüsse über die Zeit analysiert. Auch Slade bestätigt den „face-to-face"-Einfluss mit dem positiven Zusammenhang größerer Büroeinheiten und dem Mietpreis.[198] Er ermittelte auch eine degressive negative Wertentwicklung mit zunehmendem Alter, die der Wertminderung in der aktuellen deutschen Wertermittlungslehre von Vogels (1996) entspricht.[199]

Im zweiten Teil der Arbeit ab Kapitel 5 werden neben den Variablen von Clapp und einigen Variablen, die auch Bollinger et al. und Slade verwendeten, noch weitere Lagekomponenten in die Analyse einbezogen und untersucht, wie sich die Gewichtung dieser und anderer Einflussfaktoren verhält und ob ein „Aufschlag" für besonders zentrale Lagen auch in der vorliegenden Untersuchung bestätigt werden kann.

---

[194] Svitanidou (1995) folgerte, dass Wohngebiete in der Nähe von Bürohäusern sind, wenn Gewerbegebiete nur eine begrenzte Ausdehnungsmöglichkeit haben. Daraus interpretierte er entsprechend kürzere Anfahrtszeiten der Beschäftigten zu ihrem Arbeitsplatz.

[195] Inwieweit diese Eigenschaft auf andere Städte mit geringerer Größe übertragbar ist, kann an dieser Stelle nicht beantwortet werden. Möglicherweise korreliert jedoch diese Charaktereigenschaft mit der Größe der zu untersuchenden Stadt/Region als Ballungsraum, so dass ein Vergleich problematisch sein kann.

[196] Vgl. Slade (2000), S. 362 ff.

[197] Arizona, USA.

[198] Slade untersuchte dafür die Faktoren Total building area, Average floor area, Story heigh, Number of Buildings in a complex und Building-age.

[199] Vgl. Kapitel 2.3.3 „Nutzungsdauer" sowie Vogels (1996).

4.6 Räumliche Abgrenzung der Büroimmobilienmärkte

Um Büroimmobilien miteinander direkt vergleichen zu können, müsste unterstellt werden, dass die verschiedenen lokalen Märkte vergleichbare Entwicklungen synchron durchlaufen. Aus verschiedenen Gründen reagieren die Märkte mehr oder weniger ausgeprägt unabhängig voneinander. Zum einen sind die Märkte trotz zunehmender Globalisierung räumlich voneinander abgegrenzt und unterscheiden sich teilweise stark hinsichtlich ihrer Nachfragerstruktur.[200] Frankfurt z. B. ist noch immer stark durch den Bankensektor geprägt. München hat sich in den vergangenen zwei Jahrzehnten stark durch Kommunikationstechnologie, Medien und Biotechnologie entwickelt und Berlin ist stark durch Verwaltungsbetriebe und politische Organisationen geprägt.

Dass die regionalen Märkte mehr oder weniger stark voneinander entkoppelt sind, hat auch Straszheimer (1975) als einer der ersten im Wohnungsmarkt nachgewiesen. In welcher Form allerdings eine regionale Abgrenzung sinnvoll ist, gibt auch er keine allgemeingültige Antwort. Dunse und Jones (2002) bestätigen Straszheimer weitestgehend auch für den Bereich der Gewerbeimmobilien. In Anlehnung daran scheint es sinnvoll, Märkte hinsichtlich ihrer Nachfragestruktur zu segmentieren, um zu vermeiden, dass Schätzergebnisse dadurch verzerrt werden, dass Angebot und Nachfrage nicht kompatibel sind.[201]

---

[200] Siehe auch Kapitel 3.3.3, „Der deutsche Büroimmobilienmarkt".

[201] So haben Investmentbanker für Händlerräume spezielle Vorgaben an die Gebäudetiefe, die in klassischen zweihüftigen Gebäuden nur mit Abstrichen in der Effizienz ermöglicht werden können. Auch können Forschungsunternehmen in der Biotechnologie mit speziellen Anforderungen an Laborräume in aller Regel nicht ohne weiteres in klassischen Bürogebäuden untergebracht werden, obwohl ein wesentlicher Arbeitsbereich ausschließlich Büroarbeitsplätze benötigt.

5 Schätzung des Modells

5.1 Datenmaterial

Grundlage der Untersuchung ist ein selbst erhobener Datensatz mit Unterstützung der Datenbank ARGO von JLL GmbH. Bei den untersuchten Objekten handelt es sich ausschließlich um Büroimmobilien, die für die Nutzung von dauerhaften Arbeitsplätzen konzipiert wurden, bzw. derzeit im Rahmen geltender Verordnungen verwendet werden können. Entscheidend dabei ist die zum Zeitpunkt des Bezuges einer Immobilie durch den Nutzer geltende Arbeitsstättenverordnung (ArbStättV).[202]

Der Vermietungsstand war zum Zeitpunkt der Untersuchung unterschiedlich hoch und soll auch im Rahmen dieser Analyse nicht Gegenstand der Untersuchung sein. Als Mietpreis wurde der Angebotsmietpreis am Markt zum Zeitpunkt des Untersuchungsstichtages zugrunde gelegt. Da im besonderen Maße die Vermietung gewerblicher Flächen vertragliche Freiräume hinsichtlich Gestaltung, Dauer und Mietpreisgestaltung gestattet, kann der reale Mietzins unterschiedlich stark von dem Angebotsmietzins sowie dem nominal vereinbarten Zins abweichen.

Folgende begriffliche Abgrenzung soll die wesentlichen Einflussfaktoren, die zu teilweise erheblichen Differenzen zwischen Nominalmietzins und Effektivmietzins führen, aufzeigen.

5.1.1 Begriffliche Abgrenzung

Flächendefinition

Auf dem Gewerbeimmobilienmarkt sind oftmals noch wesentlich unterschiedlichere und uneinheitlichere Berechnungsarten als auf dem Wohnungsmarkt anzutreffen.[203] Tatsächlich schafft sich der Markt in Abhängigkeit der jeweiligen Nachfrage/Angebotssituation sein Berechnungsmaß

---

[202] Im Besonderen soll hier auf die §§ 23 bis 25 der ArbStättV hingewiesen werden, die Luftraum, Bewegungsfläche und Ausstattung der Arbeitsplätze regelt. Am 25. August 2004 wird eine neue ArbStättV in Kraft gesetzt, die nur noch acht Paragraphen enthalten soll. Vorläufig sollen aber auch noch alle Richtlinien der älteren Verordnung gelten.

[203] Vgl. Dröge (1997), S. 30.

selbst. So werden mit Blick auf den nachfolgend untersuchten Datensample in der Region München im Stadtgebiet die Büroflächen in Zeiten ausgeglichener Märkte tendenziell stärker auf Basis der Nettogrundflächenberechnung (NGF) gemäß DIN 277 vermietet.[204] In den Umlandgemeinden[205] wird hingegen nahezu ausnahmslos in enger Anlehnung an die Bruttogrundflächenberechnung (BGF) gemäß DIN 277 vermietet. Die Anwendung der Flächenberechnungsmethode nach gif im Großraum München ist nach wie vor die Ausnahme. Flächenunterschiede zwischen gif, NGF und BGF können in Abhängigkeit vom Zuschnitt der zu ermittelnden Fläche Größenordnungen von 10% und mehr erreichen.

In den Jahren 1992 bis 1997 und 2001 bis 2004 war der Büroflächenmarkt in der Region München durch einen teilweise starken Flächenüberhang[206] geprägt, der dazu führte, dass während dieser Marktphasen auch im Stadtgebiet die Büroflächen in Anlehnung an BGF vermietet wurden. Diese Berechnungsanpassung kann also auch als verdeckte Mietpreiserhöhung interpretiert werden, die jedoch in den Marktberichten der Immobilienberater und in den statistischen Erhebungen nicht erfasst ist. Für Untersuchungen über längere Zeitreihen, die einen oder mehrere Zyklen erfassen würde, wäre dieses Phänomen von nicht unerheblicher Bedeutung. Im Falle dieser Arbeit handelt es sich um eine Querschnittsanalyse, die sich auf einen Erhebungsstichtag bezieht. Das bedeutet, das ein Großteil der Angebotsflächen im Rahmen homogener Marktentwicklung des Immobilienmarktes München synchron hinsichtlich ihrer Flächenberechnungsart ist. Dennoch beinhaltet der hier verwendete Datensample nicht exakt vergleichbare Flächendefinitionen. Wir können jedoch aufgrund des gleichen Stichtags und der Tatsache, dass alle Flächenanbieter zeitgleich diese Flächen in einem relativ transparenten Markt platzieren, davon ausgehen, dass die Streuung innerhalb der Flächenermittlungen relativ gering ist. Ein weiterer Grund stützt die These von einer weitgehend vergleichbaren Flächenberechnung der Angebotsflächen: Am Erhebungsstichtag 01. März 2001 war der Markt zwar sehr „short", jedoch gab es kaum mehr Veränderung hinsichtlich der Mietpreisentwicklung[207], so dass diesbezüglich von einer weitestgehenden Etablierung der Flächenermittlung nahe an der BGF-Berechnung gesprochen werden kann. Dennoch beinhalten die nicht exakt quantifizierbaren individuellen Eigenheiten in diesem Bereich auch hinsichtlich empirischer Untersuchungen gewisse Ungenauigkeiten.

---

[204] Siehe dazu Kapitel 3.3.4, „Flächenberechnung in Deutschland".

[205] Gesamtbüroflächenbestand der Region München: 17,23 Mio. qm (City Profile München 1.Quartal 2004, JLL), davon entfallen ca. 12 Mio. qm auf den Stadtbereich und ca. 5,2 Mio. qm auf das Umland.

[206] Vgl. auch Abbildung 3.12, „Bürospitzenmieten und fertiggestellte Bürofläche".

[207] Vgl. auch die Abbildung 3.13, „Immobilienuhr München".

5.1.2 Beschreibung des Datensatzes

Nachfolgend sollen die in dem Datensatz verwendeten 30 Variablen sowie deren Erhebung kurz erläutert werden:

Dichte

In bisherigen Untersuchungen wurden teilweise ähnliche Variable definiert, die darauf abzielten, einen Zusammenhang zwischen der *Bürodichte* an einzelnen Mikrostandorten und der Konzentration von Bürofläche zu analysieren. So untersuchte Clapp (1980) eine „face-to-face"-Größe mit Hilfe von Häuserblocks und ermittelte einen Zusammenhang sowohl mit der Bürofläche pro Block als auch mit der Gebäudehöhe in Bezug auf den Mietpreis. Dagegen berücksichtigten Dunse und Jones (2002) in ihrer Untersuchung neben Lage, Alter und technischer Ausstattung nur die Gebäudegröße des Objekts in der Stichprobe.

Der hier verwendete Variablenwert Bürodichte definiert die Menge von Büroflächen innerhalb eines Radius von 500 Meter um das jeweilige Objekt. Wird dabei ein Teil der Kreisfläche durch unüberwindbare Hindernisse abgetrennt (z. B. Bahnachsen, Autobahnen, etc.), so wird dieser Teil in der Erhebung nicht berücksichtigt. Damit soll auch der Einfluss von möglicher Infrastruktur, deren Einfluss nicht durch explizite Erhebungen sichtbar gemacht werden kann, mit abgedeckt werden. Solche Einflüsse können z. B. veränderte Nahversorgung mit Restaurants mit Tagesöffnungszeiten, benachbarte Kundenbüros, Serviceprovider oder private Postzustelldienste sein.

Es wird dabei in 3 Gruppen unterschieden:

0 = <   50.000 qm Bürofläche

1 = >   50.000 qm Bürofläche

2 = > 100.000 qm Bürofläche

Die Flächenangaben beinhalten auch die Flächen der zur Untersuchung herangezogenen Objekte. In der Erhebung wurden Gebäude mit zusammenhängenden Flächen von 2.000 qm und mehr berücksichtigt.

Gewerbe

Die Variable beschreibt, ob sich in angrenzender Nachbarschaft des untersuchten Grundstücks eine gewerblich genutzte Liegenschaft befindet. Als Gewerbe werden in diesem Zusammenhang Nutzungsarten bezeichnet, die außerhalb von Büroräumen stattfinden, und Immissionen gleich welcher Art sowie erhöhten Anlieferverkehr verursachen können.[208]

0 = keine gewerbliche Nutzung auf angrenzenden Grundstücken

1 = gewerbliche Nutzung auf mindestens einem angrenzenden Grundstück

BierCafe

Um einen Zusammenhang zwischen attraktiver Lage und Büromietpreis zu untersuchen wurde als Hilfsgröße der *Weißbier- und Kaffeepreis* herangezogen. Beide Getränke sind standardisierte Güter und flächendeckend verfügbar. Deren Preise könnte ein Indikator für Mikrostandorte sein, die als attraktiv empfunden werden.

Im Radius von 500 Meter um die jeweiligen Objekte wurden daher in bis zu drei Gaststätten die Preise für ½ Liter Weißbier sowie einen Kaffee erhoben. Die beiden niedrigsten Preise wurden als Stichprobe verwendet und daraus jeweils für beide Produkte der Mittelwert gebildet. Anschließend wurde aus beiden Mittelwerten ein Mittelwert „BierCafe" gebildet.

Die Preise wurden ausschließlich in stationären Gasthäusern ohne „Zusatzdienstleistung" (Diskothek, Bar, Hotel) erhoben. Wurde nur eine Gaststätte innerhalb des definierten Radius identifiziert, wurde ein Preisabschlag von 10% festgelegt. Für Objekte ohne Gaststätte bzw. mit nur einem Angebot von einem der beiden Produkte wurde eine Dummyvariable auf Basis Münchner Tankstellenpreise von 1,80 € für Weißbier und 1,20 € für Kaffee für den gesamten Datensample festgelegt und daraus der Mittelwert „BierCafe" gebildet.

AbwMedian

Aus der zuvor ermittelten Zahlenreihe „BierCafe" der jeweiligen Objekte wurde der Median mit 2,175 ermittelt. Die „BierCafe-Werte" wurden dann in das Verhältnis zum Median gesetzt, so dass diese Daten die prozentuale *Abweichung vom Median* darstellen.

---

[208] Gewerbe ist grundsätzlich jede wirtschaftliche Tätigkeit, die auf eigene Rechnung, eigene Verantwortung mit Gewinnerzielungsabsicht betrieben wird. Im engeren Sinne versteht man unter Gewerbe die produzierenden und verarbeitenden Gewerbe Industrie und Handwerk. Dieser engeren Definition entsprechend wird der Begriff Gewerbe hier verwendet.

Fassade

Zu den weichen Standortfaktoren zählt sicherlich auch die äußere Gestaltung der Gebäude. In bisherigen Untersuchungen ist dieser Faktor nicht explizit untersucht worden. Mit dieser Variable wird versucht, den unterschiedlichen Fassadentypen in ihrer Wirkung auf Nutzer Rechnung zu tragen.

Die unterschiedlichen Fassadenarten wurden in vier Kategorien eingeteilt:

1 = moderne Lochfassade mit mineralischer Beschichtung (Putz o. ä.)

2 = Lochfassade Altbau

3 = Stahl-/Glasfassade mit überwiegend Glaselementen bis zum Fußboden

4 = Lochfassade mit metallischen Elementen

5 = andere Fassadenarten

Portal

Auch Untersuchungen von der Wirkung von *Eingangsbereichen* auf die Miethöhe ist bisher nicht bekannt. Allerdings haben Dunse und Jones (2002) die Preiswirkung von separaten Eingangsbereichen (private entrance) auf den Mietpreis in Ihren Untersuchungen einfließen lassen. Sie konnten keine signifikanten Zusammenhänge feststellen.

Die Eingangsbereiche wurden in drei Typenklassen unterteilt:

1 = eingeschossiger (einfacher) Eingang

2 = zweigeschossiger Eingangsbereich mit mind. 5 Meter Tiefe und 5 Meter lichte Raumhöhe

3 = separate Eingangshalle oder Atrium

Stellplatz

Dieser Wert gibt den Stellplatzschlüssel des jeweiligen Objekts wieder. Er wird in qm Bruttogrundfläche DIN 277 (BGF) je PKW-Abstellplatz gemessen. In aller Regel wird dieser Schlüssel von der Lokalbaukommission der Stadt München vorgegeben und darf nicht überschritten werden. Er ist abhängig von der Nutzung des Gebäudes und der Lage innerhalb der Stadt. Die Bedeutung von Stellplätzen könnte in europäischen Großstädten möglicherweise von größerer Bedeutung sein, als das noch in nordamerikanischen

Zentren der Fall ist. Von den vorliegenden Untersuchungen hat Clapp (1980) in Bezug auf die Parkplatzvariable keine eindeutigen Signifikanzen nachweisen können, ganz ohne Einfluss waren Sie in seiner Untersuchung bereits zu der damaligen Zeit nicht.

Baujahr

Über den Einfluss des Alters von Bürogebäuden herrscht einiger Widerspruch. So sieht die deutsche Wertermittlungslehre zwar einen Wertverlust aufgrund des Alters, jedoch wird in der Annahme (nachhaltiger) Mietzinsen diese Wertverschlechterung durch sinkende Mietpreise nicht gewürdigt. In bisherigen Untersuchungen stellten neben Bollinger et al. (1998) auch Sivitanidou (1995) signifikante negative Zusammenhänge zwischen Mietpreis und Alter fest.

In der vorliegenden Untersuchung fallen in der Stichprobe einige alte Gebäude in der Innenstadt auf, die einen hohen Ausstattungsstandard durch aufwendige Sanierung aufweisen. Aus diesem Grund wird hier *Baujahr und Sanierung* gleichgesetzt, wenn die Sanierung einen Umfang hat, der den technischen Standard eines vergleichbaren Neubaus erreicht.

Marienplatz

Diese Variable beschreibt die Entfernung vom Objekt zum Marienplatz als angenommenes Zentrum der Stadt. Alle bisherigen Untersuchungen hedonischer Mietpreise haben sich mit einer oder mehreren Lageparameter auf den Einfluss der Lage auf den Mietpreis konzentriert. Die Ergebnisse sind insoweit vergleichbar, als dass übereinstimmend der Lage eine wesentliche Bedeutung in Bezug auf den Mietpreis zukommt. Allerdings weisen Dunse und Jones (2002) darauf hin, dass möglicherweise vorhandene Submarkets bei der Lagebeurteilung von erheblicher Bedeutung sind.[209]

Flughafen

Neben der Entfernung zum Zentrum wird auch die Entfernung vom Objekt zum Flughafen untersucht. Da der Flughafen rd. 35 km nordöstlich vom Stadtzentrum liegt, könnte sich eventuell der Einfluss mit dem der City überlagern.

---

[209] Vgl. auch Stahl (1987).

Luftlinie (Kmluftl)

Um sicherzustellen, dass keine verzerrten Schätzergebnisse aufgrund unterschiedlich abweichender Straßenkilometer-Entfernungen zwischen beobachtetem Objekt und Marienplatz entstehen, soll überprüft werden, ob mit der *Entfernung* per *Luftlinie* veränderte Resultate erzielt werden.

S-Bahn

Die Entfernung zur nächsten S-Bahn-Haltestelle in Gehminuten ist ein weiterer Lageparameter. Da S-Bahnstationen in dem ÖPNV bis auf wenige Ausnahmen unabhängig von den U-Bahnstationen in der Region München verteilt sind, soll überprüft werden, ob ihr Einfluss auch entsprechend unabhängig von der U-Bahnanbindung auf den Mietpreis wirken. Dabei wird die Entfernung in Gehminuten gemessen (1 Minute entsprich ca. 80 Meter).

U-Bahn

Das U-Bahnnetz in München ist erheblich dichter und deckt den Stadtbereich ab. Für Beschäftigte außerhalb dieses Einzugsgebietes ist daher die Einfahrt mit der S-Bahn in die Stadt erforderlich und je nach Lage des Bürogebäudes ein Umstieg in das U-Bahnnetz notwendig. Die Entfernung zur nächsten U-Bahn-Haltestelle ist wie bei der S-Bahn in Gehminuten ermittelt.

Größe

Dabei handelt es sich um die Gesamtgröße des untersuchten Objekts in BGF. Objekte, die abweichend von der BGF-Definition berechnet wurden, wurden mit einem geschätzten Korrekturfaktor auf eine vergleichbare BGF-Größe gebracht. Der Einfluss der Objektgröße auch in Bezug auf Nachbarkomplexe wurde von Wheaton (1984) als positiv signifikant festgestellt. Demgegenüber ermittelten Bollinger et al. (1998) negativ signifikante Zusammenhänge. Wheaton argumentierte mit der größeren Flexibilität, die Nutzer in größeren Gebäuden haben.

Miete DM

Der Mietpreis als erklärte Variable zum Stichtag 01.03.2001 wurde in DM als Nettopreis je qm BGF ohne Nebenkosten und MwSt. zugrunde gelegt. Wertbeeinflussende Faktoren wie Incentives, Verhandlungsrabatt, mietfreie Zeiten, etc. wurden nicht berücksichtigt. Da es für die Resultate der

Untersuchung nicht relevant ist, in welcher Währung gerechnet wird, wurde aus Gründen der einfacheren Handhabung auf die Umrechnung in Euro verzichtet.

Nk DM

Die Nebenkosten wurden entsprechend zum 01.03.2001 ermittelt. Hierbei handelt es sich um vom Vermieter angebotene Abschlagszahlungen, die anhand der Nebenkostenanalyse OSCAR[210] gegebenenfalls ausstattungsbedingt korrigiert wurden.

Miete €

Der Angebotsmietzins zum Stichtag 01.01.04 wurde in € entsprechend der hier verwendeten Definition ermittelt. Es handelt sich dabei um eine weitere Erhebung der Büromieten von Objekten der gleichen Stichprobe.

Nk €

Für die Anwendung der Nebenkosten zum Stichtag 01.01.04 gilt Sinngemäßes.

Die folgenden Variablen beschreiben weitestgehend die technische Ausstattung der Objekte und sind ausschließlich Dummy-Variable:

Db   Doppelboden, Hohlraumboden und vergleichbare Systeme zur Unterflur-Installationsverlegung.

Ss   Außenliegender Sonnenschutz (elektrisch oder mechanisch).

Ac   Klimatisierung sowie aufwendige Spitzenlastkühlung, falls dazu entsprechende Technik zum Einsatz kommt.

Kd   Kühldecke oder Gebäudekernaktivierung, die nach vergleichbarem Prinzip arbeitet.

Fe   Fensterbankkanal sowie Fußbodenkanal entlang der Außenwände.

Be   Beleuchtung entsprechend der jeweils gültigen Arbeitsstättenverordnung/-richtlinie (Fertigstellung bis 31.12.1998: 300 lux, danach 500 lux). Bestandsschutz wurde dabei entsprechend berücksichtigt.

Kü   Einbauküchen als Teeküchen.

Dt   Begehbare Dachterrasse und nutzbare Balkone.

Ca   Casino und Betriebsrestaurants zur Versorgung der Nutzer.

---

[210] Office Service Charge Analysis Report (OSCAR) von JLL ist eine Nebenkostenanalyse für Büroimmobilien, die bundesweite Erhebungen verschiedener Immobilienverwaltungsunternehmen sammelt und auswertet.

Ad   Abgehängte Decken mit integrierter Beleuchtung und Datenverkabelung.

Gebtiefe   Gebäudetiefe innerhalb der äußeren aufgehenden Bauteile in Meter. Bei mehreren Gebäudeteilen wird ein gewichteter Wert ermittelt.

Abw.13m   Abweichung der Gebäudetiefe des ermittelten Objekts von der als ideal angenommen Gebäudetiefe von 13 Meter. Dabei wird der für eine doppelhüftige Anlage ermittelte Wert durch zwei dividiert und mit 6,5 Meter verglichen (halbe ideale Gebäudetiefe), um einhüftige- und zweihüftige Anlagen vergleichbar machen zu können.

5.2 Faktorenanalyse

Für die hier untersuchte Stichprobe des Münchner Immobilienmarktes wird eine Vielzahl potentieller Erklärungsvariablen berücksichtigt. Dabei besteht die Gefahr, dass Multikollinearitäten zwischen den Variablen auftreten. Unter Multikollinearität versteht man die Tatsache, dass lineare Abhängigkeiten zwischen verschiedenen vorherbestimmten Variablen existieren. Im Fall perfekter Multikollinearität ist es nicht mehr möglich mittels einer Regressionsanalyse die Koeffizienten zu bestimmen.[211] Im Falle imperfekter Multikollinearität ist zwar nach wie vor eine Schätzung möglich, jedoch sind die Schätzer ineffizient. Aufgrund der Interdependenzen in der Ökonomie ist es nicht möglich, Multikollinearität vollkommen auszuschließen.

Im Rahmen der Methoden der empirischen Wirtschaftsforschung ist es jedoch möglich, anhand einer so genannten Faktorenanalyse Multikollinearitäten zu entdecken. Ziel der Faktorenanalyse ist es, auf Basis der Korrelationen zwischen den erklärenden Variablen diese zu „Variablenbündeln", den so genannten Faktoren, zusammenzufassen.[212] Anschließend können Regressionen entweder auf Basis dieser Faktoren durchgeführt werden, oder es kann mit einzelnen ausgewählten Variablen weiter geschätzt werden.

Es gibt verschiedene Verfahren zur Durchführung einer Faktorenanalyse. Wir unterscheiden die Hauptachsen- und die Hauptkomponentenanalyse. Im vorliegenden Fall wird das Verfahren der Hauptkomponentenanalyse angewendet, weil es Ziel der Untersuchung ist, die auf einen Faktor hoch laden-den vorherbestimmten Variablen zu einem Sammelbegriff zusammenzufassen. Anhand des *Kaiser-Mayer-Olkin Kriteriums* (KMO-Kriterium) und der entsprechenden Anti-Image-Matrizen wird ausgewählt, welche der Ursprungsvariablen die notwendigen Gütekriterien für eine Faktorenanalyse erfüllen. Dabei wird eine Prüfgröße ermittelt, die als „measure of sampling adequacy" (MSA) bezeichnet wird[213]. Dieses Kriterium gibt einen Wert

---

[211] Vgl. Studenmund (2002), S. 243–329.
[212] Vgl. Backhaus et al. (2003), S. 259–332.

zwischen 0 und 1 an und dient als Indikator für die Aussagefähigkeit einer Variable innerhalb des Faktors. Backhaus (2003) hat bei der Gewichtung der Faktorladungen als MSA-Kriterium die Beurteilung von Kaiser (1974) übernommen, die nachfolgend vorgestellt wird[214].

MSA $< 0,5$	unacceptable	(unzulässig)
MSA $\geq 0,5$	miserable	(kläglich)
MSA $\geq 0,6$	mediocre	(unbedeutend)
MSA $\geq 0,7$	middling	(mittelmäßig)
MSA $\geq 0,8$	meritorious	(lobenswert)
MSA $\geq 0,9$	marvelous	(wunderbar)

Es stellt sich heraus, dass sich die Variablen BierCafe, Stellplatzschlüssel, City, Flughafen, Luftlinie City, U-Bahn und Raumtiefe für die Hauptkomponentenanalyse eignen. Um die Interpretation der Faktoren zu erleichtern, wird eine Varimax-Rotation der Faktorladungen durchgeführt. Die Ergebnisse sind in folgender Tabelle 5.1 (S. 116) aufgeführt.

Aus dieser Tabelle wird deutlich, dass zwei Faktoren extrahiert werden können. Die Interpretation der Faktorladungen für die Variable Entfernung zum Flughafen ist für keinen der beiden Faktoren sinnvoll. Entfernung City, Km Luftlinie und U-Bahn lassen sich zu einem Lagefaktor zusammenfassen, weil sie alle Informationen bzgl. der Lage der Objekte reflektieren. BierCafe kann auch eher zu den Lageparametern gezählt werden, fällt aber aufgrund dieser Analyse nicht gemeinsam mit den anderen Lageparametern in einen Faktor. Raumtiefe und der Stellplatzschlüssel sind jeweils Indikatoren für die Ausstattung einer Büroimmobilie und lassen sich ebenfalls zu einem Faktor zusammenfassen. Damit extrahiert die hier vorliegende Faktorenanalyse zwei sehr wichtige Erklärungsgrößen für den Preis einer Immobilie. Jedoch ist kritisch anzumerken, dass weitere aus praktischer Sicht relevante Erklärungsvariablen wie z.B. das Gebäudealter, technische Ausstattung, Bürodichte des Mikrostandorts und Gewerbeanteil der Nachbarschaft nicht die erforderlichen Gütekriterien erfüllten und daher nicht in der Faktorenanalyse enthalten sind.

---

[213] Vgl. Backhaus et al. (2003), S. 276.

[214] Die deutschen Übersetzungen der hier verwendeten englischen Bezeichnungen von Kaiser (1974) weichen von den von Backhaus (2003) verwendeten Übersetzungen ab.

Tabelle 5.1

Rotierte Komponentenmatrix

| | Komponente | |
	1	2
BierCafe	–,140	,589
Stellplatzschlüssel	–,016	,825
City	,854	-,408
Flughafen	–,843	–,097
Luftlinie City	,839	–,430
U-Bahn	,781	–,148
Raumtiefe	–,362	,422

Extraktionsmethode: Hauptkomponentenanalyse.
Rotationsmethode: Varimax mit Kaiser-Normalisierung.
                     Die Rotation ist in 3 Iterationen konvergiert.
Quelle: Eigene Berechnng

Folgende Schlussfolgerungen lassen sich demnach aus der vorliegenden Faktorenanalyse ziehen: Es müssen nicht alle erklärenden Variablen in die Regression aufgenommen werden. Es genügen ein bis zwei Entfernungsvariable, sinnvollerweise die Entfernung zur City (Marienplatz) und eventuell die U-Bahn-Anbindung. Die Raumtiefe ist nicht so aussagekräftig, was daran liegen könnte, das der Datensample sich stark auf Bürogebäude innerhalb der Stadt München konzentriert und hier die Effizienzkriterien durch den Wunsch nach einer attraktiven Lage ausgeprägter ist, als das in entfernteren Lagen der Fall ist. Ausstattungsaspekte könnten mit Variablen wie Stellplatzschlüssel oder den Bier-Café Preisen abgedeckt werden. Dabei ist jedoch auch fraglich, ob nicht besser Variablen mit in die Analyse aufgenommen werden sollten, die technische Details wie Klimatisierung, Fassadenart, Eingangsbereiche, Doppelboden, etc. beschreiben.

Es kann daher festgestellt werden, dass mit Hilfe der Faktorenanalyse keine sinnvollen Faktoren extrahiert werden. Im Folgenden wird daher mit der Clusteranalyse versucht, sinnvolle Untergruppen zu bilden.

5.3 Clusteranalyse

Ein möglicher Grund dafür, dass viele potentielle Erklärungsvariablen auf Basis des KMO-Kriteriums aus der Analyse ausgeschlossen werden mussten und auf Basis der Faktorenanalyse keine sinnvollen Faktoren extrahiert werden können, könnte darin liegen, dass die Untersuchungsobjekte sehr heterogen sind und es daher schwierig ist, signifikante Erklärungszusammenhänge für den Gesamtdatensatz zu erhalten. Die Faktorenanalyse reagiert offenbar sehr sensibel auf die Eigenschaften des Datensatzes. Eine Unterteilung des Datensatzes in Untergruppen könnte evtl. zu anderen Ergebnissen führen.

Eine Möglichkeit, eine Gesamtheit von heterogenen Objekten mittels eines empirischen Verfahrens in homogenere Untergruppen aufzuteilen, bietet die Clusteranalyse.

Sie besteht im Wesentlichen aus drei Verfahrensschritten.

Zunächst Wahl eines *Distanz- oder Ähnlichkeitsmaßes*. Dabei spielen sowohl sachlogische Kriterien wie auch die Skalierung der Variablen eine Rolle.

Anschließend muss ein *Fusionierungsalgorithmus* ausgewählt werden. Dabei geht es darum, nach welchen Kriterien die heterogenen Objekte in Untergruppen unterteilt werden. Je nach angewendetem Fusionierungsalgorithmus, kann man daher für den gleichen Datensatz unterschiedliche Ergebnisse erhalten. Auch hier spielt wiederum die sachlogische Auswahl sowie die zugrunde liegende Distanz- oder Ähnlichkeitsmatrix eine Rolle.

In einem letzten Schritt muss anhand bestimmter Gütekriterien die *optimale Anzahl an Clustern* bestimmt werden.

Einen Überblick über Verfahren und Möglichkeiten der Clusteranalysen verdeutlicht auch das folgende Schaubild. Die angewendete Verfahrenswahl ist grau hinterlegt.

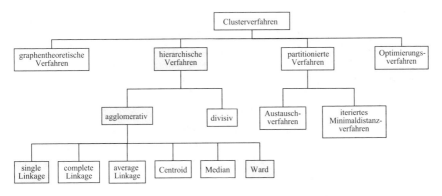

Quelle: Backhaus (2003), S. 499

Abbildung 5.1: Verwendete Cluster-Algorithmen

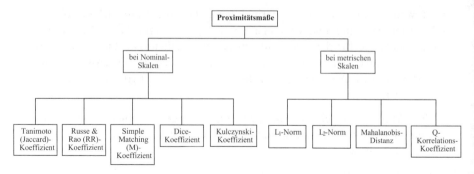

Quelle: Backhaus (2003), S. 499

Abbildung 5.2: Proximitätsmaße

5.3.1 Distanz- und Ähnlichkeitsmaß

Die Ähnlichkeitsmatrix wurde auf Basis der Rohdatenmatrix erstellt und beschreibt die Nähe der jeweiligen Objekte. Je größer dabei der Wert ist, desto ähnlicher sind sich die Objekte. Einen Überblick über die Vielzahl der erklärenden Proximitätsmaße gibt Abbildung 5.2.

Der vorliegende Datensatz kann dabei sinnvollerweise in den Bereich technischer Ausstattungsvariablen mit binärer Struktur und den Bereich der Lageparameter mit metrischer Struktur unterteilt werden.

5.3.1.1 Binäre Variable

Die im Datensatz verarbeiteten binären Variablen beschreiben nahezu ausschließlich technische Ausstattungsvarianten der Gebäude. Diese sind Doppelboden, Sonnenschutz, Klimatechnik, Kühldecke, Fensterbankkanal, Beleuchtung, Einbauküche, Dachterrasse, Casino, abgehängte Decke und Gewerbenachbarschaft. Obwohl die Eigenschaft Gewerbe in der Nachbarschaft als einziges Merkmal der binären Variablen nicht zu den technischen Ausstattungen gezählt werden kann, soll auch dieses Merkmal mit in die Untersuchung einfließen. Um nachfolgend eine praxisnahe sinnvolle Zuordnung der am besten geeigneten Maße sicherzustellen, werden die häufig in der empirischen Forschung angewendeten Koeffizienten kurz vorgestellt.[215]

---

[215] Eine umfassende Beschreibung dieser und weiterführender Ähnlichkeitsmaße findet sich auch in Steinhausen und Langer (1977), S. 54 ff.

Laut Backhaus (2003) lassen sich diese Koeffizienten auf folgende Ähnlichkeitsfunktion zurückführen:[216]

$$S_{ij} = \frac{w + \delta \cdot z}{w + \delta \cdot z + \lambda(x + y)}$$

S_{ij} Ähnlichkeit zwischen den Objekten i und j
δ, γ mögliche Gewichtungsfaktoren
w, x, y, z binäre Variable

Dabei entspricht der Zähler mit den Variablen w und z den Eigenschaften, die beide Objekte miteinander teilen. Die Variable w soll in diesem Beispiel für Doppelboden stehen, der in beiden Objekten vorhanden ist. Die Variable z steht für die nicht vorhandene Klimatechnik in beiden zu vergleichenden Objekten. Im Nenner werden alle Variablen aufgeführt, die als Merkmalsträger beider zu vergleichenden Objekte vorhanden sind. Dabei stehen die Variablen x und y für Eigenschaften, die nur in einem der beiden zu vergleichenden Objekte vorhanden sind. x könnte also für Küche und y für Sonnenschutz stehen, die jeweils nur in einem der Beispielobjekte vorhanden sein könnte. Die Gewichtungsfaktoren δ und γ spielen bei der Ermittlung nachfolgend beschriebener Koeffizienten als Ähnlichkeitsmaß eine Rolle.

In der folgenden Grafik stehen die beiden Kreise für die Objekte A und B. Die Symbole $(+)$ und $(-)$ zeigen an, ob diese Eigenschaft vorhanden $(+)$ oder nicht vorhanden $(-)$ ist.

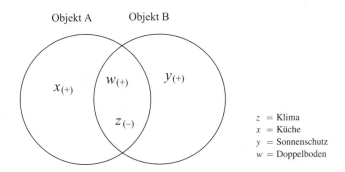

Quelle: Eigene Darstellung

Abbildung 5.3: Ähnlichkeiten technischer Merkmale

[216] Vgl. Backhaus (2003), S. 484 f.

Der *Tanimoto (Jaccard)-Koeffizient* beschreibt den Anteil gemeinsamer Eigenschaften der beiden zu vergleichenden Objekte im Verhältnis zu allen vorhandenen Eigenschaften. In diesem Fall bedeutet das, dass im Nenner des Koeffizienten alle technischen Merkmale stehen, die von den beiden untersuchten Objekten mindestens einmal vorhanden sind. Ist also das Merkmal Klimatechnik bei den verglichenen Objekten nicht vorhanden, so wird diese Erscheinung bei Tanimoto vernachlässigt. Daraus ergibt sich:

$$\text{Tanimoto} = \frac{w}{w + x + y}$$

Es wird die Anzahl technischer Merkmale, die bei den Objekten der untersuchten Gruppe gemeinsam vorhanden ist in das Verhältnis zu der Zahl technischer Merkmale gesetzt, die insgesamt vorkommen kann. Davon werden allerdings dann nur diejenigen Merkmale berücksichtigt, die mindestens bei einem der Objekte vorkommen.

Der *Russel & Roa (R)-Koeffizient* berücksichtigt im Gegensatz zum Tanimoto-Koeffizienten im Nenner auch die Merkmale, die bei keinem der Objekte vorkommen. Er liest sich dann:

$$\text{RR-Koeffizient} = \frac{w}{w + x + y + z}$$

Das kann dazu führen, dass der R-Koeffizient kleiner oder gleich groß als der Tanimoto-Koeffizient, niemals jedoch größer sein kann.

Im *Simple Matching (M)-Koeffizient* werden im Zähler neben den vorhandenen übereinstimmenden Eigenschaften auch die nicht vorhandenen übereinstimmenden Eigenschaften berücksichtigt.

$$\text{M-Koeffizient} = \frac{w + z}{w + x + y + z}$$

Haben also beide Objekte keine Klimatechnik, so ist dies dennoch ein gemeinsames Merkmal. Der Nenner enthält wie beim RR-Koeffizienten alle vorhanden Eigenschaften, unabhängig davon, ob sie in den beiden Objekten vorkommen.

Der *Dice-Koeffizient* gewichtet die Eigenschaften, die nur bei einem der beiden Objekte vorkommen im Nenner zu 50%. Die Eigenschaft, die bei beiden Objekten nicht vorhanden ist, wird nicht berücksichtigt. Er schreibt sich dann:

$$\text{Dice-Koeffizient} = \frac{2 \cdot w}{2 \cdot w + x + y}$$

Der *Kulczynski-Koeffizient* berücksichtigt im Zähler ausschließlich die Eigenschaft, die bei beiden Objekten auftritt, und vernachlässigt die Eigenschaft des „Nicht-Auftretens". In diesem Beispiel wäre das also w für den Doppelboden in beiden Objekten. Im Nenner wird nur die Eigenschaft berücksichtigt, die bei einem der beiden Objekte auftritt.

$$\text{Kulczynski-Koeffizient} = \frac{w}{x + y}$$

Für die Analyse des vorliegenden Datensamples kann es bei (technischen) Eigenschaften wie Klimatechnik, Küche, Dachterrasse von Bedeutung sein, das Nichtvorhandensein eben so stark zu berücksichtigen, wie das Vorhandensein dieser Eigenschaften. Das erfordert die Verwendung eines Koeffizienten, der im Nenner alle Merkmale berücksichtigt, die möglich sein können. Dafür käme dann nur der Simple-Matching-Koeffizient oder der Russel & Roa-Koeffizient in Frage. Da auch eine gemeinsame Nichtexistenz einer Klimatechnik für die Übereinstimmung zweier Objekte bedeutsam sein kann, liegt die Verwendung des Simple-Matching-Koeffizienten nahe.

5.3.1.2 Auswertung der Näherungswerte (binäre Variable)

Eine grafische Darstellung der Ergebnisse in Form einer jeweiligen Näherungsmatrix auf Basis der Koeffizienten Tanimoto, Russel & Roa und Simple Matching findet sich in den Anlagen A1 bis A3. Dabei wurden die Objekte nach Stadtteilen sortiert, um eventuelle Ähnlichkeiten innerhalb der Ausstattung in Makrostandorten zu erkennen. Es lässt sich aber vorweg nehmen, dass aufgrund der hier untersuchten technischen Ausstattung einschließlich eines Lageparameters in Form der Gewerbenachbarschaft keine auffälligen Ähnlichkeiten nachweisen lassen.

Mit Hilfe des Tanimoto-Koeffizienten lassen sich anhand der untersuchten Eigenschaften relativ hohe homogene Näherungswerte zwischen 0,7 und 0,85 über nahezu alle Objekte hinweg feststellen. Auffällig dabei sind die vier Ausreißer in der Münchner Innenstadt, die Werte zwischen 0,4 und 0,5 erzielen.

Mit Hilfe des Russel & Roa-Koeffizienten wird im Vergleich die heterogenste Verteilung der Näherungswerte ermittelt. Die Werte schwanken zwischen 0,3 und 0,8. Zwar sind die vier Münchner Innenstadt-Objekte auch hier mit Werten um 0,2 als Ausreißer zu bezeichnen, jedoch fallen diese im Kontext der anderen Objektwerte nicht mehr so stark auf. Der Grund in der stärkeren Spreizung der Resultate liegt darin, dass im Nenner von Russel & Roa auch die Eigenschaften berücksichtigt werden, die bei keinem der zu vergleichenden Objekte vorkommen.

Die homogenste Näherungsmatrix liefert die Untersuchung auf Basis des Simple-Matching-Koeffizienten. Da hier auch im Zähler die Eigenschaften Berücksichtigung finden, die in den Objekten nicht vorhanden sind, muss dies zu einer größeren Homogenität des Samples führen. Da aber das Vorhandensein von Eigenschaften wie Doppelfußboden, Sonnenschutz oder Klimatechnik ebenso zu gewichten ist, wie das Nichtvorhandensein dieser Eigenschaften, wäre die Verwendung des Simple-Matching-Koeffizienten als die Beste Variante zu bezeichnen. Gerade damit lassen sich aber weder innerhalb der Makrostandort-Gruppen, noch zwischen diesen Gruppen Zusammenhänge hinsichtlich der Ausstattung erkennen.

Dies lässt darauf schließen, dass die hier untersuchten Ausstattungsdetails relativ stark standardisiert und lageunabhängig verwendet werden. Zumindest die Eigenschaften Beleuchtung, Küche, Doppelboden könnten als Standard in fast allen Objekten angesehen werden, wodurch damit nur eine Parallelverschiebung der Resultate nach oben, jedoch keine Differenzierung zwischen den Objekten stattfinden kann. Auch eine Aufreihung der Objekte nach Mietpreishöhe bringt keine nennenswerte Verbesserung der Näherungswerte, womit festgestellt werden kann, dass die Ausstattungsdetails allein keine aussagefähige Information hinsichtlich einer möglichen Gruppenbildung oder Präferenzstruktur liefern konnten.

5.3.1.3 Metrische Variable

Nachdem die Untersuchung der Näherungswerte der (binären) Ausstattungseigenschaften keine Auffälligkeiten ergab, sollen nun die Lagekriterien untersucht werden. Diese Merkmale bieten sich aufgrund ihrer metrischen Skalierung an, soweit die Voraussetzung erfüllt ist, dass die Maßeinheiten vergleichbar sind oder aber eine entsprechende Standardisierung vorgenommen wird. Für das Modell sollen die Distanzwerte zwischen den Objekten mit Hilfe der „Minkowski-Gleichung" ermittelt werden.

Minkowski-Metrik[217]

$$d_{k,l} = \left[\sum_{J=1}^{J} |x_{kj} - x_{lj}|^m \right]^{\frac{1}{m}}$$

$d_{k,l}$: Distanz der Objekte k und l

x_{kj}, x_{lj}: Wert der Variablen j bei Objekte k, l $(j = 1, 2, \ldots J)$

$m \geq 1$: Minkowski-Konstante[218]

---

[217] Vgl. Backhaus et al. (2003), S. 491.
[218] Vgl. Backhaus et al. (2003), S. 492.

Laut Backhaus et al. enthält man bei Einsetzen der Minkowski-Konstante $m = 1$ die „City-Block-Metrik" genannte L_1-Norm und bei $m = 2$ die „Euklidische Distanz" oder L_2-Norm.

Bei näherer Betrachtung der Minkowski-Gleichung wird deutlich, dass durch das Quadrieren beim Ermitteln der L_2-Norm große Werte, die z.B. bei der Entfernung zum Flughafen oder bei „Nichtvorhandensein" von U- oder S-Bahn[219] entstehen, stärker berücksichtigt werden. Kleinere Werte, wie z.B. Entfernungen innerhalb des Zentrums werden demgegenüber geringer gewichtet. Es liegt jedoch die Vermutung nahe, dass Objekte in zentrumsnaher Lage oder dicht an U- und S-Bahn für die ersten 500 Meter Entfernungsänderung stärker abgewertet werden, als das bei einer 500-Meter-Veränderung bei der 40 km Strecke zum Flughafen der Fall ist. Das würde bedeuten, dass die Ermittlung der L_1-Norm sinnvoller ist, als die L_2-Norm. Damit stimmt auch Backhaus et al. überein, der die L_1-Norm auch „Manhattan- oder Taxifahrer-Metrik" nennt.

In dieser L_1-Norm werden die Beträge der jeweiligen Differenzen der Eigenschaften zwischen den Objekte ermittelt und aufsummiert (bei der L_2-Norm zuvor noch quadriert und aus der Gesamtsumme dann die Quadratwurzel gezogen). Das bedeutet, dass Objekte umso ähnlicher sind, desto geringer ihr Distanzwert, also die L_1-Norm oder L_2-Norm ist. Hinsichtlich möglicher Trends sollten beide Berechnungen gleichgerichtete Aussagen ermöglichen, hinsichtlich Intensität könnten jedoch Abweichungen entstehen.

5.3.1.4 Auswertung der Näherungswerte (metrische Variable)

Bei Einsetzen der Werte in die Minkowski-Gleichung erhält man eine Matrix, die die jeweiligen Distanzwerte wiedergibt. In den Abbildungen A4 und A5 der Anlage wurde diese Matrix in einem Balkendiagramm dargestellt. Dabei wurden die Werte standardisiert um die unterschiedlichen Maßeinheiten (Entfernung in km und Zeit in Minuten) vergleichbar zu machen. Auch hier wurden die Objekte nach Stadtteilen sortiert aufgelistet, da die Vermutung nahe lag, dass innerhalb der Stadtteile ähnliche und zwischen den Stadtteilen eher unähnliche Distanzen ermittelt werden könnten. Zuerst fällt auf, dass beide Berechnungsverfahren mit $m = 1$ und $m = 2$ zu ähnlichen Ergebnissen kommen. Die Distanzen der L_1-Norm sind generell etwas geringer im Wert und in sich etwas weniger homogen.

Es ist erkennbar, dass die Objekte in der Innenstadt (M-Zentrum)[220] bis auf einige wenige Ausreißer generell das geringste Distanzniveau haben

---

[219] Wenn die U- und S-Bahnen nicht mehr fußläufig erreichbar sind, wurde als Variable statt der Zeit in Minuten der Wert 60 eingetragen.

und sich in Bezug auf die Lageparameter ähnlicher sein könnten als die anderen Lagen. Die Stadtbezirke sind alle ähnlich groß, so dass die Varianz der Entfernungen der jeweiligen Stadtteile nicht sehr stark variieren sollte. Bei näherer Betrachtung der Objekte wird jedoch deutlich, dass im Bereich M-Zentrum eine deutlich bessere Anbindung an das U-Bahnnetz gegeben ist, als das in den weniger zentralen Lagen der Fall ist. Somit können größere Distanzen auch innerhalb der Stadtteile, die dezentraler liegen mit einer schlechteren U- und auch S-Bahn-Anbindung erklärt werden.

Im Vergleich zur Ordnung der Objekte nach deren Lage bringt die Ordnung nach Mietpreishöhe keine erkennbaren Vorteile. Vielmehr ergibt sich dann ein im Vergleich zur geografischen Ordnung heterogenes Bild.

5.3.2 Fusionierungsalgorithmus

Nachdem die Erarbeitung von Ähnlichkeits- und Distanzmatrixen nur begrenzte Interpretationsmöglichkeiten hinsichtlich des Datensamples zuließ, soll nun nach Auswahl des Fusionierungsalgorithmus versucht werden, entsprechende Gruppierungen zu analysieren, die in sich stimmig sind. Abbildung 5.5 ist der Aufbau und die Möglichkeiten der Clusteranalyse zu entnehmen.

In dieser Untersuchung wird das hierarchische Verfahren angewendet, welches sich in der praktischen Anwendung gegenüber dem partitionierten Verfahren als praktikabler erwiesen hat.

Im *partitionierten Verfahren* wird eine Anfangsgruppierung (Partition) auf Basis ihrer Varianzkriterien definiert. Dabei wird pro Cluster das arithmetische Mittel und die Fehlerquadratsumme gebildet. Wenn durch Verschieben einzelner Objekte keine Verbesserung der Varianzkriterien mehr ermöglicht wird, kann von einem optimalen Ergebnis des partitionierten Verfahrens ausgegangen werden. Nachfolgende Grafik beschreibt das rollierende System des Austauschverfahrens und macht den erforderlichen Aufwand deutlich. Weiterführende Untersuchungen hierzu finden sich auch in Späth (1977)[221]. In der hier vorliegenden Untersuchung würde die Anwendung dieses Verfahrens eine kaum mehr realisierbare Rechenleistung erfordern, da bei den vorliegenden 89 Objekten und einer Clusterung auf vier Ebenen bereits $89^4 = 62.742.241$ Möglichkeiten bedeuten würde. Ein optimales Ergebnis ist daher mit diesem Verfahren und der gegenwärtig verfügbaren Rechenleistung zeitgemäßer Prozessoren ökonomisch nicht sinnvoll machbar.

---

[220] Siehe dazu auch Abbildung A6 im Anhang: „Büroteilmärkte München".
[221] Vgl. Späth (1977), S. 35 ff.

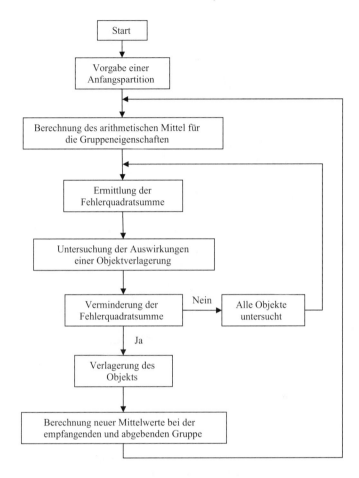

Quelle: Bachkaus et al. (2003), S. 502

Abbildung 5.4: Ablauf des Austauschverfahrens

Im *hierarchischen Verfahren* hingegen können die agglomerativen Algorithmen angewendet werden. Dabei werden die hier zur Untersuchung herangezogenen 89 Objekte in der zunächst feinsten Partition bestehend aus einem Objekt je Cluster aufgeteilt.[222] Anschließend werden alle Distanzen zwischen den Objekten gemessen. Für den vorliegenden Fall bedeutet das insgesamt 3.916 Distanzwerte. Den schematischen Aufbau des Verfahrens zeigt das folgende Schaubild.

---

[222] Vgl. Backhaus et al. (2003), S. 503.

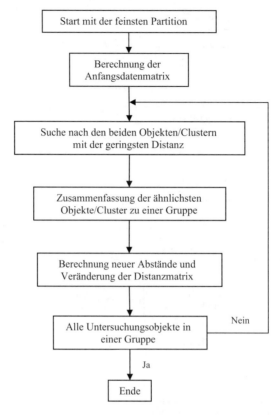

Quelle: Bachkaus et al. (2003), S. 504

Abbildung 5.5: Ablauf des agglomerativen
hierarchischen Verfahrens

5.3.3 Bestimmung der Clusterzahl

Die ideale Clusterzahl kann visuell bereits mit dem Elbow-Kriterium näherungsweise ermittelt werden. Es handelt sich dabei aber nur um einen ersten Anhaltspunkt. Empirisch kann die optimale Clusterzahl durch Ermittlung der F-Werte[223] festgestellt werden.

Ein F-Wert größer 1 bedeutet, dass die Heterogenität innerhalb des Clusters größer ist als für die Gesamtheit. Dies ist nicht wünschenswert, da die

---

[223] Weiterführende Beschreibungen und Herleitungen zum F-Test finden sich auch in Poddig et al. (2001), S. 288 ff.

Clusteranalyse durchgeführt wird, um gegenüber der Grundgesamtheit homogenere Untergruppen zu bilden.

Bei der vorliegenden Untersuchung werden zwei Clusteranalysen hintereinander geschaltet. Zunächst wird eine Clusteranalyse mittels *Single Linkage-Verfahren,* anschließend eine zweite Analyse auf Basis des *Ward-Verfahrens* durchgeführt. Für beide Verfahren wird die Distanzmatrix mit Hilfe der Quadrierten Euklidischen Distanz berechnet.

Das Single Linkage-Verfahren wird vorgeschaltet, um zu vermeiden, dass aufgrund einzelner Extremwerte und Ausreißern, die Ergebnisse der Clusteranalyse verzerrt werden. Dieser Fusionierungsalgorithmus beruht darauf, dass schrittweise die Objekte so angeordnet werden, dass sie eine möglichst geringe Distanz zu ihrem Nachbarn aufweisen. Daher neigt dieses Verfahren zur Kettenbildung und führt zu sehr kleinen Clustern. Bühl und Zöfel (2002) beschreiben die Distanz zwischen zwei Clustern als diejenige zwischen dem nächstgelegenen Fallpaar, wobei jeweils ein Fall aus einem der beiden Cluster stammt.

Im Gegensatz dazu führt laut Bergs (1981) die Anwendung des Ward-Verfahren zur Bildung sehr guter Cluster.[224] Es spielen hier nicht mehr die Distanzen zwischen den einzelnen Objekten eine Rolle, vielmehr geht es darum, dass die Hinzunahme eines weiteren Objekts zu einem bestehenden Cluster die Heterogenität möglichst minimal erhöht. Daher führt das Ward-Verfahren in der Regel zur Bildung einer geringen Anzahl an Clustern mit mehr Elementen.

Im Folgenden wird die Clusteranalyse mit der hier vorliegenden Stichprobe des Münchner Büroimmobilienmarktes durchgeführt: Vorteilhaft an der Clusteranalyse ist, dass die Gruppierung der Objekte nicht nur auf Basis einer einzelnen Variablen gemacht werden kann, sondern es möglich ist, mehrere Variablen zu berücksichtigen. Neben je einer Entfernungs- und einer Ausstattungsvariable (Entfernung zur Innenstadt und die mittlere Raumtiefe), die im vorhergehenden Kapitel als erklärungsrelevant, identifiziert worden sind, werden noch Gebäudealter, Gebäudegröße und Miethöhe berücksichtigt. In mehreren Versuchsreihen hat sich diese Zusammensetzung von Merkmalsträgern bei der Clusterung am sinnvollsten herausgestellt. Das die Nutzung nur einer Lagekomponente ausreichend für die Gruppenbildung sein könnte, lässt bereits die Untersuchung in Kapitel 5.3.1.3 „Metrische Variable" vermuten. Die Näherungswerte konnten selbst bei einer Gruppierung nach Stadtteilen keine Signifikanzen aufweisen. Eine stärkere Berücksichtigung der technischen Ausstattungsmerkmale für die Gruppenbildung macht nach der Untersuchung in Kapitel 5.3.1.1 „Binäre Variable"

---

[224] Vgl. Bergs (1981), S. 96 f.

ebenfalls wenig Sinn. Clusteranalysen mit und ohne diese Merkmalsträger führten zu keinen signifikanten Unterschieden, so dass diese Variablen bei der Gruppenbildung ebenfalls unberücksichtigt bleiben können.

Mittels des *Single Linkage-Verfahrens* werden vier Objekte, Objekt Nr. 24, 32, 60, 66, als Ausreißer identifiziert. In einem zweiten Schritt soll nun eine Marktsegmentierung auf Basis des *Ward-Verfahrens* durchgeführt werden. Da es inhaltlich wünschenswert ist, die Gesamtheit an Untersuchungsobjekten mit Hilfe der Clusteranalyse gruppieren zu lassen, wird das Ward-Verfahren sowohl mit als auch ohne Ausreißer durchgeführt. Ein Vergleich der Ergebnisse zeigt, dass die Berücksichtigung der Ausreißer nicht zu einer Verzerrung der gebildeten Cluster führt.

Im Folgenden muss die optimale Anzahl an Clustern bestimmt werden. Einen ersten Hinweis gibt das folgende Ellbogendiagramm (Elbow-Kriterium).

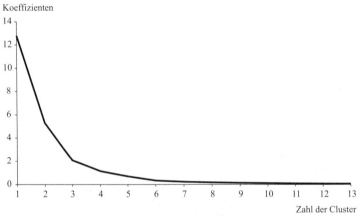

Die Koeffizienten zeigen die Fehlerquadratsumme in Milliarden an.

Quelle: Eigene Darstellung

Abbildung 5.6: Elbow-Kriterium zur Bestimmung der Clusterzahl

Das Ellbogendiagramm zeigt an, dass zwischen Cluster 2 und 4 der Ellbogen liegt und daher die optimale Anzahl an Clustern zwischen 2 und 4 liegen muss. Daher werden im Folgenden die entsprechenden *F*-Werte für die unterschiedlichen Clusterlösungen berechnet. Ein Vergleich der Ergebnisse führt zu dem Schluss, dass eine 4-Clusterlösung am besten geeignet ist, die Untersuchungsobjekte in unterschiedliche Marktsegmente aufzuteilen. In der Tabelle 5.2 sind die entsprechenden *F*-Werte aufgeführt:

Tabelle 5.2
F-Werte

	bauj	*km_city*	*größe*	*miete_dm*	*mitltief*
Cluster 1	0,7225	1,0699	0,6551	0,1551	0,8696
Cluster 2	0,2248	0,5761	0,8831	0,3986	0,7385
Cluster 3	0,7973	0,2982	1,2539	0,7704	1,3145
Cluster 4	0,5447	0,2882	0,9662	0,2261	0,7781

Quelle: Eigene Berechnung

Ein Blick in die Tabelle zeigt, dass in Cluster 1 ein *F*-Wert größer eins und in Cluster 3 zwei *F*-Werte größer eins sind. Dennoch bietet sich die 4-Clusterlösung als idealer Lösungsansatz an: Eine 5-Clusterlösung bringt keine weitere Verbesserung, da nur eines der Cluster weiter unterteilt wird, die anderen aber ab der Drei-Clusterlösung von der Zusammensetzung her unverändert bleiben.

5.3.3.1 Interpretation der Clusterbildung

Die separierten Objektgruppen weisen jeweils bestimmte Merkmale in unterschiedlich starken Ausprägungen auf. Bevor die eingesetzten Merkmalsträger näher untersucht werden, soll der Blick auf die Objektkarte in Anhang 8 gelenkt werden. Dabei fällt bereits eine starke Ausprägung der Lagekomponente auf.

Die in Cluster 1 gruppierten zehn Objekte befinden sich bis auf eine Ausnahme[225] alle außerhalb des Autobahnrings. Das sich dabei eine Konzentration auf die nordöstlichen Lagen Ismaning, Unterschleißheim und Hallbergmoos herausgestellt hat, liegt an der Konzentration von Büroflächen in dieser Region und der dadurch im Datensample entstandenen geografischen Ungleichgewichtung. Diese Konzentration um den neuen Flughafen herum wird auch als Bezug genutzt und das Cluster *„Flughafen-Cluster"* genannt.

Cluster 2 besteht aus 40 Objekten, die sich ringförmig mit einer relativen Gleichförmigkeit um die Altstadt verteilen. Dabei bilden die Objekte einen Gürtel innerhalb des Stadtgebietes, jedoch außerhalb des Mittleren Rings.

---

[225] Dieses Objekt liegt nur wenige Meter von der Autobahn entfernt innerhalb des um die Stadt laufenden BAB-Rings.

Ausnahmen bilden lediglich drei Objekte innerhalb, aber nahe am Mittleren Ring und drei Objekte in der Gemeinde Aschheim-Dornach und damit außerhalb der Stadtgrenze Münchens. Strukturell kann allerdings die Einbuchtung der Gemeinde Aschheim-Dornach auf der Landkarte zum Stadtgebiet Münchens hinzugezählt werden, so dass von einer homogenen Verteilungsstruktur gesprochen werden kann. Die Objekte sind auf den ersten Blick alle durchschnittlich gut erreichbar, und haben gegenüber den Objekten aus dem vorhergehenden „Flughafen-Cluster" den Vorzug, Münchner Adressen zu haben. Wir nennen diese Gruppe *„Speckgürtel-Cluster"*.

Die 22 Objekte aus Cluster 3 befinden sich bis auf drei Ausnahmen alle im Zentrum innerhalb der Altstadt Münchens oder in sehr attraktiver zentrumsnaher Lage. Von den drei Ausreißern befindet sich ein Objekt im exklusiven Alt-Bogenhausen, die beiden anderen Objekte sind die beiden ersten Hochhäuser Münchens, die sich zum Erhebungszeitpunkt zeitgleich in der Realisierungsphase befanden. Die Objekte liegen dicht beieinander und zeichnen sich durch attraktive Nachbarschaften aus. Einzig die beiden Hochhäuser lassen vermuten, dass diese aufgrund ihrer Flächenvolumina eigene Standorte kreieren können. Innerhalb der von Cluster-3-Objekten besetzten Zentrumslage befinden sich nahezu keine Objekte anderer Cluster. Wir nennen Cluster 3 daher *„City-Cluster"*.

Das verbleibende Cluster 4 ist auf den ersten Blick auf der Karte nicht eindeutig zuzuordnen. Die 17 Objekte scheinen relativ willkürlich über das gesamte Stadtgebiet, jedoch mit Ausnahme von Dornach nicht außerhalb der Stadt verteilt zu sein. Hinsichtlich der Mikrostandorte scheint auch keine allgemeingültige Zuordnung möglich. Allerdings sind die Objekte nahezu ausnahmslos in den 80er Jahren gebaut. Die Tatsache, dass die untersuchte Stichprobe hinsichtlich der Altersstruktur der erhobenen Objekte nicht ausreichend repräsentativ ist, wurde bereits angemerkt. Gebäude aus den 70er und 60er Jahren standen als Untersuchungsobjekte nicht zur Verfügung. Aus diesem Grund sind Aussagen in diesem Zusammenhang nur begrenzt möglich. Wir geben daher dieser Objekt-Gruppe den Namen *„80er-Jahre-Cluster"*.

5.3.3.2 Analyse der Cluster

Der ersten optischen Analyse der Gruppenbildung folgt nun die Untersuchung in Bezug auf die eingesetzten Merkmalsträger. Anhand der gebildeten Mittelwerte der Variablen innerhalb der Cluster lassen sich erste Schlüsse auf die Gruppenbildung ziehen. Um die Aussagefähigkeit der Mittelwerte hinsichtlich ihrer Qualität zu untersuchen, wird zusätzlich die Streuung „s" der Einzelwerte um den Mittelwert ermittelt.

$$s = \sqrt{\frac{1}{n} \sum_{i=1}^{n} (x_i - \bar{x})^2}$$

Je geringer die Einzelwerte von dem Mittelwert abweichen, desto höher ist die Aussagefähigkeit der Mittelwerte.[226] Wir ermitteln für alle fünf beeinflussende Variable die Mittelwerte und deren Standardabweichung. Anschließend vergleichen wir die Werte, um mögliche Zusammenhänge, die sich bereits in der Betrachtung der Anordnung auf der Stadtkarte andeuteten, bestätigen oder noch detaillierter beschreiben zu lassen. Grundlage hierfür sind die in den folgenden beiden Tabellen ermittelten Daten der vier Cluster.

Tabelle 5.3

Mittelwerte

	alle Objekte	Flughfn.-Cluster	Speckgürtel-Cluster	City-Cluster	80er-Jahre-Cluster
Baujahr	1997	1992	2002	2000	1988
Marienplatz	8,1	20,3	8,5	3,2	6,1
Größe	19.707	11.747	21.945	20.445	18.167
MieteDM	33,90	26,00	30,63	48,45	27,53
Gebäudetiefe	14,9	13,9	14,7	15,6	15,0

Quelle: Eigene Berechnung

Tabelle 5.4

Standardabweichungen

	alle Objekte	Flughfn.-Cluster	Speckgürtel-Cluster	City-Cluster	80er-Jahre-Cluster
Baujahr	6,6	5,0	1,5	5,4	3,7
Marienplatz	5,9	6,6	3,4	1,8	1,7
Größe	17.133	11.764	15.236	21.865	16.967
MieteDM	9,70	1,58	3,90	7,63	2,25
Gebäudetiefe	1,4	1,3	1,0	1,9	1,1

Quelle: Eigene Berechnung

---

[226] Vgl. Hauser et al. (1995), S. 140.

9*

Flughafen-Cluster

Die bereits beschriebene Ausprägung der Objekte innerhalb dieser Gruppe bestätigt sich erwartungsgemäß in der großen Entfernung zur City. Wären die Objekte ringförmig um die Stadt verteilt, so würde die Standardabweichung in Abhängigkeit der Tiefe des Rings größer sein, als das hier der Fall ist. Der Grund für die relativ geringe Standardabweichung liegt, wie bereits erwähnt, an der Konzentration von Büroflächen in den High-Tech-Standorten nord-östlich der Stadt.

Hinsichtlich der mittleren Objektgröße ist keine signifikante Aussage möglich, da die Objektgrößen zwischen 2.641 m^2 und 34.900 m^2 liegen, welches auch mit einer entsprechenden Standardabweichung von 11.764 m^2 bestätigt wird.

Der Mietpreis ist jedoch aufgrund des kleinen regionalen Marktes und auch eines sehr vergleichbaren technischen Standards[227] in allen untersuchten Objekten nahezu identisch. Die mittlere Abweichung von 1,58 €/m^2 ist der niedrigste Wert im Vergleich der anderen Gruppierungen und kann vernachlässigt werden.

Ein Indiz für die Bedeutung von Flächeneffizienz für die in dieser Region zu bedienenden Nutzer ist der ebenfalls geringste Wert im Gruppenvergleich für die mittlere Raumtiefe. Die Abweichung von 1,3 m kann hier ebenfalls vernachlässigt werden.

Über das Alter der Gebäude kann keine sinnvolle Aussage aufgrund dieser Informationen erfolgen. Obwohl das mittlere Gebäudealter zum Erhebungsstichtag rd. 11 Jahre betrug, und damit um rd. 10 Jahre von dem mittleren Alter der Objekte aus City-Cluster und Speckgürtel-Cluster abweicht, ist eine Aussage in Bezug auf die Gruppenbildung nicht sinnvoll. Das mittlere Gebäudebaujahr von 1992 fällt auf das Umzugsjahr des Flughafens Münchens von Riem nach Hallbergmoos. Die Gemeinden zwischen dem neuen Flughafenstandort und der Stadt zeigten sich hinsichtlich Baurechtschaffung in diesen Jahren in Erwartung eines Nachfragebooms sehr expansiv. Daraus resultierte eine starke Bauleistung von Bürogebäuden und ein Wettbewerb um Mieter gegenüber dem etablierten Standort München. Die geschaffenen Büroflächenvorräte führten in den Folgejahren zu einer „Bugwelle" an Angebot und damit zu einem im Vergleich zum Großraum München überproportionalen Flächenleerstand, so dass in den Jahren 1995 bis

---

[227] Eine Besonderheit dieses regionalen Marktsegments ist sicher auch die homogene Zielgruppe, die sich im Wesentlichen aus EDV-, Software- und weiteren klassischen „High-Tech-Unternehmen" zusammensetzt. Aufgrund der vergleichbaren Anforderungsprofile an Büroflächen sind die Objekte in hohem Maße hinsichtlich technischer Ausstattung austauschbar.

1999 besonders in dieser Region Investoren nur noch vereinzelt Büroprojekte erstellten.

Speckgürtel-Cluster

Der erste Eindruck der Gruppenbildung beim Blick auf die Karte, der einen gleichmäßig runden Objektgürtel um die Altstadt zeigt, wird auch
durch die Mittel- und Abweichungswerte bestätigt. Der mittlere Abstand
zur Innenstadt von 8,5 km mit einer Standardabweichung von nur 3,4 km
in Zusammenhang mit den Mietpreisen deutet bereits auf die Lagege-
wichtung bei der Preisfindung hin. Der Mietpreis nimmt offenbar wellenförmig vom Stadtzentrum ausgehend nach außen ab. Das zeigt der mittlere
Mietpreis von rd. 30,– DM/m^2 mit einer im Vergleich der Mittelwerte
aller Cluster untereinander, recht geringen Standardabweichung von
3,90 DM/m^2. Preisabweichende Subzentren sind in München gegenüber
Städten wie Hamburg, Berlin oder auch Frankfurt nicht von so großer Bedeutung, so dass an anderen Standorten gegebenenfalls mit ungünstigeren
Werten gerechnet werden muss.

Die Baujahre der Gebäude im Speckgürtel-Cluster liegen alle zwischen
den Jahren 1999 und 2004. Damit wird der bereits erwähnte Kritikpunkt
hinsichtlich der Altersstruktur in den Erhebungsdaten deutlich. Aufgrund
der begrenzt verfügbaren Marktdaten musste dieser Mangel in der Erhebung
akzeptiert werden. Die Aussage der geringen Abweichung vom mittleren
Gebäudealter ist daher ohne Wert und kann nicht interpretiert werden.

Hinsichtlich der Gebäudevolumina fällt mit durchschnittlich über
21.000 m^2 die Größe der Objekte auf. Von den 40 Objekten weist jedes
vierte Objekt ein Volumen von über 30.000 m^2 auf. Nur ein Objekt ist kleiner als 5.000 m^2. Im Gegensatz dazu sind im Flughafen-Cluster 4 von 10
Objekten kleiner als 5.000 m^2. Aber auch hier muss einschränkend festgestellt werden, dass die Datenerhebung hinsichtlich der durchschnittlichen
Größe von Bürohäusern in der Region München bedingt geeignet ist, da
Einzelgebäude unter 5.000 m^2 nur dann berücksichtigt wurden, wenn diese
im Verbund mit benachbarten Gebäuden entsprechende Flächen liefern
können.

Die mittlere Raumtiefe von 14,7 m liefert mit der Standardabweichung
von 1 m einen aussagefähigen Wert und macht deutlich, dass die Gewichtung von Effizienzkriterien nicht mehr in dem Maße, wie das im Umland
der Fall ist, eine Rolle spielen. Allerdings ist diese wirtschaftliche Kenngröße noch deutlich günstiger als in den Objekten des City-Cluster.

City-Cluster

Die Objekte dieser Gruppe drängen sich auf relativ kleinem Raum im Stadtzentrum, was sich in den beiden Entfernungskenngrößen deutlich widerspiegelt. Die Objekte vereinen alle die Eigenschaften sehr guter Erreichbarkeit, hoher Mietpreis und attraktives Umfeld im Mikrostandort auf sich. Neben der Altstadt, die durch den Altstadtring eingefasst ist, repräsentieren einige Objekte dieses Clusters teilweise in jüngerer Zeit neu definierte gute bis sehr gute Lagen. Dazu können die Theresienhöhe und der Stiglmaierplatz mit zusammen sechs Objekten gezählt werden.

Der gemittelte Mietpreis liegt mit 48,45 DM/m^2 auf sehr hohem Niveau. Die relativ große Streuung von über 7,– DM/m^2 ist die logische Konsequenz aus den großen Unterschieden zu den gemittelten Mietpreisen der anderen Cluster. Eine Gewichtung der Mietpreise mit den jeweiligen Flächen hätte keine nennenswerten Veränderungen ergeben, so dass weiterhin mit den ungewichteten arithmetischen Mittelwerten gerechnet wird. Die bereits im Speckgürtel-Cluster festgestellten Zusammenhänge zwischen Entfernung zum Zentrum und Mietpreis werden auch in dieser Objektgruppe bestätigt.

Die Raumtiefe innerhalb des City-Cluster ist am uneinheitlichsten und weist den unwirtschaftlichsten Mittelwert aller Cluster auf. Vor dem Hintergrund der vergleichsweise höchsten Mietpreise lässt dies die Vermutung zu, dass die Nutzer mit starkem Drang zum Zentrum eine andere Präferenzstruktur für die Standortwahl haben, als Nutzer außerhalb dieser Lagen. Wirtschaftliche Gesichtspunkte treten dabei offenbar innerhalb der Präferenzliste bei einigen der City-Nutzer an hinterer Stelle auf. Dabei reichen die Werte der Gebäudetiefe von sehr effizienten 12,8 m bis hin zu 21 m, die nur noch mit Kombi- oder Gruppenbürolösungen unter ökonomischen Gesichtspunkten sinnvoll zu planen sind.

Die Aussagefähigkeit der ermittelten durchschnittlichen Gebäudegröße sollte ähnlich wie im zuvor beschriebenen Cluster hinsichtlich ihrer Repräsentativität mit entsprechender Zurückhaltung interpretiert werden. Von den 22 Objekten weisen 5 Objekte ein Volumen von über 30.000 m^2 auf. Zwei davon sind die genannten Hochhäuser mit jeweils rund 75.000 m^2 und 83.000 m^2. Nur drei der Objekte sind kleiner als 5.000 m^2. Gerade im Zentrum befinden sich eine Vielzahl gemischt genutzter und ältere Bürogebäude, über die keine ausreichende Datenbasis verfügbar ist. Inwieweit die erwähnten Hochhäuser künftig gesondert betrachtet werden müssen, kann zum Zeitpunkt der Untersuchung noch keine gesicherte Aussage getroffen werden, da von den drei im Bau befindlichen Gebäuden bis Ende 2004 noch keines voll vermietet wurde und somit Akzeptanz, Mietpreis und mögliche weitere Faktoren noch mit teilweise erheblicher Unsicherheit behaftet sein können. Da es bisher keine Hochhäuser in der Region München gab, fehlt jegliche empirische Grundlage um möglicherweise auch ein separates Cluster zu bilden.

80er-Jahre-Cluster

Diese Gruppe zeigt sich hinsichtlich der Lageverteilung ähnlich mit dem Speckgürtel-Cluster. Alle Objekte liegen innerhalb des Stadtgebietes und streuen innerhalb des Speckgürtel-Cluster. Die Standardabweichung der Entfernung zum Marienplatz ist mit 1,7 sogar noch etwas geringer als die Abweichung des Speckgürtel-Cluster (3,4). Allerdings befinden sich in dem 80er-Jahre-Cluster die ältesten Gebäude. Möglicherweise würde auch zwischen dem 80er-Jahre-Cluster und dem Flughafen-Cluster eine etwas andere Objektzuordnung stattfinden, wenn selbst in den Umlandgemeinden nahe des Flughafens ältere Gebäude vorhanden wären.[228] Die Objekte wurden in den Jahren 1980 bis 1993 erstellt. Die geringe Streuung von 3,7 Jahren bestätigt die Aussagefähigkeit des mittleren Baujahres von 1988.

Die Entfernung zum Zentrum liegt mit 6,1 km nahe an dem Wert des Speckgürtel-Clusters. Beim Versuch, die Clusteranalyse mit nur drei Cluster durchzuführen, bestätigte sich diese Wahrnehmung, da bis auf drei Ausreißer alle Objekte dieses Clusters dann in Cluster 2 (Speckgürtel-Cluster) wandern. Allerdings erhöhen sich dann die Distanzen aufgrund der unterschiedlichen Gebäudealter erheblich. Da zu vermuten ist, dass das Gebäudealter starken Einfluss auf den Mietzins ausübt, wurde sich für die Differenzierung entschieden. Diese Vermutung bestätigt der Blick auf die durchschnittliche Miethöhe, die mit $27,53 \, \text{DM/m}^2$ knapp 10% unter der durchschnittlichen Miete des Speckgürtel-Clusters liegt. Die Standardabweichung ist mit $2,25 \, \text{DM/m}^2$ sogar noch geringer als die Abweichung der Speckgürtel-Objekte.

Hinsichtlich der Objektgrößen können keine signifikanten Unterschiede zu den beiden zuvor diskutierten Cluster herausgearbeitet werden. Auch hinsichtlich der mittleren Raumtiefe von 15 m lassen sich keine qualitativen Aussagen hinsichtlich der Effizienz dieser Objekte treffen.

---

[228] Tatsächlich sind im Gegensatz zum Münchner Stadtgebiet in den nördlichen Flughafen-Gemeinden nur sehr wenige Bürogebäude deutlich älter als der Flughafen selbst, so dass sich beide Cluster sowohl in dem Lagekriterium als auch in der Altersstruktur voneinander unterscheiden.

Zusammenfassung Clusteranalyse

Die Gruppierung der einzelnen Objekte anhand der eingesetzten Merkmalsträger Gebäudealter, Entfernung zum Zentrum, Gebäudegröße, Mietpreis und Gebäudetiefe ermöglicht es, erste Zusammenhänge zu erkennen. Erwartungsgemäß spielt das Lagekriterium eine bedeutende Rolle bei der Zuordnung in entsprechende Gruppen und in Bezug auf den Mietpreis. Auf die Entfernung zum Flughafen als zweifelsfrei ebenfalls bedeutsamen Lageparameter wurde in der Clusteranalyse verzichtet, um Überlagerungen mit dem Lagekriterium „Entfernung zur Innenstadt" zu vermeiden.[229] Die Herausbildung eines Innenstadt- und Speckgürtel-Clusters wäre in diesem Fall nicht mehr in dieser Form möglich gewesen.

Die Qualität der Cluster hinsichtlich ihrer räumlichen Anordnung spricht auch für das klar formulierte Zentrum der Stadt, welches offenbar kaum ernsthafte Konkurrenz durch Subzentren als Anziehungspunkt und damit höhere Mietpreise hat. Dieses Merkmal prädestiniert München besonders für derartige Analysen. Bei Anwendung ähnlicher Verfahren in anderen Städten könnte ein weniger deutlich formuliertes Stadtzentrum zu verzerrten Ergebnissen hinsichtlich der Lagepräferenz führen.

Da offensichtlich ein engerer Zusammenhang zwischen Lage und Mietpreis sowie ein erkennbarer Zusammenhang zwischen Lage und Flächeneffizienz besteht, genügen diese drei von fünf eingesetzten Variablen, um die ersten drei Cluster (Flughafen, Speckgürtel und City) zu bilden. Erst die Hinzunahme des Gebäudebaujahres lässt die sinnvolle Gestaltung des 80er-Jahre-Clusters zu. Hinsichtlich der Gebäudegröße wurden zwar im Umland Abweichungen gegenüber dem Stadtgebiet ermittelt, denen jedoch aufgrund der erheblichen Standardabweichungen in allen vier Cluster keine allzu große Bedeutung beigemessen werden sollte.

Bei der Untersuchung der Anordnungen lässt sich möglicherweise bereits optisch erkennen, dass eine hohe Gebäudedichte auf kleinem Raum zu höheren Mieten führen könnte. Das die Objekte des City-Clusters eng zusammen liegen, liegt an der hohen Gebäudedichte. Allerdings unterscheiden sich die Objekte des 80er-Jahre-Clusters nicht nur durch ihr mittleres Baujahr von den Objekten des Speckgürtel-Clusters, sondern auch dadurch, dass alle Objekte einzeln stehen und einen um rund 10% geringeren Mietzins aufweisen. Im Speckgürtel-Cluster hingegen gibt es mehrere auffällige Haufenbildungen mit teilweise erheblichen Büroflächenvolumen von bis zu mehreren 100.000 m^2 in direkter Nachbarschaft.[230] Inwieweit Gebäudealter

---

[229] In den folgenden Regressionsanalysen werden unabhängig von der Clusteranalyse wieder alle verfügbaren Variablen hinsichtlich ihrer Aussagefähigkeit untersucht.

oder die Anhäufung großer Flächen preisbeeinflussend wirken, ist aus dieser Analyse nicht ersichtlich. Mit Hilfe der nun folgenden Regressionsanalysen soll die Gewichtung der einzelnen Einflussfaktoren sichtbarer gemacht werden.

5.4 Regressionsanalyse

Ziel der Regressionsanalyse ist die Ermittlung einer Regressionsgleichung mit erklärenden Variablen des Datensatzes, die zu einer Minimierung der Abweichungsquadrate führt. Man nennt dieses Schätzverfahren auch „Ordinary Least Square" (OLS) oder „Methode der kleinsten Quadrate". Es handelt sich dabei um ein lineares Schätzverfahren mit unkorreliert gleichverteilten Fehlern.

Um dieses Verfahren durchzuführen sind folgende Annahmen gemacht worden, deren Verletzung die Qualität der Ergebnisse des stochastischen Verfahrens betreffen können:[231]

- Das Regressionsmodell ist linear in den Koeffizienten, richtig spezifiziert[232] und enthält einen Störterm.
- Der Störterm hat den Erwartungswert Null.
- Alle erklärenden Variablen sind mit dem Störterm unkorreliert.
- Die Störgrößen sind untereinander unkorreliert (keine Autokorrelation)
- Der Störterm hat eine konstante Varianz (keine Heteroskedastizität).
- Keine erklärende Variable ist linear abhängig von einer anderen erklärenden Variablen (keine perfekte Multikollinearität).

Die Annahme, dass der Störterm normalverteilt ist, ist für die OLS-Schätzung nicht relevant und wird daher nicht aufgeführt.

Linearität der Koeffizienten

Alle 30 Koeffizienten der Untersuchung liegen als linear metrisch skalierte Variable oder als Dummyvariable vor. Nichtlinearität könnte z.B. bei Wachstumsfaktoren vorliegen, die in dem Modell jedoch keine Rolle spielen. Die richtige Spezifikation der Koeffizienten wird vorausgesetzt. Mit dem Störterm erhält man dann folgende Funktion:[233]

---

[230] Z.B. Aschheim-Dornach, Schwabing-Nord, Westend.

[231] Vgl. Studenmund (2001), S. 84.

[232] Backhaus et al. (2003), S. 78 verlangt von „richtig spezifizierten Variablen", dass sie relevant für die Schätzung sind und die Zahl der schätzenden Parameter kleiner als die Zahl der Beobachtungen ist.

$$Y_i = \beta_0 + \beta_1 X_{1i} + \beta_2 X_{2i} + \dots + \beta_k X_{ki} + \varepsilon_i$$

bzw.

$$Y_i = \beta_0 + \sum_{k \in K} \beta_k \cdot X_{i,k} + \varepsilon_i$$

wobei:

β_0: Konstante der Regressionsfunktion
β_k: Regressionskoeffizient der k-ten unabhängigen Variablen (Merkmalsträger)
ε_i: Residualgröße der i-ten Beobachtung
X_{ki}: Wert der i-ten Beobachtung (Objekt) der k-ten unabhängigen Variablen
Y_i: Wert der i-ten Beobachtung für die abhängige Variable (Mietpreis)[234]

Der Störterm hat den Erwartungswert Null

Diese Annahme könnte z. B. verletzt werden, wenn wir die Y-Werte mit einem konstanten Fehler entweder zu groß oder zu klein ermittelt haben. Das könnte z. B. der Fall sein, wenn die ermittelten Mietpreise als nominale Angebotspreise nicht den tatsächlichen Preisen entsprechen, die Einflussfaktoren wie Incentives oder Laufzeitveränderungen der Mietverträge auf den effektiven Mietpreis unberücksichtigt lassen. Wir gehen davon aus, dass die hier untersuchten Daten diesbezüglich weitestgehend fehlerfrei sind.

Um jedoch tatsächlich einen Erwartungswert von Null im Störterm zu erhalten müssten alle Einflussgrößen der endogenen Variable (= der Mietpreis) bekannt sein. Diese Voraussetzung des theoretischen korrekt spezifizierten Regressionsmodells kann in der Untersuchung der vorliegenden Stichprobe nur näherungsweise entsprochen werden. Da die Untersuchung mit 30 exogenen Variablen auf einer umfangreichen Informationsbasis gründet und weitere Einflussgrößen nicht ermittelbar waren oder nicht bekannt sind, wird in der Schätzung von einem Erwartungswert gleich Null ausgegangen. Eine fehlerhafte Datenbasis würde hier zwar zu verzerrten Schätzungen führen, da der erzwungene Schätzfehler in das konstante Glied einfließen würde. Dem Wert des konstanten Gliedes soll aber keine allzu große Bedeutung beigemessen werden, da für das Modell die Gewichtung der Regressoren entscheidend ist.

---

[233] Vgl. Studenmund (2001), S. 85.
[234] Vgl. Albers, Skiera (1999), S. 208.

Die erklärenden Variablen sind mit dem Störterm unkorreliert

Diese Gefahr könnte z. B. von den *nicht* verwendeten erklärenden Variablen unserer Untersuchung ausgehen. In der OLS-Modellrechnung sind bis zu 9 erklärende Variable eingesetzt. Das bedeutet, dass mindestens 21 Variable *nicht* für die Schätzfunktion in Modell (9) berücksichtigt wurden. Mögliche Erklärungsgehalte dieser 21 Variablen würden über die Störgröße zu einer Verzerrung der Schätzergebnisse führen. Die Folge wäre damit vergleichbar der eines konstanten Messfehlers, den wir im vorhergehenden Abschnitt *„Der Störterm hat den Erwartungswert Null"* erläutert haben.

Autokorrelation der Störterme

Serielle- oder Autokorrelation zwischen den Störtermen ist eher eine Gefahr bei Zeitreihenuntersuchungen[235], da zufällige Strukturbrüche oder externe Effekte über einen längeren Zeitraum (random shock) wirken können. Würden in unserem Modell Störgrößen untereinander korrelieren, würde es für OLS problematisch sein, genaue Schätzwerte für die erklärenden Variablen zu ermitteln.

Heteroskedastizität

Wenn die Störgröße unterschiedliche Varianzen aufweisen liegt Heteroskedastizität und damit die Verletzung einer der Annahmen des linearen Regressionsmodells vor. Wenn sich bei den Daten hinsichtlich der Beobachtungsreihenfolge eine zunehmende Varianz der Störgrößen feststellen lässt, könnte das z. B. auf einen wachsenden Fehler bei der Datenerfassung hindeuten. Dadurch ist weder eine präzise Schätzung der Störgröße[236] noch der erklärenden Variablen möglich.

Multikollinearität

Perfekte Multikollinearität bedeutet, es handelt sich um zwei identische Variable. In der praktischen Anwendung können wir Multikollinearität nicht ganz ausschließen, sondern auf einem möglichst geringen Niveau akzeptieren, wenn dabei sinnvolle Variable im Schätzverfahren zum Einsatz kommen.

Um mögliche wechselseitige Einflüsse zu erkennen, wurde eine Korrelationsmatrix berechnet[237], anhand derer mögliche Multikollinearitäten er-

---

[235] Vgl. Studenmund (2001), S. 89.
[236] Vgl. Backhaus et al. (2003), S. 84 f.

kennbar werden. Die grau hinterlegten Felder zeigen dabei Korrelationen mit Beträgen > 0,8 an. Werte > 0,5 sind fett gedruckt. Die Matrix zeigt, dass es wenig sinnvoll ist, die Straßen-Entfernung zum Marienplatz mit der Luftlinie-Entfernung zum Marienplatz zu ergänzen, da beide Variable nahezu gleichen Erklärungsgehalt bieten. Gleiches gilt für die Miete. Die DM-Miete wurde am Erhebungsstichtag aller Daten zum 01.03.2001 erhoben und korreliert erwartungsgemäß sehr stark mit dem €-Mietpreis vom 01.01.2004. Gleiches gilt für die Nebenkosten, die sowohl untereinander, als auch mit der Miethöhe in einem Maße korrelieren, dass diese Variablen nicht ohne weiteres als Erlärungsgrößen des Mietpreises herangezogen werden können. Der Fensterbankkanal korreliert erwartungsgemäß stark mit dem Doppelboden, da es sich dabei fast immer um sich gegenseitig ausschließende Merkmale handelt.

Darüber hinaus empfiehlt sich zur Aufdeckung von Multikollinearitäten eine Regression jeder unabhängigen Variablen auf die übrigen Variablen durchzuführen.[238] Für diese Prüfung eignet sich der High Variance Inflation Factor, der für alle Variablen ermittelt wird.

High Variance Inflation Factors (VIFs)

Der VIF-Test ermöglicht ein Maß für die Multikollinearität zwischen den jeweiligen erklärenden Variablen. Der VIF hilft zu vermeiden, dass die Regression mit Variablen „aufgeblasen" wird, deren Erklärungsgehalt auch durch andere Merkmalsträger abgedeckt werden kann. Grundlage des VIF ist die bereits im vorhergehenden Absatz beschriebene Regression jeder Variablen gegen die restlichen Variablen. Der dabei ermittelte Erklärungsgehalt als Bestimmtheitsmaß R^2 ist Grundlage für die Ermittlung des so genannten Toleranzmaßes T. Die Toleranz der Variablen errechnet sich:

$$T_i = 1 - R_i^2$$

Der VIF entspricht dem Kehrwert des Toleranzmaßes und ermittelt sich somit:

$$VIF(\hat{\beta}_i) = \frac{1}{(1 - R_i^2)}$$

Es gibt also für jede Variable ein Bestimmtheitsmaß R^2 und einen VIF. Dabei ist darauf zu achten, dass als Bestimmtheitsmaß das nicht korrigierte R^2 in die Formel eingesetzt wird. In der praktischen Anwendung bedeutet

---

[237] Siehe dazu im Anhang Tabelle A2: „Korrelationsmatrix der Variablen".
[238] Vgl. Backhaus et al. (2003), S. 90.

das, dass ein VIF von > 5 ein R^2 von $> 0,8$ bedeutet. Eine allgemeingültige Tabelle über die Gewichtung der VIF-Werte existiert in der einschlägigen Literatur nicht. Ab einem Wert von VIF > 5 kann man jedoch von einer erheblichen Multikollinearität sprechen.[239] Multikollinearität ist also nicht vermeidbar und selbst hohe Werte zwingen nicht automatisch zur Handlung. Jedoch ist der VIF ein geeignetes Mittel, um auf Merkmalsträger aufmerksam zu machen[240], die möglicherweise durch einen oder mehrere andere Merkmalsträger ersetzt werden können. Entscheidend dabei ist aber auch immer die Sinnhaftigkeit solcher Maßnahmen. Daher empfiehlt auch Studenmund erst einmal: „Do nothing".[241]

5.4.1 Regressionsanalyse Gesamtmodell

5.4.1.1 Auswahl der exogenen Variablen

Die Auswahl der relevanten exogenen Variablen muss neben den Anforderungen der Prüfverfahren vor allem auch denen der praktischen Sinnhaftigkeit bestehen. Um die Auswahl der den Mietpreis beeinflussenden Variablen für den Leser nachvollziehbarer zu machen, wird in der folgenden Tabelle „OLS-Modellrechnung (unkorrigierte Variable)" aufgezeigt, wie sich die Resultate bei dem Einsatz von anfangs einer, bis hin zu neun Variablen verändern. Dabei wurden die Kombinationen von Merkmalsträgern gewählt, die in der Summe jeweils den höchsten Erklärungsgehalt liefern.

Um zu prüfen, inwieweit die Ergebnisse beeinflusst werden, wenn die erklärenden Variablen entsprechend der möglichen Wahrnehmung durch Nutzer verändert werden, wurden in der Tabelle „OLS-Modellrechnung (transformierte Variable)"[242] die Merkmalsträger U-und S-Bahn zusammengefasst[243] und mit dem natürlichen Logarithmus berechnet. Das Gebäudealter wurde quadriert und für Gebäude, die innerhalb des Altstadtrings liegen, eine zusätzliche Dummyvariable eingesetzt. Der Logarithmus simuliert einen abnehmenden Grenznutzen für Unternehmen für entfernter gelegene Transportmittel für Unternehmen bei jeder zusätzlicher Entfernungseinheit. Die Potenzierung des Gebäudealters gewichtet ältere Objekte stärker und greift damit einer sich gerade abzeichnenden Veränderung in der aktuellen Bewertungslehre vor. Danach ist ein Trend zu kürzeren Gesamtnutzungs-

---

[239] Vgl. Studenmund (2001), S. 256.
[240] Die ermittelten R^2- und VIF-Werte für das Modell werden in Kapitel 5.4.1.3 und 5.4.1.5 diskutiert.
[241] Vgl. Studenmund (2001), S. 259.
[242] Kapitel 5.4.1.4 „OLS-Schätzung mit transformierten Variablen".
[243] Es wurde jeweils die kürzeste Distanz beider Transportmittel gewählt.

dauern feststellbar, was eine stärkere Gewichtung hoher Alter sinnvoll erscheinen lässt.[244] Die zusätzlich eingeführte Dummyvariable soll den bereits in der Clusteranalyse aufgefallenen teuren City-Ring innerhalb der Altstadt stärker berücksichtigen und evtl. die Variable „Entfernung zum Marienplatz" entlasten.

5.4.1.2 OLS-Schätzungen mit einfachen Variablen

In der folgenden Tabelle werden neben den korrigierten Bestimmtheitsmaßen $\overline{R}^2$ der schrittweise geschätzten Modelle jeweils die Regressionskoeffizienten sowie die dazugehörigen t-Werte[245] ausgewiesen. Dazu werden ausschließlich nicht-transformierte Variable eingesetzt. In einem späteren Kapitel kommen dann auch die bereits erwähnten transformierten Merkmalsträger zum Einsatz, um vergleichen zu können, ob dadurch die Qualität der Schätzergebnisse noch verbessert werden kann.

Die Signifikanzniveaus der Koeffizienten sind anhand der Sternchen an den t-Werten zu entnehmen.[246] Bis auf die Hinzunahme der U-Bahn in Modell Neun mit einem Signifikanzniveau[247] von über 90 % für diesen Regressor liegen alle anderen Regressoren im Signifikanzniveau von 95 %, die meisten von ihnen sogar im Bereich über 99 %.

Anhand der Regressionskoeffizienten lässt sich jeweils die Regressionsgleichung zusammenstellen, wie das auf Seite 147 beispielhaft gemacht wurde.

Bemerkenswert dabei ist, dass nicht ein direktes Lagekriterium wie „Entfernung zum Marienplatz" den höchsten Erklärungsgehalt erreicht, sondern mit $\overline{R}^2 = 0,31$ der Stellplatzschlüssel. Der Marienplatz würde im Vergleich dazu ein geringfügig niedrigeres Bestimmtheitsmaß von $\overline{R}^2 = 0,29$ erzielen. Letztendlich wird aber auch mit dem Stellplatzschlüssel im Wesentlichen ein Lagemerkmal wiedergegeben. Die restriktive Haltung der Stadt München bei der Genehmigung von Stellplätzen in der Innenstadt führt dazu, dass die Verfügbarkeit von Parkraum für Büronutzer zunehmend problema-

---

[244] Vgl. Kleiber et al. (2002) und (1998).

[245] Die t-Werte errechnen sich durch Division des jeweiligen Regressionskoeffizienten durch den Standardfehler. Dieser empirische Wert wird für die vorgegebene Vertrauenswahrscheinlichkeit mit dem theoretischen t-Wert (vgl. Backhaus et al. (2003), S. 75) verglichen. Ist der empirisch ermittelte t-Wert größer als der Tabellenwert, wird die H_0-Hypothese verworfen und der Einfluss des Regressionskoeffizienten als signifikant erachtet.

[246] Weiterführende Erläuterungen zu Signifikanzniveaus gibt auch Schröder (2002), S. 64 ff.

[247] Das Signifikanzniveau gibt die Wahrscheinlichkeit an, mit der das Testergebnis verlässlich ist. Man spricht auch von Vertrauenswahrscheinlichkeit. Üblicherweise werden in der Statistik Signifikanzniveaus von 90, 95 und 99 % gewählt.

tisch wird. Wenn daraus allerdings ein Zusammenhang zwischen Verknappung von Parkraum und Zunahme des Mietpreises abgeleitet würde, wäre das eine Fehlinterpretation der Schätzresultate. Das Maß der Korrelation der Variablen Marienplatz und Stellplatzschlüssel von –0,339[248] ist nur bedingt geeignet, überschneidende Einflüsse aufgrund starker Korrelation auszumachen. Allerdings könnte das Merkmal Stellplatzschlüssel auch als endogene, also unabhängige Variable eingestuft werden. Der Wert des Stellplatzschlüssels wird nämlich von den Behörden mit der wertvollen Innenstadtlage und dem Wunsch nach weniger Autoverkehr im Stadtzentrum begründet. Man könnte also eventuell den Begriff eines „synthetischen Merkmalsträgers" einführen, da es sich bei dem Stellplatzschlüssel um eine, der politischen oder gesellschaftlichen Willensbildung unterliegenden Restriktion handelt. Da der Schlüssel über die Zeit jedoch sehr stabil ist, soll er vorerst als erklärende Variable beibehalten werden. Aus der hier geführten Diskussion geben sich aber auch gute Gründe, diese „synthetische Variable" zu ignorieren. Eine Entscheidung darüber sollte je nach Anwendung des Modells und Ziels der Untersuchung erfolgen. Zusammen erreichen beide Variablen bereits einen Erklärungsgehalt von 45 %.

Das die *Bürodichte* einen Einfluss auf die Höhe des Mietpreises haben könnte, scheint nachvollziehbar. Bemerkenswert ist vielmehr die mögliche Bedeutung dieses Faktors. Noch vor der Erfüllung technischer Anforderungskriterien wie Klimatisierung oder Verkabelungsvoraussetzung (Doppelboden) behauptet sich damit ein weiteres Lagemerkmal und erreicht gemeinsam mit den beiden anderen Lageparametern einen Erklärungsgehalt des Mietpreises von über 56 %. In diesem Merkmal könnten aber auch eine ganze Reihe weiterer nicht ermittelter Merkmalsträger enthalten sein, deren Erhebung nicht ganz unproblematisch sein dürfte. Die Menschen, die in Büroarbeitsplätzen tätig sind, teilen viele Gemeinsamkeiten. So haben sie weitestgehend gleiche oder ähnliche Arbeitszeiten, vergleichbare Arbeitsbedingungen und möglicherweise auch ähnlichere Konsum- und Freizeitgewohnheiten als die Gesamtbevölkerung. Dadurch entsteht Nachfrage nach bestimmten Dienstleistungen und Produkten in einer Quantität, die zielorientierter erfüllt werden kann, als das bei heterogeneren Nachfragerstrukturen in gemischt genutzten urbanen Gebieten der Fall ist. So können sich z. B. mit der Ansiedlung verschiedener Restaurants mit an die Bedürfnisse angepassten Öffnungszeiten infrastrukturelle Vorteile entwickeln, die als positiver Standortfaktor gewertet werden. Eine Nahversorgung für weitere persönliche Bedürfnisse entwickelt sich ebenfalls nur unter der Voraussetzung entsprechender Nachfrage.

---

[248] Siehe dazu auch in der Anlage Tabelle A2 „Korrelationsmatrix der Variablen".

Tabelle 5.5: **OLS-Modellrechnung (unkorrigierte Variable)**

erklärende Variablen	(1)	(2)	(3)	(4)	(5)	(6)	(7)	(8)	(9)
Konstante	28,714 (24,354*)	35,342 (20,237*)	29,489 (14,908*)	25,269 (11,472*)	39,782 (7,488*)	37,748 (7,224*)	29,401 (4,793*)	31,357 (5,175*)	32,363 (5,420*)
Stellplatz	0,066 (6,410*)	0,050 (5,122*)	0,048 (5,443*)	0,055 (6,520*)	0,050 (6,033*)	0,052 (6,419*)	0,051 (6,515*)	0,048 (6,168*)	0,047 (6,149*)
Marienplatz		-0,663 (-4,763*)	-0,719 (-5,765*)	-0,664 (-5,627*)	-0,950 (-6,408*)	-0,855 (-5,737*)	-0,777 (-5,239*)	-0,771 (-5,317*)	-0,632 (-3,992*)
Bürodichte			4,597 (4,803*)	4,068 (4,471*)	3,376 (3,748*)	3,076 (3,483*)	2,318 (2,538**)	2,412 (2,700*)	2,135 (2,404**)
Doppelboden				5,357 (3,554*)	6,231 (4,236*)	5,656 (3,907*)	6,084 (4,293*)	4,199 (2,580**)	4,004 (2,500**)
Flughafen					-0,319 (-2,975*)	-0,277 (-2,625*)	-0,296 (-2,876*)	-0,303 (-3,011*)	-0,341 (-3,388*)
Klima						5,773 (2,455**)	4,370 (2,424**)	6,222 (2,781*)	6,057 (2,755*)
BierCafe							4,370 (2,424**)	4,954 (2,781*)	5,514 (3,112*)
Gebäudealter								-0,230 (-2,204**)	-0,234 (-2,285**)
U-Bahn									-0,061 (-1,190***)
$\bar{R}^2$	0,313	0,450	0,562	0,615	0,648	0,668	0,687	0,701	0,712

Quelle: Eigene Berechnung[249]

[249] *T*-Werte nach White in Klammern. Die Signifikanzwerte auf dem 99%-, 95%- bzw. 90%-Konfidenzniveau sind durch *, ** bzw. *** gekennzeichnet.

So geht mit zunehmender räumlicher Konzentration von Büromitarbeitern auch die Entwicklung von Infrastrukturmaßnahmen einher, soweit diese durch privatwirtschaftliche Entscheidungsprozesse gestaltbar ist.

Der Einfluss des *Doppelbodens* als erste technische Einflussgröße verliert nach der starken Gewichtung der Lageparameter relativ an Bedeutung. Allerdings sollte dieses Merkmal nicht unterschätzt werden, da mittlerweile diese Ausstattungsgröße zum Standard jeder Büroimmobilie gezählt werden kann. Die Diskussion über die Notwendigkeit dieser aufwendigen baulichen Maßnahme für Bürogebäude, die zu über 90%[250] von Zellenbüronutzern[251] nachgefragt werden, soll an dieser Stelle nicht weiter vertieft werden. Der singuläre Erklärungsgehalt des Parameters Doppelboden in Bezug auf den Mietpreis beläuft sich mit einem $\overline{R}^2 = 0,028$ daher auch erwartungsgemäß auf niedrigem Niveau. Dies Variable sollte aber zumindest mittelfristig aufgrund des möglichen Konflikts zwischen Erwartungshaltung auf der Nachfragerseite und technischer (Nicht-)Notwendigkeit weiter beobachtet werden um gegebenenfalls zu erkennen, falls darauf verzichtet werden kann.

Die *Entfernung zum Flughafen* erreicht bei alleiniger Betrachtung keinen Erklärungsgehalt,[252] da die Bedeutung der Innenstadt deutlich stärker ist. In Verbindung mit den anderen Erklärenden in Modell (5) erlangt dieser Faktor als weiterer Lageparameter entsprechend an Bedeutung. Für die praktische Anwendung sollte jedoch auch hier geprüft werden, ob nicht besser eine Zielgruppe potenzieller Nutzer dieses Merkmals „Flughafen" separiert werden kann, da auf Nachfragerseite Unternehmen, die die Nähe zum Flughafen stärker präferieren auch in den anderen Faktoren eine veränderte Präferenzstruktur erwarten lassen. Darüber hinaus muss noch die Besonderheit der untersuchten Region berücksichtigt werden. Für einen Teil der untersuchten Stichprobe liegen die beiden Lagen Marienplatz und Flughafen diametral auseinander. Die Schätzergebnisse in Modell (5) weisen jedoch für beide Variablen negative Regressionskoeffizienten aus. Das macht allerdings nur für die Objekte im südwestlichen Teil der Stadt Sinn, denn nur

---

[250] Dieser Wert wurde 1999 in einer firmeninternen Studienarbeit des Autors anhand einer Befragung der 500 größten Büronutzer Deutschlands ermittelt.

[251] Zellenbürostrukturen ermöglichen nahezu ausschließlich „eine" Reihe Arbeitsplätzen entlang der Fensterfront und sind dafür entsprechend konzipiert. Kombi- oder Großraumbüros werden bis auf lokale Besonderheiten wie Händlerräume im Frankfurter Bankenviertel nicht im großen Umfang in Deutschland nachgefragt und erstellt. Die Versorgung der Arbeitsplätze mit verschiedensten Zuleitungen in diesen Gebäudetypen kann oftmals einfacher, praktikabler aber in jedem Fall preiswerter über Fensterbankkanäle erfolgen. Dennoch verhält sich der Nachfrager anders und verlangt, das Argument „Flexibilität" verwendend, zunehmend nach Doppelboden, obwohl diese Gebäude diese Flexibilität nicht ermöglichen.

[252] Das korrigierte R^2 für die Variable Flughafen beträgt (–0,002).

dort kann eine Veränderung der Lage zum Zentrum hin auch zu einer kürzeren Entfernung zum Flughafen führen[253]. Solange jedoch keine Zielgruppenanalyse auf der Nachfragerseite vorliegt, oder die gesamte Region, wie im vorliegenden Fall, untersucht werden soll, ist diese Infrastrukturkomponente in jedem Fall zu berücksichtigen. Andernfalls könnten für bestimmte Regionen Informationsverluste zu verzerrten Schätzungen führen.

Der Einfluss der Gebäudetechnik wird bei der Schätzung mit unkorrigierten Variablen erst ab dem Modell (6) mit der Dummyvariable *Klima* beschrieben. Die Verbesserung der Ergebnisse von nur noch rund 2% des Erklärungsgehalts macht bereits deutlich, dass es nun keine herausragenden Merkmalsträger mit Informationsgehalt gibt, der nicht bereits durch die vorliegenden Variablen abgedeckt wurde. Das Signifikanzniveau sinkt erstmalig auf den 95%-Bereich ab, was jedoch die Qualität der Schätzung auf diesem Niveau nicht beeinträchtigt.

Die Variable *BierCafe* spiegelt die Restaurantpreise für Weißbier und Kaffee wieder und kann damit zu den Lageparametern gezählt werden. Als alleinige erklärende Variable wird für sie mit $\overline{R}^2 = 0,163$ sogar ein überraschend hoher Erklärungsgehalt ermittelt. Im Reigen der bereits berücksichtigten Lagevariablen schwindet ihre Bedeutung auf nur noch knapp zwei Prozent zusätzlichen Erklärungsgehalts.

Dass das *Gebäudealter* offenbar eine so geringe Rolle spielt, scheint erst einmal ungewöhnlich. Mit einer Verbesserung des Erklärungsgehaltes um magere 1,4% scheint das Alter von Büroimmobilien offenbar doch keine allzu große Bedeutung zu haben. Auch als alleinige erklärende Schätzgröße vermag sie nur ein $\overline{R}^2$ von 0,054 zu erreichen. Es muss aber in Bezug auf den hier untersuchten Datensatz einschränkend erwähnt werden, dass die untersuchten Gebäude relativ jung sind, was auch bereits in der durchgeführten Clusteranalyse in Kapitel 5.3.3.2 deutlich wurde. Für alternative Untersuchungen auf diesbezüglich heterogenerer Datenbasis lässt sich hier wohl ein höherer Wert erwarten.

Der ÖPNV wird mit dem Lagemerkmal *U-Bahn* an neunter Stelle ermittelt, da wesentliche Merkmale bereits durch andere Lagevariable abgedeckt wurden. Solo vermag die Entfernung zur U-Bahn bereits 18,1% des Mietpreises erklären und kann damit zu relevanten Lagemerkmalen gezählt werden. Die Korrelationsmatrix deutet bereits auf Zusammenhänge mit den Merkmalsträgern Klima und Marienplatz hin.

---

[253] Siehe auch in der Anlage Abbildung A7, „Objekt-Cluster".

Regressionsgleichung

Die geschätzte Regressionsgleichung für Modell (9) anhand der nicht transformierten Variablen lautet dann:

$$Miete = 32{,}363 + 0{,}047 \cdot a - 0{,}632 \cdot b + 2{,}135 \cdot c + 4{,}004 \cdot d - 0{,}341 \cdot e + 6{,}057 \cdot f + 5{,}514 \cdot g - 0{,}234 \cdot h - 0{,}061 \cdot i + \varepsilon$$

a = Stellplatzschlüssel	e = Flughafen	i = U-Bahn
b = Marienplatz	f = Klima	ε = Störterm
c = Bürodichte	g = BierCafe	
d = Doppelboden	h = Gebäudealter	

Multikollinearität

Das vor allem die Lage-Variable Marienplatz bei den VIF-Werten in der nachfolgenden Tabelle auf starke Multikollinearität hinweist, soll nicht dazu verleiten lassen, dieses Lagemerkmal in Frage zu stellen. Vielmehr sind daran viele der übrigen Variablen beteiligt. So weisen z.B. U-Bahn-Entfernung und Entfernung zum Marienplatz starke positive Korrelationen auf, obwohl beide Merkmale für Büronutzer unabhängigen Nutzen stiften. Da aber die durchschnittliche Dichte von U-Bahn-Stationen mit zunehmender Entfernung zum Stadtzentrum sinkt, ist der Zusammenhang beider Variablen verständlich.

5.4.1.3 Überprüfung der Auswahl unkorrigierter Variablen auf Präzision (mit VIF-Werten)

Anhand der Erhebung der VIFs auf Basis der nicht-korrigierten Bestimmtheitsmaße wird nochmals[254] überprüft, inwieweit Multikollinearität bei einzelnen Merkmalsträgern vorliegen könnte. Da die Genauigkeit der Schätzergebnisse mit zunehmender Multikollinearität abnimmt, ist die Überprüfung auf lineare Zusammenhänge unter den Variablen für die weitere Vorgehensweise wichtig.

Um den Auswahlprozess geeigneter Variablen für den Leser transparent zu machen, wurden die VIF-Werte auf drei Ebenen ermittelt. Zuerst wurden

---

[254] Siehe dazu auch im Anhang Tabelle A2 „Korrelationsmatrix der Variablen" sowie Kapitel 5.4, „Regressionsanalyse" Pkt. Multikollinearität.

alle erhobenen Variablen, die nicht bereits zuvor als ungeeignet ausschieden, auf die übrigen unabhängigen Variablen regressiert. Dabei konnte bereits auf folgende Merkmalsträger verzichtet werden: Die Entfernung Luftlinie zum Marienplatz korreliert sehr stark mit der Entfernung auf der Straße und wird nicht weiter verfolgt. Die Variablen Miete in € mit Stichtag 01.01.2004 korreliert erwartungsgemäß ebenfalls sehr stark mit dem DM-Mietzins vom 01.03.2001 und fällt ebenfalls raus. Gleiches gilt für beide Nebenkostenwerte. Die Beleuchtung ist ohne Aussagewert, da fast alle Objekte vermieterseits entsprechend vorgerüstet werden oder davon auszugehen ist, dass diese spätestens in der Mietverhandlung zugesagt werden.[255] Die Variable „Abweichung von der idealen Gebäudetiefe" wird durch die „Gebäudetiefe" ersetzt, da die Ergebnisse unverändert bleiben.

5.4.1.4 OLS-Schätzungen mit transformierten Variablen

Gegenüber den zuvor in Kapitel 5.4.1.2 „OLS-Schätzungen mit einfachen Variablen" ermittelten Schätzergebnissen wird nun untersucht, inwieweit die überarbeiteten Variablen auf die Regressionsergebnisse Einfluss haben. Vergleichbar dem vorhergehenden Modell entspricht die Reihenfolge der Modellzusammensetzung wieder dem Ranking der standardisierten Koeffizienten. Die Modellnummern in Klammern (hier von 10 bis 18) sind fortlaufend durch beide OLS-Tabellen geführt um Verwechslungen zwischen transformierten und unveränderten Merkmalsträgern zu vermeiden.

Das Signifikanzniveau des Wertes für die Bürodichte in Modell (17) liegt bei 0,102, d.h. der Regressionskoeffizient Bürodichte trifft mit einer Wahrscheinlichkeit von „nur noch" 90,8 % in der hier geschätzten Form zu.

Die geschätzte Regressionsgleichung für Modell (18) lautet demnach:

$$\text{Log Miete} = 4{,}026 + 0{,}420 \cdot j - 0{,}021 \cdot b + 0{,}261 \cdot f + 0{,}120 \cdot k - 0{,}009 \cdot e - 0{,}008 \cdot h - 0{,}039 \cdot m + \varepsilon$$

b = Marienplatz	j = Dummy Altstadt	m = Log Transport
f = Klima	k = Kühldecke	ε = Störterm
h = Alter	e = Flughafen	

---

[255] Zum Erhebungsstichtag 01.03.2001 war es aufgrund der Marktlage nicht unüblich, die Position Beleuchtung als Verhandlungsposition seitens des Vermieters offen zu halten. Es ist aber kein konkreter Fall bekannt, in dem der Mieter während dieser Marktphase auch für Beleuchtungsinstallation aufkommen musste, so dass diese Position in der Untersuchung vernachlässigt wird.

Tabelle 5.6

Variance Inflation Factors (VIFs) für nicht transformierte Variable

Variable	R^2 (M0)	VIF (M0)	R^2 (M9)	VIF (M9)	R^2 (M6)	VIF (M6)
Stellplatz	0,58	2,39	0,25	1,33	0,22	1,28
Marienplatz	0,77	4,27	0,64	2,79	0,54	2,15
Bürodichte	0,42	1,71	0,24	1,32	0,12	1,13
Doppelboden	0,87	7,87	0,39	1,65	0,15	1,17
Flughafen	0,63	2,70	0,52	2,07	0,50	1,98
Klima	0,54	2,18	0,13	1,14	0,12	1,14
BierCafe	0,43	1,75	0,25	1,34		
Alter	0,57	2,33	0,32	1,48		
U-Bahn	0,69	3,18	0,45	1,83		
Gewerbe	0,45	1,82				
Fassade	0,26	1,35				
Portal	0,49	1,96				
S-Bahn	0,35	1,55				
Größe	0,48	1,92				
Sonnenschutz	0,45	1,81				
Kühldecke	0,71	3,39				
Fensterbankkanal	0,87	7,41				
Küche	0,43	1,76				
Terrasse	0,33	1,49				
Casino	0,40	1,68				
abgeh. Decke	0,30	1,43				
Gebäudetiefe	0,28	1,39				
Mittlerer VIF		**2,61**		**1,66**		**1,48**

Quelle: Eigene Berechnung

Tabelle 5.7: **OLS-Modellrechnung (transformierte Variable)**

erklärende Variablen	(10)	(11)	(12)	(13)	(14)	(15)	(16)	(17)	(18) (log Miete)
Konstante	32,548 (37,515*)	38,306 (27,780*)	36,394 (27,256*)	33,081 (24,465*)	43,055 (9,173*)	46,459 (9,742*)	52,518 (10,018*)	49,649 (9,078*)	4,026 (30,128*)
Dummy Altstadt	24,452 (6,680*)	19,246 (5,663*)	21,063 (6,729*)	19,987 (7,210*)	18,063 (6,348*)	18,597 (6,706*)	18,959 (7,034*)	17,984 (6,584*)	0,420 (6,117*)
Marienplatz		-0,673 (-5,026*)	-0,558 (-4,456*)	-0,415 (-3,630*)	-0,636 (-4,245*)	-0,671 (-4,588*)	-0,728 (-5,064*)	-0,750 (-5,250*)	-0,021 (-5,760*)
Klima			11,092 (4,276*)	13,767 (5,854*)	12,779 (5,457*)	11,835 (5,128*)	9,918 (4,183*)	9,050 (3,764*)	0,261 (4,311*)
Kühldecke				7,120 (5,004*)	7,045 (5,063*)	5,584 (3,776*)	3,880 (2,435**)	3,378 (2,104**)	0,120 (2,966*)
Flughafen					-0,223 (-2,215**)	-0,254 (-2,579**)	-0,334 (-3,306*)	-0,304 (-2,985*)	-0,009 (-3,662*)
Alter						-0,235 (-2,438**)	-0,263 (-2,786*)	-0,275 (-2,942*)	-0,008 (-3,219*)
Log Transport							-1,374 (-2,461**)	-1,195 (-2,124**)	-0,039 (-2,730*)
Bürodichte								1,446 (1,654)	
R^2	0,331	0,477	0,565	0,661	0,676	0,694	0,712	0,718	0,729

Quelle: Eigene Berechnung[256]

[256] T-Werte nach White in Klammern. Die Signifikanzwerte auf dem 99%-, 95%- bzw. 90%-Konfidenzniveau sind durch *, ** bzw. *** gekennzeichnet.

Es kann bereits vorweggenommen werden, dass die Verwendung der angepassten Variablen geringfügig verbesserte Schätzergebnisse liefert und mit weniger Variablen auskommt. Modell (18) zeichnet sich darüber hinaus durch die Besonderheit aus, dass die erklärte Variable Mietpreis logarithmiert[257] wurde. Dadurch wird einem möglicherweise durch den Mieter akzeptierter abnehmender Grenznutzen bei sehr hohen Mietpreisen Rechnung getragen. Der Erklärungsgehalt gegenüber Modell (17) mit ansonsten identischen Variablen steigt zwar um 1,5% an. Da durch den eingesetzten Logarithmus jedoch die Funktion verändert wird, verändern sich auch die Abweichungsquadrate. Dadurch sind die Bestimmtheitsmaße nicht ohne weiteres vergleichbar. Für die Untersuchung ist dieser Tatbestand jedoch nicht von Bedeutung. Studenmund (2001) geht auf diesen Sachverhalt intensiver ein[258].

Die neu geschaffene *Dummy-Variable Altstadt* beschreibt die Lage innerhalb des Altstadtrings. Das starke Mietpreisgefälle zwischen Objekten innerhalb und außerhalb dieses Rings führt dazu, dass dieser Dummy aufgrund des höchsten standardisierten Koeffizienten und mit einem alleinigen Erklärungsgehalt von 33,1% der bisher unangefochtene Spitzenreiter ist. Gemeinsam mit dem *Marienplatz* wird damit in Modell (11) knapp die Hälfte des Mietpreises erklärt ($\overline{R}^2 = 0,477$). Das bedeutet auch, dass gegenüber dem unkorrigierten Modell (2) mit den Variablen Marienplatz und Stellplatzschlüssel eine weitere Verbesserung gelungen ist. Denn gegenüber Modell (2) wird nun auf den Einsatz der fragwürdigen Stellplatzkomponente verzichtet.

Die Bedeutung der *Klima-Variable* rückt etwas nach vorne und kann in Modell (12) knapp 9% Verbesserung bewirken. Zusammen mit der *Kühldecke* erklären diese beiden einzigen Technikmerkmale als Dummy-Variable nahezu 19%. Im Vergleich dazu liegt der kumulierte Erklärungsgehalt der beiden Technikmerkmale Doppelboden und Klima in der unkorrigierten OLS-Matrix bei mageren 7%. Eine Wertung über die veränderte Bedeutung der technischen Ausstattungsmerkmale an dieser Stelle ist problematisch, da die sich überlagernden Informationsgehalte mit anderen Merkmalsträgern nicht ohne weiteres erkennbar sind.

Die Bedeutung des *Flughafens* ist unverändert gering und führt in dieser Schätzung zu nur noch 1,5% Erklärungsgehalt.

---

[257] Um den Kurvenverlauf (linear) mit einer abnehmenden Steigung zu versehen, kommt der natürliche Logarithmus zum Einsatz. Das Modell (18) ist nicht ohne Einschränkung mit den zuvor ermittelten Modellen vergleichbar, da die erklärte Variable durch den natürlichen Logarithmus verändert wurde.

[258] Vgl. Studenmund (2001), S. 214 f.

Das *Gebäudealter* kann auch zusätzlich um den quadrierten Wert ergänzt werden, wie dies Studenmund (2001) empfiehlt[259]. Allerdings wird mit dem zusätzlichen quadrierten Wert gegenüber dem einfachen Gebäudealter keine spürbare Verbesserung erzielt. In dem hier vorliegenden Fall besteht daher dafür keine Notwendigkeit. Im Einzelfall kann es jedoch sinnvoll sein, einem mit zunehmenden Gebäudealter progressiven Wertverlust durch diese Maßnahme Rechnung zu tragen.[260]

Mit der logarithmierten *Transportvariable* wird der Einfluss von U- und S-Bahn zusammengefasst. Zwischen beiden Transportmitteln wird nicht weiter unterschieden. Der natürliche Logarithmus soll analog zum beschriebenen logarithmierten Mietpreis in Modell (18) die bei großer Entfernung zu erwartenden geringeren Grenzkosten jeder weiteren Entfernungseinheit im Empfinden des Nutzers gerecht werden. Das diese neue Variable nur noch einen relativ geringen Erklärungsgehalt produziert, ist zum einen auf die anderen Lageparameter zurückzuführen, aber auch auf die Tatsache, dass die S-Bahn-Variable gegenüber der U-Bahn-Variable hinsichtlich des Regressionskoeffizienten gegensätzliche Vorzeichen haben. Die Nähe zur S-Bahn liefert im Gegensatz zur U-Bahn nahezu keinen Erklärungsgehalt.

Die *Bürodichte* als weitere Lagekomponente macht in dieser Form kaum mehr Sinn. Im Gegensatz zu der Untersuchung der unkorrigierten Werte fällt dieser Merkmalsträger nun in den Bereich der Bedeutungslosigkeit. Das wird nicht nur durch den sehr geringen Erklärungszuwachs von 0,4%, sondern auch an den schlechteren Signifikanzen der T-Statistik deutlich.

Es bleibt also dabei dass, die Lage von großer Bedeutung ist, die Qualität der erklärenden Variablen allerdings untereinander veränderbar ist. So wurde der Stellplatzschlüssel aufgrund der unter Punkt 5.4.1.2 geführten Diskussion als endogene Variable herausgenommen. Auch der Doppelboden ist als technisches Ausstattungsmerkmal zugunsten der Kühldecke gewichen. Die BierCafe-Variable konnte sich ebenfalls in dem veränderten Umfeld erklärender Größen nicht mehr behaupten.

Tatsächlich ist der Erklärungsgehalt nur geringfügig verbessert worden, allerdings scheint das Modell (18) auf Basis der gesamten Stichprobe das bestmögliche Ergebnis zu liefern.

Der Vergleich beider Modellrechnungen zeigt jedoch auch, dass eine grundsätzliche Festlegung geeigneter Merkmalsträger ohne weiteres nicht möglich ist. In dem hier vorliegenden Datensatz wurde mit 30 Variablen

---

[259] Vgl. Studenmund (2001), S. 593.

[260] Bei dem Einsatz eines potenzierten zusätzlichen Wertes als Variable ist darauf zu achten, dass auch die Basisvariable, in diesem Modell wäre das das Gebäudealter, in der Regressionsrechnung bleibt.

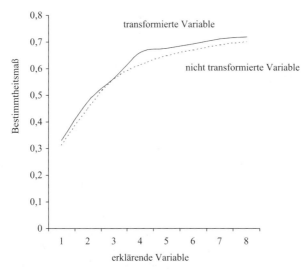

Quelle: Eigene Berechnung

Abbildung 5.7: Transformierte und nicht transformierte Variable
im Vergleich zum Erklärungsgehalt

eine relativ große Menge an Objektinformationen verfügbar gemacht, die in praktischen Feldversuchen aufgrund des Aufwandes der Datenerfassung nicht ohne weiteres vorausgesetzt werden kann. Damit steigt das Risiko, durch Informationsdefizite mit suboptimalen Variablen unbefriedigte Schätzergebnisse zu ermitteln, ohne dies möglicherweise zu erkennen.

Die Ergänzung des Datensatzes um eine Dummyvariable für Objekte innerhalb der Altstadt, sowie die Zusammenfassung und Logarithmierung der Entfernungen von U- und S-Bahnen führt zu einer geringfügig verbesserten Effizienz und veränderten Gewichtung der erklärenden Variablen. Das nachfolgende Schaubild zeigt, dass das entsprechend ergänzte Regressionsmodell (durchgezogene Linie) etwas bessere Werte liefert, als die unveränderten Variablen (gestrichelte Linie).

Das Schaubild zeigt das Verhältnis von erzieltem Erklärungsgehalt $\overline{R}^2$ und der dazu notwendigen Zahl eingesetzter Variablen auf Basis der zuvor ermittelten 18 Modellrechnungen.[261]

---

[261] Aufgrund der zuvor diskutierten Problematik, unterschiedlich erklärter Variablen (Mietpreis und logarithmierter Mietpreis) werden nur die Modelle 1 bis 8 und 10 bis 17 miteinander verglichen. Modell 18 enthält den logarithmierten Mietpreis als erklärte Variable und bleibt daher im Vergleich mit Modell 9 unberücksichtigt.

Die Untersuchung hat zum jetzigen Zeitpunkt verdeutlicht, dass ein Erklärungsgehalt oberhalb der 70%-Marke unter Einbezug guter Signifikanzen
durchaus mit mehreren Kombinationen an erklärenden Parametern möglich
ist. Um diese zu identifizieren, muss eine entsprechende Informationsmenge
in Form einer Aussagefähigen Stichprobe vorliegen.

5.4.1.5 Überprüfung der Auswahl transformierter Variablen auf Präzision (mit VIF-Werten)

Analog zu Kapitel 5.4.1.3 wird in nachfolgender Tabelle die Präzision
der Schätzwerte auf Basis der (teilweise) transformierten Variablen überprüft. In bereits bekannter Manier werden die erklärenden Variablen in der
Reihenfolge ihrer Gewichtung gemäß der standardisierten Koeffizienten
aufgelistet. Trotz dem nur einige Variable transformiert wurden, hat sich
das Bild der in der Schätzung zum Einsatz kommenden Variablen gewan-
delt. Der Marienplatz bleibt jedoch trotz hohem Maß an multipler Korrelation der Schätzgleichung enthalten, da sein solo-Erklärungsgehalt, wie bereits diskutiert, in der Untersuchung unerreichbar ist. Allerdings übernimmt
nach dem Wegfall der Stellplatzkennziffer der Altstadt-Dummy einen Teil
der Erklärungsarbeit von dem Marienplatzkoeffizienten, was die beiderseitig
relativ hohen VIF-Werte erklärt. Aufgrund ihres hohen Erklärungsgehalts
behaupten beiden Variable unabhängig voneinander die beiden vorderen
Plätze. Da auch nur fünf Objekte aus dem untersuchten Datensatz mit dieser Dummy-Variablen belegt sind, besteht keine Notwendigkeit, auf eine
der beiden Informationen zu verzichten.

Durch Zusammenlegung der U- und S-Bahninformationen in eine Log-
Funktion konnte ohne nennenswerten Informationsverlust ein Freiheitsgrad
gewonnen werden, was dem korrigierten Bestimmtheitsmaß zugute kommt.

Die Ergänzung des Gebäudealters um den potenzierten Wert brachte ge-
nauso wenig eine Verbesserung der Schätzung, wie die Transformation der
weiteren Variablen.

Der Mittlere VIF am Ende der beiden Tabellen dient nicht als Maß für
die Präzision der Schätzung, sondern soll lediglich zeigen, wie sich das Niveau dieser VIF-Werte im Vergleich der Verfahren entwickelt. Durch die
gezielte Eliminierung ungeeigneter Variablen musste auch der Mittlere VIF
erwartungsgemäß bessere Werte ergeben. Im Vergleich zwischen transformierten und nicht transformierten Variablen kann dahingegen keine Veränderung beobachtet werden. Das bedeutet, dass die Varianz der Regressionskoeffizienten und damit auch die Präzision der Schätzungen trotz
Transformation unverändert geblieben ist.

Tabelle 5.8

Variance Inflation Factors (VIFs) für transformierte Variable[262]

Variable	R^2	VIF	R^2 (M18)	VIF (M18)	R^2 (M15)	VIF (M15)
Altstadt-Dummy	0,70	3,31	0,24	1,32	0,20	1,25
Marienplatz	0,82	5,46	0,57	2,32	0,55	2,24
Klima	0,60	2,49	0,28	1,40	0,16	1,19
Kühldecke	0,71	3,41	0,42	1,74	0,26	1,36
Flughafen	0,69	3,18	0,54	2,16	0,47	1,87
Alter	0,62	2,62	0,20	1,26	0,19	1,23
Log Transport	0,43	1,75	0,33	1,49		
Bürodichte	0,47	1,89	0,23	1,31		
Alter (quadriert)	0,50	2,00				
Doppelboden	0,88	8,62				
BierCafe	0,59	2,45				
U-Bahn	0,69	3,17				
S-Bahn	0,38	1,62				
Vermietungsstand	0,55	2,22				
Gewerbe	0,47	1,90				
Fassade	0,26	1,35				
Portal	0,50	1,98				
Größe	0,50	1,98				
Sonnenschutz	0,56	2,28				
Fensterbankkanal	0,87	7,87				
Küche	0,44	1,79				
Terasse	0,39	1,63				
Casino	0,46	1,85				
abgeh. Decke	0,30	1,44				
Gebäudetiefe	0,39	1,65				
Mittlerer VIF		**2,80**		**1,62**		**1,52**

Quelle: Eigene Berechnung

---

[262] Bei der Regression der jeweiligen unabhängigen Variable auf alle verbleibenden unabhängigen Variablen wurden folgende Einschränkungen gemacht: Alter ohne Alter (quadriert); Log Transport ohne U- und S-Bahn; Alter (quadriert) ohne Alter; U-Bahn ohne Log Transport; S-Bahn ohne Log Transport.

5.4.1.6 Gewichtung der Regressionskoeffizienten

Mit den bisher ermittelten Regressionskoeffizienten konnten wir die jeweilige Schätzgleichung zusammenstellen. Da diese partiellen Regressionskoeffizienten abhängig von der jeweiligen Maßeinheit sind und die Steigung zwischen erklärender und erklärter Variable (in unserer Untersuchung den Mietpreis) ausdrücken, können sie nicht untereinander verglichen werden. Um hinsichtlich der Bedeutung der jeweiligen Variablen auf den Mietpreis als erklärte Variable Informationen zu erhalten, ist die Standardisierung der Koeffizienten erforderlich. Es geht dabei darum, die Koeffizienten um das arithmetische Mittel μ zu bereinigen und dann die dadurch entstandene Differenz auf die Standardabweichung σ zu beziehen[263]. Die Berechnung dazu sieht dann wie folgt aus:

$$\beta_i = \frac{x_i - \mu}{\sigma}$$

β_i = standardisierter Koeffizient (Betawert)
x_i = Merkmalswert

Für diese standardisierten Werte gilt, dass ihre Standardabweichung 1 und ihr arithmetisches Mittel 0 sein muss.

In der folgenden Grafik (Abbildung 5.8) ist die unterschiedliche Entwicklung der Betawerte bei Veränderung der Schätzgleichung gut erkennbar. Die beiden Lageparameter Marienplatz und Dummy Altstadt decken einen erheblichen Erklärungsgehalt in der Gleichung ab und haben anhand der Betawerte auch die größte Gewichtung hinsichtlich ihres Einflusses auf den Mietpreis. Damit bestätigt sich erwartungsgemäß die Bedeutung der Lagemerkmale. Interessant ist aber auch die Bedeutung der technischen Ausstattung, die hier durch Klimatechnik und Kühldecken repräsentiert wird. An anderer Stelle wurde bereits darauf hingewiesen, dass für die technischen Merkmale durchaus auch alternative Variable geeignet sein können. In der vorliegenden Untersuchung wurde durch diese Merkmale der bestmögliche Erklärungsgehalt erzielt. Es wurde aber auch deutlich, dass die anderen in dem Datensample verfügbaren Variablen durchaus ähnlich hohe Erklärungspotenziale wie Klima und Kühldecken haben.

Der leichte Knick in der Grafik ab Modell 4 ist leicht durch die Hinzunahme der Flughafenvariablen zu erklären. Dadurch verlieren die beiden ersten Lagegrößen Marienplatz und Dummy Altstadt leicht an Gewicht zu Gunsten der Flughafenvariablen. Ein Blick in Tabelle 5.8 zeigt, dass dort

---

[263] Vgl. Voß (2000), S. 89, 134 und 172.

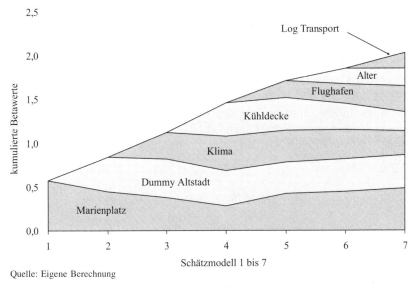

Quelle: Eigene Berechnung

Abbildung 5.8: Kumulierte Betawerte

die VIF-Werte des betreffenden Modells (M18) für die Variable Marien-platz (VIF = 2,32) und Flughafen (VIF = 2,16) die höchsten Werte anzei-gen. Das wird bei der schrittweisen Hinzuziehung der Variablen ab dem Flughafenkoeffizienten deutlich. Der Einfluss auf den Marienplatz drückt die Kurven durch Klima und Kühldecke offenbar ohne Abschwächung durch. Das ist dadurch zu erklären, dass die Entfernung zum Flughafen mit dem Mietpreis in allen Modellen negativ korreliert[264]. Das ist dadurch zu erklären, dass sich die Einflüsse von Stadtzentrum und Flughafen über-lagern und sich dadurch in bestimmten Bereichen verstärken und in anderen Regionen teilweise kompensieren. Die nord-östliche Lage des Flughafens vom Zentrum führt dazu, dass die Mieten nord-östlich vom Stadtzentrum höher sind als süd-westlich des Zentrums.

Der Altstadt-Dummy (VIF = 1,32) weist dagegen einen relativ kleinen Wert aus, was sich auch in einem relativ unbeeindruckten Betawert mit gleichmäßig breitem Kurvenverlauf ausdrückt. Das ist dadurch zu erklären, dass innerhalb der Altstadt nur fünf Objekte aus der Stichprobe liegen, die in den Lageparametern sehr homogen sind.

Die Hinzunahme der Variablen Alter und Log Transport kosten der Kühl-decke leicht an Gewicht. Würden jedoch in dem Datensample weitere (Aus-

---

[264] Siehe dazu die OLS-Modellrechnungen (unkorrigierte Variable) in Tabelle 5.5.

stattungs-)Variablen eingesetzt, ginge dies zu Lasten weiterer Freiheitsgrade und führt zu keiner Verbesserung der korrigierten Bestimmtheitsmaße. Eine Reduzierung der Bedeutung einzelner erklärenden Variablen in der Abbildung 5.8 wäre aber die Folge.

Die Grafik veranschaulicht die unterschiedlich stark ausgeprägten Korrelationen der einzelnen Einflussgrößen. Dadurch wird auch deutlich, dass die jeweiligen Informationsmengen der erklärenden Variablen sich in unterschiedlich starken Ausprägungen überlagern. Diese Multikollinearitäten sollten zwar minimiert werden, ganz ausschließen lässt sich das jedoch nicht.[265]

5.4.1.7 Gesonderte Betrachtung von Lage und Alter

Nachdem neben dem erwartungsgemäß starken Einfluss der Lage als Entfernung zum Marienplatz das Gebäudealter offenbar keinen signifikant deutlichen Einfluss auf die Mietpreisbildung zu haben scheint, sollen beide Merkmale anhand eines Streudiagramms noch mal veranschaulicht werden.

Zunächst wenden wir uns wieder dem Lageparameter „*Marienplatz*" zu. Das Schaubild 5.9 macht diesen Zusammenhang deutlich. Die durch die Punktewolke laufende Gerade entspricht der linearen Regressionsgeraden. Der Erklärungsgehalt liegt bereits bei rund 29,8 %[266]. Es lässt sich also ein deutlicher Bezug zwischen Preis und Entfernung zum Zentrum herstellen. Es lässt sich dabei erkennen, dass die Punktwolke deutliche Konturen ohne extreme Ausreißer aufweist.

Es gibt also einen maximalen Preis in Abhängigkeit der Entfernung, der offenbar auch mit beeinflussbaren Variablen wie Ausstattung oder verändertem Mikrostandort nicht überschritten werden kann. Wer mit seinem Objekt eine Entfernung von über 10 km zum Zentrum aufweist, wird kaum einen Preis von über 30 DM erzielen. An Standorten mit stärker ausgeprägten Subzentren als das in unserem Untersuchungsstandort der Fall ist, wird sich die Punktewolke deutlich diffuser und daher weniger aussagefähig darstellen. Allerdings könnte diese einfache Darstellung gegenüber der in dieser Untersuchung aufwendigen Analyse vieler Einflussfaktoren für Standorte mit deutlichem Zentrum bereits eine erste Aussagefähigkeit erlauben. Zumindest ist anhand der Streuung um den Mittelwert bereits eine vorsichtige Einschätzung in Bezug auf den möglichen Erfolg werterhöhender Maßnahmen möglich. Befindet sich das Objekt hinsichtlich Mietpreis bereits im

---

[265] Siehe auch Kapitel 5.4 unter dem Punkt „Multikollinearität".

[266] Es handelt sich dabei um das unkorrigierte R^2 der erklärenden Variable Marienplatz.

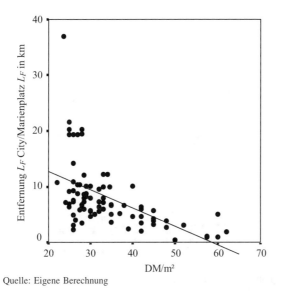

Quelle: Eigene Berechnung

Abbildung 5.9: Entfernung im Verhältnis zum Mietpreis

oberen Bereich seines individuellen Lagepotenzials, ist sehr genau zu prüfen, ob mietwertsteigernde Faktoren die Nachhaltigkeit aufweisen, die für eine Immobilieninvestition erforderlich ist.

Bereits in den beiden ersten OLS-Schätzungen wurde auch deutlich, dass das *Gebäudealter* überraschend geringen Einfluss auf den Mietpreis zu haben scheint. Abbildung 5.10 zeigt jedoch, dass mit Ausnahme von vier Ausreißern kein Gebäude, das älter als 5 Jahre ist, einen Mietpreis von über 32 DM erzielt. Die Ausreißer befinden sich ausnahmslos in der Innenstadt.

Das bedeutet jedoch, das offenbar Neuvermietungen mit Ausnahme der sehr zentral gelegenen Gebäude mehr oder weniger deutlich höherpreisig vermietet werden können als Bestandsobjekte, die bereits eine 5- oder 10-jährige Vermietungsperiode hinter sich haben. Hier wurde jedoch bereits an anderer Stelle darauf hingewiesen, dass die dieser Untersuchung zugrunde liegende Stichprobe in Bezug auf das Alter der Gebäude Schwächen aufweist und überproportional junge Objekte untersucht wurden. Es lässt jedoch vermuten, dass sich das Alter stärker auf den Mietwert auswirkt, als das diese Untersuchung bereits bestätigen konnte.

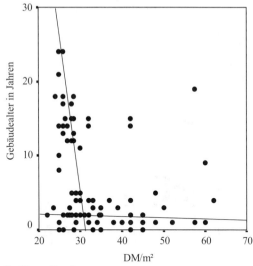

Quelle: Eigene Berechnung

Abbildung 5.10: Alter im Verhältnis zum Mietpreis

5.4.2 Clusterspezifische Regressionsanalyse

In der nun folgenden Untersuchung werden die bereits in Kapitel 5.3.3 „Bestimmung der Clusterzahl" ermittelten vier Cluster untersucht, inwieweit diese homogeneren Gruppen unserer Stichprobe geeignet sind, gegenüber den Schätzungen aus der gesamten Stichprobe präzise(re) Schätzergebnisse zu liefern. Die zugrunde gelegten Cluster wurden nach dem Ward-Verfahren mit den Variablen Marienplatz, mittlere Raumtiefe, Alter, Größe und Miete in DM/qm ermittelt. Da bei diesem Verfahren die Cluster mit dem Ziel gebildet werden, möglichst homogene Gruppen in den eingesetzten Merkmalsausprägungen zu haben, ist eine Verlagerung des Erklärungsgehalts hin zu anderen Variablen zu erwarten, die zuvor noch unterlegen waren.

Ziel der Untersuchung ist, zu prüfen, ob es sinnvoll sein kann, für die praktische Anwendung auch mit entsprechend reduzierten Stichproben zu arbeiten. Das kann z. B. der Fall sein, wenn aufgrund einer definierten Zielvorgabe eines Investors, Nutzers oder Bauträgers bereits ohnehin als Entscheidungsgrundlage ein Sample an Objekten mit bestimmten Merkmalsausprägungen geprüft werden muss oder ein lokaler Immobilienmarkt nach bestimmten Objekten bereits abgesucht wurde und diese Informationen vorliegen.

5.4.2.1 Flughafen-Cluster (1)

Aufgrund der hohen Homogenität der Objekte innerhalb dieses Clusters kann bereits mit drei Variablen in Modell (3) der nachfolgenden Tabelle ein sehr hoher Erklärungsgehalt von über 86% ($\overline{R}^2 = 0,861$) erzielt werden. Die bereits bei der Clusterung ausgewählten Variablen haben dabei erwartungsgemäß keine Funktion, da ihr Erklärungsgehalt in Bezug auf die Miete innerhalb dieser Objektgruppe relativ an Bedeutung verloren hat. T-Werte und Signifikanzniveau bestätigen bereits das gute Schätzergebnis. Die Fassade fällt nur knapp aus dem 99%-Bereich heraus, so dass auch hier keine Einschränkungen gemacht werden müssen.

Tabelle 5.9
OLS-Modellrechnung (Flughafen-Cluster)

erklärende Variablen	(1)	(2)	(3)	(4)	(5)
Konstante	27,884 (36,236*)	27,958 (44,500*)	26,683 (51,240*)	29,385 (13,039*)	30,646 (12,066*)
Log Transport	−1,080 (−2,807**)	−0,851 (−2,578***)	−1,000 (−0,652*)	−1,114 (−5,125*)	−1,217 (−5,132*)
Gewerbe		−1,580 (−2,244**)	−1,616 (−3,775*)	−2,017 (−3,845**)	−2,332 (−3,878**)
Fassade			0,702 (3,600**)	0,776 (3,947**)	0,794 (4,060**)
BierCafe				−0,028 (−1,230[267])	−0,032 (−1,399[268])
Alter					−0,053 (−1,043[269])
$\overline{R}^2$	0,433	0,623	0,861	0,872	0,874

Quelle: Eigene Berechnung[270]

Die Ausdehnung des Modells auf die Variablen BierCafe und Alter bringt keine Verbesserung der Ergebnisse, wie aus der Tabelle ersichtlich ist, und kann daher vernachlässigt werden. Darüber hinaus sind die Signifikanz-

---

[267] Das Signifikanzniveau für die Variable liegt bei rd. 72%.
[268] Das Signifikanzniveau für die Variable liegt bei rd. 76%.
[269] Das Signifikanzniveau für die Variable liegt bei rd. 64%.
[270] T-Werte nach White in Klammern. Die Signifikanzwerte auf dem 99%-, 95%- bzw. 90%-Konfidenzniveau sind durch *, ** bzw. *** gekennzeichnet.

werte dieser Variablen extrem niedrig, so dass deren Verwendung ohnehin abgelehnt werden sollte. Die Verwendung des logarithmierten Mietpreises liefert mit $\overline{R}^2 = 0{,}87$ in Modell (3) nur ein marginal besseres Bestimmtheitsmaß. Aus Gründen der Vergleichbarkeit und der Vereinfachung wird daher die Verwendung des nicht transformierten Mietpreises vorgezogen. Daraus resultiert dann gemäß Modell (3) folgende Schätzgleichung des Mietpreises:

$$\text{Miete }_{\text{Flughafen}} = 26{,}683 - 1 \cdot m - 1{,}616 \cdot n + 0{,}702 \cdot p + \varepsilon$$

$$\begin{array}{ll} m = \text{Log Transport} & p = \text{Fassade} \\ n = \text{Gewerbe} & \varepsilon = \text{Störterm} \end{array}$$

Als Besonderheit für dieses Cluster wurde bereits angemerkt, dass bis auf zwei Ausreißer alle Objekte im nordwestlichen Quadranten Münchens liegen. Die Objekte sind aufgrund ihrer ausgeprägten Ähnlichkeit nur durch wenige Merkmale zu differenzieren. Vor allem die Entfernung zur S-Bahn spielt dabei eine große Rolle, da dies oftmals die einzige ÖPNV-Anbindung bedeutet. Gewerbebetriebe in der Nachbarschaft sind in diesen Stadtrandlagen ebenfalls nicht selten und wirken negativ auf den Mietwert. Die Art der Fassaden wurde nur gruppiert, zeigt aber, dass gerade in Stadtrandlagen dieses Merkmal stark an Bedeutung gewonnen hat.

Hinsichtlich der Effizienz der im Modell eingesetzten erklärenden Variablen wird daher ein sehr gutes Ergebnis erzielt. Die folgende Grafik zeigt die Entwicklung des Erklärungsgehalts der Variablen des Flughafen-Clusters im Vergleich zu dem Verlauf aus der Regression der gesamten Stichprobe (transformierte und nicht transformierte Variable).

Der steile Kurvenanstieg zeigt den relativ großen Erklärungsgehalt der ersten drei Variablen Log Transport, Gewerbe und Fassade. Der Einsatz der BierCafe-Variable als vierte erklärende Größe bringt nahezu keine Verbesserung der Schätzgleichung. Das gleiche gilt für das Gebäudealter.

Die Untersuchung dieses Clusters macht auch deutlich, dass für eigenständige Lagen mit der Ausrichtung auf eine Zielgruppe, wie das hier in Bezug auf die High-Tech-Branche der Fall ist mit wenigen Einflussgrößen bereits der Mietwert in hohem Maße erklärt werden kann. Entscheidend dabei ist dann, herauszufinden, in welchen Punkten sich solche ansonsten sehr homogenen Objekte untereinander differenzieren. Diese Kenntnis kann z.B.

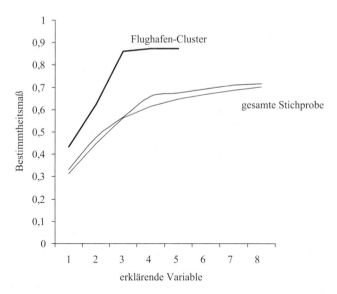

Quelle: Eigene Darstellung

Abbildung 5.11: Variable im Vergleich zum Erklärungsgehalt

bei der Herausstellung des USP[271] für das Marketing einzelner Objekte von Bedeutung sein. Auch für die Risikobewertung solcher Einzelobjekte im Rahmen von Gesamtportfolios ist die Kenntnis über Formen der Differenzierung an Mikrostandorten von Bedeutung.

5.4.2.2 Speckgürtel-Cluster (2)

Ein Blick auf die $\overline{R}^2$-Werte der Tabelle 5.10 deutet bereits an, dass gegenüber dem Flughafen-Cluster hier einige Erklärungsprobleme auftreten können. In der Clusteranalyse (Kapitel 5.3.3.1) wurde bereits auf die relativ gleichmäßige ringförmige Verteilung der Objekte um das Zentrum hingewiesen. Damit ist hinsichtlich der Lageparameter ein hohes Maß an Homogenität in diesem Cluster erreicht. Das führt dazu, dass ausschließlich die technische Ausstattung, Gebäudezuschnitt (Tiefe) und bedingt das Alter den Mietpreis in Grenzen erklären können. Befriedigende Ergebnisse können jedoch im Vergleich zu den bisher ermittelten Schätzungen nicht erreicht werden.

---

[271] Unique Selling Proposition.

Tabelle 5.10

OLS-Modellrechnung (Speckgürtel-Cluster)

erklärende Variablen	(1)	(2)	(3)	(4)	(5)
Konstante	28,580 (49,588*)	26,650 (27,100*)	28,385 (22,506*)	26,981 (19,171*)	30,525 (12,240*)
Kühldecke	5,453 (5,794*)	5,678 (6,343*)	6,134 (6,921*)	6,327 (7,371*)	6,467 (7,698*)
Tiefe		2,120 (2,345**)	1,972 (2,267**)	2,082 (2,483**)	2,301 (2,782*)
abgehängte Decke			−2,211 (−2,061**)	−2,157 (−2,089**)	−2,285 (−2,266**)
Alter				0,536 (1,971***)	0,599 (2,240**
Flughafen					−0,101 (−1,701***)
$\bar{R}^2$	0,455	0,513	0,552	0,585	0,607

Quelle: Eigene Berechnung[272]

Die Bedeutung der Kühldecke führt bereits zu einem relativ hohen Erklärungsgehalt von rd. 45%. Objekte mit diesem Ausstattungsmerkmal sind überdurchschnittlich jung, was auch in der Korrelation mit dem Gebäudealter bestätigt wird. Objekte mit diesem Merkmalsträger zeichnen sich aus, dass sie ein hohes Maß technischer Ausstattungsdetails beinhalten wie z. B. elektronische Steuerungen innerhalb der Haustechnik, modernes Interieur, aufwendigere Nasszellen, etc. Das bedeutet, dass die Kühldecke auch als Dummy-Variable für eine höherwertigere technische Gebäudeausstattung in diesem Cluster stehen könnte. Dadurch wäre dann auch das relativ hohe Bestimmtheitsmaß dieser einen Variablen zu erklären.

Die Verbesserung der Schätzung durch den Einsatz der zusätzlichen Variablen Gebäudetiefe, abgehängte Decke und Alter ist nur noch marginal. Die einzige Lagekomponente Flughafen trägt mit einer Verbesserung um nur rd. 2% ebenfalls kaum zu einer brauchbaren Schätzgleichung bei. Das die Gebäudetiefe als Effizienzmerkmal in dieser mittleren Mietpreisklasse nicht stärker an Bedeutung gewinnt ist dadurch zu erklären, dass die Clusterung auch auf Basis der Raumtiefe durchgeführt wurde. Damit besteht

---

[272] *T*-Werte nach White in Klammern. Die Signifikanzwerte auf dem 99%-, 95%- bzw. 90%-Konfidenzniveau sind durch *, ** bzw. *** gekennzeichnet.

hierin eine stärkere Homogenität, die diese Variable für einen höheren Erklärungsgehalt des Mietpreises ungeeignet macht.

Für das Merkmal abgehängte Decke kann ähnlich wie für die Kühldecke gelten, das damit bestimmte technische Ausstattungsdetails verbunden sind. Allerdings könnte aufgrund der Tatsache, dass seit einigen Jahren zunehmend auf diese bautechnische Maßnahme verzichtet wird, diese Funktion einer Dummy-Variablen für technisch anspruchsvollere Ausstattungen genau dadurch konterkariert werden. Das könnte sich auch in dem geringen Erklärungsgehalt dieser Variable ausdrücken.

Auch das Gebäudealter kann sich schon deshalb nicht für die Verbesserung der Schätzung eignen, da diese Variable ja bereits ebenfalls zur Selektion der Cluster eingesetzt wurde. Bessere erklärende Variable wurde jedoch an dieser Stelle nicht gefunden.

Die Lagekomponente Flughafen wirkt ebenfalls kaum auf den Mietpreis, obgleich dieses Merkmal nicht zur Clusterbildung herangezogen wurde. Die Erklärung liegt in dem vom Zentrum wellenförmig nach außen abnehmenden Mietpreis,[273] der kaum deutliche Trendunterschiede im Mietpreis in Bezug auf die Richtung vom Zentrum zu erkennen lässt. Möglicherweise wird das unzureichende Ergebnis durch eine „omitted Variable" verursacht, deren Existenz in der Untersuchung nicht bekannt ist, jedoch einen besseren Erklärungsgehalt in Bezug auf die Miete liefern könnte.

Im Ergebnis ist die Möglichkeit, den Mietpreis der Objekte innerhalb dieses Clusters zu erklären jedoch sehr begrenzt, weshalb für dieses Cluster keine Schätzgleichung angegeben wird. Die folgende Kurve in Abbildung 5.12 verdeutlicht dieses Ergebnis.

Außer mit der ersten Variablen (Kühldecke) können die Erklärungsmöglichkeiten des Speckgürtel-Clusters im direkten Vergleich mit den Ergebnissen der gesamten Stichprobe nicht konkurrieren. Es stellt sich heraus, das im Gegensatz zu dem zuvor untersuchten Flughafen-Cluster die Gruppenbildung in diesem Fall zu keinem verwertbaren Ergebnis führt und die betroffenen Objekte besser in der gesamten Stichprobe geschätzt werden.

5.4.2.3 City-Cluster (3)

Die Objekte des City-Clusters liegen bis auf drei Ausreißer sehr nah am oder innerhalb der Altstadt und damit im Zentrum. In der Clusteranalyse wurde bereits darauf hingewiesen, dass sich die Objekte durch die Merkmale gute ÖPNV-Anbindung, hoher Mietpreis und attraktivem Mikrostandort aus-

---

[273] Vgl. Kapitel 5.4.2.2, „Speckgürtel-Cluster".

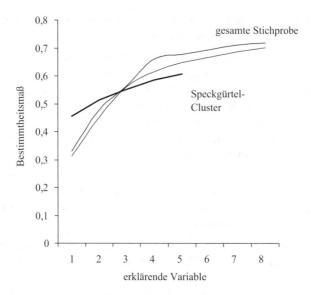

Quelle: Eigene Darstellung

Abbildung 5.12: Variable im Vergleich zum Erklärungsgehalt

zeichnen. Trotz des hohen durchschnittlichen Mietzinses von 48,45 DM/m^2 liegt die Streuung mit mehr als 7,– DM/m^2 ebenfalls auf hohem Niveau. Wie die noch verbleibenden Variablen diese Mietpreisdifferenzen erklären können, zeigt wieder die folgende Modellzusammenstellung.

Auf die Gewichtung der Variablen und deren Reihenfolge soll in diesem Modell nicht eingegangen werden, da keine eindeutige Dominanz einer oder weniger Merkmalsträger ausgemacht werden konnte. Abhängigkeiten zwischen den Variablen spielen auch hier eine Rolle, jedoch ist Multikollinearität nicht in einem Maß vorhanden, das die Schätzergebnisse unpräzise werden lässt. Die geringen Standardfehler der Regressionskoeffizienten bestätigen dies.

Die erklärenden Variablen kommen außer der „Objektgröße" nicht in der Clusteranalyse vor. Es handelt sich aber mit den Merkmalen Sonnenschutz, Kühldecke und Klima wieder um die klassischen technischen Ausstattungsmerkmale. Die Objektgröße korreliert negativ zum Mietpreis, das bedeutet, dass die kleineren Objekte im Zentrum höhere Mietpreise erzielen, als die größeren Häuser. Auffällig ist der hohe negative Zusammenhang zwischen Sonnenschutz und Mietpreis. Zu erwarten wäre, dass Objekte mit außenliegendem Sonnenschutz zu einem höheren Mietpreis führen. Bei näherer Be-

Tabelle 5.11

OLS-Modellrechnung (City-Cluster)

erklärende Variablen	(1)	(2)	(3)	(4)	(5)
Konstante	60,591 (16,551*)	61,389 (19,320*)	60,120 (18,967*)	67,527 (17,054*)	62,533 (14,749*)
Größe	−0,001 (−2,988*)	−0,001 (−3,804*)	−0,001 (4,142*)	−0,001 (−4,735*)	−0,001 (−4,569*)
Sonnenschutz	−10,412 (−3,050*)	−15,113 (−4,423*)	−15,534 (−4,702*)	−18,629 (−6,016*)	−15,863 (−5,176*)
Kühldecke		7,234 (2,727*)	9,997 (3,205*)	13,490 (4,473*)	13,780 (5,069*)
Klima			5,589 (1,546***)	8,546 (2,567**)	9,759 (3,201*)
Fassade				−3,574 (−2,593**)	−3,289 (−2,635**)
Log Transport					1,931 (2,176**)
$\bar{R}^2$	0,346	0,511	0,546	0,660	0,725

Quelle: Eigene Berechnung[274]

trachtung der betroffenen Objekte stellen wir fest, dass die drei Hochhäuser der Stichprobe keinen außenliegenden Sonnenschutz haben, da dies aufgrund der hohen Windgeschwindigkeiten bei Hochhäusern technisch nicht möglich ist. Diese Objekte verfügen zwar über kompensierende technische Möglichkeiten, die Folgen der Sonnenstrahlung zu begrenzen, aber eben nicht über dieses entsprechende Merkmal „Sonnenschutz". Zwei weitere Objekte haben ebenfalls keinen außenliegenden Schutz. Dabei handelt es sich um sehr hochwertige Objekte, bei denen der Denkmalschutz eine entsprechende Installation nicht zulässt. Sowohl die Hochhäuser, als auch die denkmalgeschützten Objekte erzielen die höchsten Mieten in der Stichprobe, so dass die negative Korrelation der Variable „Sonnenschutz" damit erklärt ist. Aus dem gleichen Grund wurde das Merkmal „Alter" nicht berücksichtigt, da eine positive Korrelation zwischen Alter und Mietpreis aufgrund der hochwertigen Lage für die denkmalgeschützten alten Gebäude zu einer Fehlinterpretation verleiten könnte.

---

[274] *T*-Werte nach White in Klammern. Die Signifikanzwerte auf dem 99%-, 95%- bzw. 90%-Konfidenzniveau sind durch *, ** bzw. *** gekennzeichnet.

Die Merkmale Kühldecke und Klima stehen jeweils für bestimmte Aus-
stattungsklassen. Die Objekte mit Klimatechnik sind entweder die Hochhäuser, oder aber Objekte mit höheren Mietkosten. Die Kühldecke steht möglicherweise auch hier wieder, wie bereits erwähnt, für ein Bündel technischer
Merkmale, die nicht erfasst wurden oder nicht erfaßbar sind.

Hingewiesen werden soll noch mal auf den besonderen Erklärungsgehalt
der Fassade, die offenbar in der Innenstadt in Bezug auf die Bereitschaft
des Mieters, einen bestimmten Preis zu bezahlen deutlich stärkeren Einfluss
hat, als dies in den anderen Lagen der Fall ist. Das könnte ein Indiz für die
stärkere emotionale Komponente in guten oder sehr guten Lagen sein.
Demzufolge erlangt auch die Objekttiefe als Effizienzmerkmal in dem City-
Cluster keine Bedeutung. Der Versuch, möglicherweise abnehmenden
Grenznutzen bei steigendem Mietpreis im Sinne eines Luxusgutes dadurch
zu erkennen, das die erklärte Variable Mietpreis logarithmiert wird, führte
zu keinem signifikant anderen Ergebnis.

Die Fassade hat ein negatives Vorzeichen, welches jedoch ohne Bedeutung ist, da es sich um eine Dummy-Variable für verschiedene Fassadentypen handelt.

Die Anbindung an das U- und S-Bahnnetz spielt vor allem für die Objekte dieses Clusters, die außerhalb der Altstadt liegen, eine Rolle. Insgesamt kommt damit ein Erklärungsgehalt von rd. 72% zustande, der mit
weniger Variablen das gleiche Niveau erreicht, wie die gesamte Stichprobe.

Aufgrund dieser Argumente, vor allem wegen der engen lokalen Eingren-
zung der Objekte ist die Verwendung einer Schätzgleichung für diese Teilstichprobe sinnvoll. Die Schätzgleichung lautet demnach:

$$\text{Miete}_{City} = 62{,}533 - 0{,}001 \cdot q - 15{,}863 \cdot r + 13{,}780 \cdot k + 9{,}759 \cdot f - 3{,}289 \cdot p + 1{,}931 \cdot m + \varepsilon$$

f = Klima	p = Fassade	r = Sonnenschutz
k = Kühldecke	q = Größe	ε = Störterm
m = Log Transport		

Der folgende Kurvenverlauf zeigt noch einmal in bekannter Form die Zunahme von Erklärungsgehalt in Abhängigkeit der eingesetzten Variablen.
Dabei zeigt sich, das die technischen Ausstattungsmerkmale den Erklärungsgehalt des Mietpreises durchschnittlich im Vergleich zur gesamten
Stichprobe beeinflussen. Die Hinzunahme der Klima-Variable fällt sogar in

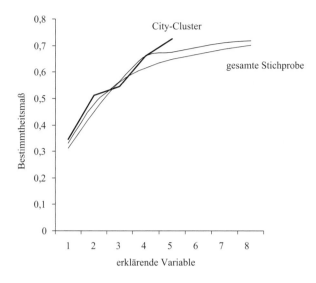

Quelle: Eigene Darstellung

Abbildung 5.13: Variable im Vergleich zum Erklärungsgehalt

der Steigung ab, muss aber in der Gleichung verbleiben, da ansonsten ein am Ende deutlich geringeres $\overline{R}^2$ die Folge wäre. Die Signifikanzniveaus sind bis auf die Klimagröße sehr gut und liegen im 99%- bzw. 95%-Bereich. Die Informationen über Fassadenart und U- und S-Bahnanbindung führen dazu, dass dieses Modell sehr gute Ergebnisse präsentiert.

5.4.2.4 80er-Jahre-Cluster (4)

Das 80er-Jahre-Cluster könnte auch „Altes Cluster" genannt werden, da das hohe Gebäudealter eine Auffälligkeit dieser Gruppe darstellt. Trotz des im Vergleich zu den anderen Objektgruppen hohen Durchschnittsalters gelingt über eben diese Variable noch eine Differenzierung des Mietpreises zu erklären. Die Gebäude in diesem Cluster sind zwischen 11 und 24 Jahre alt. Offenbar ist auch in dieser Bandbreite ein spürbarer Zusammenhang zwischen Alter und Mietwert feststellbar.[275]

---

[275] An dieser Stelle muss einschränkend angemerkt werden, dass eine intensivere Diskussion dieses Zusammenhangs eine Differenzierung zwischen Bestands- und Erstvermietungen erfordern würde. Bestandsmieten können aufgrund der oftmals verbindlich festgeschriebenen Vertragslaufzeit im gewerblichen Bereich nicht an

Tabelle 5.12

OLS-Modellrechnung (80er-Jahre-Cluster)

erklärende Variablen	(1)	(2)	(3)	(4)	(5)
Konstante	32,059 (16,614*)	29,53 (12,255*)	35,654 (8,872*)	36,553 (10,559*)	38,551 (13,233*)
Alter	−0,299 (−2,556**)	−0,276 (−2,463**)	−0,310 (−2,954**)	−0,299 (−3,326*)	−0,364 (−4,718*)
Klima	4,133 (2,323**)	4,449 (2,618**)	5,065 (3,163*)	4,593 (3,314*)	5,180 (4,515*)
Marienplatz		0,333 (1,597[276])	0,301 (1,560[277])	0,536 (2,767**)	0,594 (3,743*)
BierCafe			−2,527 (−1,822***)	−3,316 (−2,685**)	−3,345 (−3,337*)
Gewerbe				−1,814 (−2,319**)	−1,929 (−3,032**)
Dichte					−0,965 (−2,589**)
$\bar{R}^2$	0,424	0,482	0,560	0,678	0,788

Quelle: Eigene Berechnung[278]

Für die Klima-Variable gilt wie bei dem zuvor diskutierten Cluster wieder die Vermutung, dass damit ein Bündel an technischen Ausstattungsdetails abgedeckt wird. Der Marienplatz findet zwar Eingang in diese Schätzgleichungen, jedoch mit sehr geringem Zuwachs an Erklärungsgehalt, da diese Variable ja bereits als Merkmalsträger bei der Gruppenbildung fungierte.

Dafür verbessern die Variable BierCafe, Gewerbe und Bürodichte als Lageparameter, die Ergebnisse jeweils sehr stark. Die BierCafe-Variable könnte möglicherweise als Ergänzung der klassischen Lageparameter, die durch Entfernungen zum Zentrum, Flughafen oder Verkehrsmittel beschreiben, die Mikrolage aufgrund der Höhe der Konsumentenpreise dieser Ge-

---

Marktveränderungen angepasst oder gekündigt werden. Dadurch können bei sich schnell verändernden Mietpreisen Verzerrungen entstehen.

[276] Das Signifikanzniveau für die Variable liegt bei rd. 87%.

[277] Das Signifikanzniveau für die Variable liegt bei rd. 85%.

[278] *T*-Werte nach White in Klammern. Die Signifikanzwerte auf dem 99%-, 95%- bzw. 90%-Konfidenzniveau sind durch *, ** bzw. *** gekennzeichnet.

tränke erklären. In unserem Modell wurde die Abweichung vom mittleren Kaffe- und Bierpreis berücksichtigt. Allerdings bedeutet die negative Korrelation offenbar, dass Mieten dort höher sind, wo die Getränkepreise niedriger sind.[279] Möglicherweise ist das dadurch zu erklären, dass in weniger verdichteten Bürorandlagen die Gastronomen durch höhere Preise den im Vergleich zu zentraleren Lagen geringeren (Güter-)Umschlag kompensieren. Dass in Randlagen tendenziell höhere Preise für Bier und Kaffee auftreten, wurde in der Erhebung ermittelt.

Die Bedeutung der Nachbarschaft von Gewerbebetrieben wurde bereits an anderer Stelle diskutiert und wird in diesem Modell noch einmal bestätigt. Das Vorhandensein eines Gewerbebetriebes in direkter Nachbarschaft wird hier mit einem Abschlag von knapp 2,– DM/m^2 gewichtet.

Die Bedeutung der Anhäufung von großen Büroflächen und deren positiver Einfluss auf die Miete wurde bereits in den Modellrechnungen unter Kapitel 5.4.1.2 erläutert. In diesem Cluster stellen wir nun eine negative Korrelation der Bürodichte auf den Mietpreis fest. Das ist in dem vorliegenden Fall nur durch die Gruppenbildung zu erklären. Gegenüber dem positiven Einfluss von bis zu 4,– DM/m^2 in der Schätzung der gesamten Stichprobe fällt zwar der negative Wert nur gering unter 0, kann aber in dieser Form durch die Clusterung erklärt werden. Die Signifikanzwerte in der Tabelle weisen bereits darauf hin, dass die Aussagefähigkeit der hier verwendeten Variablen eventuell eingeschränkt sein kann.

Der Erklärungsgehalt von rd. 79 % ist dennoch der höchste Wert, der in der vorliegenden Untersuchung ermittelt wurde. Dennoch kann daraus keine Empfehlung für die praktische Anwendung abgeleitet werden, da dieses vierte Cluster vergleichbar einer Negativselektion aus dem dritten Cluster (Speckgürtel-Cluster) entstanden ist. Diese Objektgruppe zeichnet sich also außer durch das insgesamt höhere Alter dadurch aus, dass sie möglichst viele Merkmale nicht mit dem dritten Cluster teilt. Auf die Formulierung der Schätzgleichung wird daher mit dem Hinweis verzichtet, dass diese Teilstichprobe dafür offensichtlich nicht geeignet ist.

Als einziges Cluster fließen hier mit den Kenngrößen Alter und Marienplatz zwei Variablen in die Untersuchung ein, die bereits bei der Clusterbildung herangezogen wurden. Da die Clusterung nach dem Ward-Verfahren zum Ziel hat, mit jedem zusätzlichen Objekt die Heterogenität möglichst nur minimal zu erhöhen, ist auch innerhalb dieses 80er-Jahre-Clusters die Altersstruktur sowie die Entfernung zum Zentrum (Marienplatz) homogener

---

[279] Da sowohl die erhobenen Kaffee- als auch Bierpreise nur gering um ihren Mittelwert streuen, sollte diesem Zusammenhang allerdings nicht zu viel Gewicht beigemessen werden.

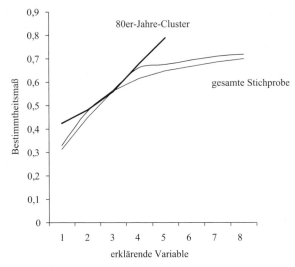

Quelle: Eigene Darstellung

Abbildung 5.14: Variable im Vergleich zum Erklärungsgehalt

als die anderen Eigenschaften, nach denen nicht im Rahmen der Clusteranalyse untersucht wurde. Daher deutet die Differenzierung der Objekte nach genau diesen Parametern auf mangelnde alternative Variable mit entsprechendem Informationsgehalt hin. Da das 80er-Jahre-Cluster jedoch eine größere Heterogenität als das Speckgürtel-Cluster aufweist, ermöglicht das den eingesetzten Variablen einen höheren Erklärungsgrad als in Cluster 3.

5.4.3 Zusammenfassung Regressionsanalyse

Die Regressionsanalyse ist ein gutes Instrument bei dem Versuch, den Mietpreis in seine Charaktereigenschaften zu zerlegen. Entscheiden für die Qualität der Schätzung ist die Erhebung der richtigen effizienten Merkmalsträger sowie die Formulierung der Stichprobe. Wer eine allgemeingültige Schätzformel erwartet, wird enttäuscht sein. Das hat auch der Versuch ergeben, Teilbereiche der Stichprobe als Cluster zu regressieren. Die beiden lagedominierten Flughafen- und City-Cluster haben im Vergleich zu den beiden anderen Clustern bestätigt, dass nur unter bestimmten Voraussetzungen eine sinnvolle Aussage aufgrund der Schätzergebnisse möglich ist. Die Rechenergebnisse allein genügen nicht, um nutzbare Gleichungen zu erhalten. Unter bestimmten Umständen kann es jedoch durchaus sinnvoll sein, nicht mit einer vergleichbar umfassenden Stichprobe, die die Region einer Groß-stadt umfasst, zu arbeiten, sondern diese auf einen Teilbereich zu reduzie-ren. Hier konnte an der Untersuchung des Flughafen-Clusters verdeutlicht werden, dass für die Beurteilung von Objekten innerhalb der engen räumlichen Region dieses Clusters mit wenigen Merkmalsträgern sehr effiziente Ergebnisse erzielbar sind. Allerdings wurde dabei auch deutlich, dass die Gefahr der Fehlinterpretation groß und die Erhebung geeigneter Variablen individuell ausgewählt werden muss.

Die stabilsten Ergebnisse wurden erwartungsgemäß mit der gesamten Stichprobe erzielt. Stabil bezieht sich dabei vor allem auch auf die Auswahl und den Austausch der verfügbaren erklärenden Variablen. Die Datenerhe-bung ermöglicht vielfältige Kombinationen erklärender Variablen in der Gesamtstichprobe, ohne dass der Erklärungsgehalt stark zurück ging. Das bedeutet für die praktische Anwendung, dass hinsichtlich der Variablenaus-wahl durchaus ein gewisser Gestaltungsspielraum besteht. Solange jedoch nicht die Möglichkeit der Vergleichbarkeit mit anderen Variablenkombina-tionen besteht, wie das in der vorliegenden Untersuchung der Fall ist, be-steht immer die Gefahr, aufgrund von „omitted Variables" Schätzfehler zu produzieren.

Die Anwendung dieses Verfahrens ersetzt also nicht die Markt- und Sach-kenntnis der zu Untersuchenden Grundgesamtheit. Vielmehr ist sie wichtige Voraussetzung bei der Abgrenzung der richtigen Stichprobe und der Aus-wahl der zu erhebenden erklärenden Variablen.

6 Zusammenfassung

Bei den Bestimmungsgründen des Mietzinses wird in der vorhandenen Literatur stets die herausragende Bedeutung der Lage der Objekte hervorgehoben. Dass neben dieser zweifelsfrei zentralen Einflussgröße eine Vielzahl weiterer Bestimmungsfaktoren für die Höhe der Miete von immanenter Bedeutung sind, konnte kaum in entsprechenden Untersuchungen gewürdigt werden.[280] Damit greift die vorliegende Arbeit die Anregung von Haupt (2002) auf, der eine weitergehende Untersuchung auf einer breiteren Datenbasis empfiehlt. Die Problemstellung geht davon aus, dass die Einflussfaktoren, die neben den Lagemerkmalen von Bedeutung sind, auf einem eng abgegrenzten lokalen Immobilienmarkt identifiziert werden können. Im ersten Teil der Arbeit werden daher Marktmechanismen, Besonderheiten und regionale Unterschiede herausgearbeitet, die die Heterogenität der Immobilienmärkte beschreiben. Die Identifikation eines Immobilienmarktes als Teilmarkt und seine Abgrenzung gegenüber anderen Immobilien(teil)märkten ist demnach Voraussetzung, um empirische Aussagen in Bezug auf entsprechende Einflussfaktoren zu gewinnen.

Diese können dann in der praktischen Anwendung eines hedonischen Modells näherungsweise eingesetzt werden. Der Münchner Büromarkt eignet sich für eine derartige Untersuchung aus zwei Gründen im Vergleich mit anderen deutschen Großstädten im besonderen Maße. Zum einen zeichnet er sich durch ein klar formuliertes Zentrum ohne auffällige Einflüsse von Subzentren aus, zum anderen ist die Nachfragerstruktur relativ heterogen.[281]

Es zeigt sich, dass die umfangreichen erhobenen Primärdaten einen hohen empirischen Erklärungsgehalt aufweisen. So bestätigt sich auch im vorliegenden Aufsatz die von Clapp (1980) ermittelte höchste Gewichtung des Faktors „Entfernung zum Zentrum". Die Bedeutung zentraler Lage wurde durch die Signifikanz der „Dummyvariable" Altstadt bestätigt.

Ergänzend zu den bisher vorliegenden Arbeiten wurde gezeigt, dass die Einflüsse außerhalb der Lageparameter teilweise sehr differenziert darstell-

---

[280] Vgl. auch Kapitel 4.6 „Bisherige Untersuchungen von Büromieten".

[281] Der Einfluss neuerer Technologien und Branchen auf den lokalen Münchner Markt gegenüber anderen Städten wird ausführlich in Kapitel: 3.3.3 „Der deutsche Büroimmobilienmarkt" diskutiert.

bar sind.[282] Allerdings wurde deutlich, dass eine einheitliche Schätzgleichung für verschiedene Lagen oder sogar Städte nicht ohne weiteres möglich ist. Die unterschiedliche Gewichtung von technischen aber auch lagespezifischen Einflussgrößen in Abhängigkeit der Region wurde durch die Clusteranalyse deutlich. So wurde z. B. innerhalb der Flughafenregion auf Grund von marktspezifischen Gegebenheiten ein sehr homogener Ausstattungsstandard und eine geringe Mietpreisdifferenzierung festgestellt. Unabhängig davon nimmt der Mietpreis konzentrisch von der Altstadt nach außen gehend ab.[283]

Hinsichtlich der Effizienzkriterien kann eine vom Zentrum ausgehende gleichförmige Zunahme dieser Gewichtung für den Nutzer attestiert werden. Das wurde anhand der veränderten Akzeptanz für unterschiedliche Gebäudetiefen deutlich, obgleich die Abweichungen teilweise nur gering waren. Im Zusammenhang mit Effizienzmerkmalen gilt offenbar für Unternehmen, die sich eher im Zentrum bewegen, eine veränderte Präferenzstruktur. So treten innerhalb der Altstadt für den Nutzer wirtschaftliche Gesichtspunkte gegenüber peripheren Lagen stärker in den Hintergrund.[284]

Die bisherigen Erkenntnisse der Untersuchungen auf den vornehmlich US-amerikanischen Märkten[285] in Bezug auf die Bedeutung von Lagekriterien von Büroflächen (face-to-face) wurde deutlich bestätigt.

In den vergangenen Jahren hat sich die Technologie gerade in den Bereichen Kommunikation rasant entwickelt. Die Möglichkeit von Videokonferenz, Mail, Intranet, etc. zu immer geringeren Kosten ließen gelegentlich Stimmen laut werden, die die Auffassung vertraten, die Entfernung zu Kunden, Kollegen, Zulieferunternehmen oder Wettbewerbern rücke zunehmend in den Hintergrund. Obwohl die vorliegende Untersuchung keine Zeitreihe untersucht, sondern als Querschnitt eine Momentaufnahme darstellt, kann doch auch festgestellt werden, dass die Nähe zu eben diesen Marktbeteiligten von großer Bedeutung ist. Das wurde auch bereits in den Untersuchungen von Svitanidou (1995) und Bollinger et al. deutlich. Die Konzentration in zentrale Lagen, die nicht vermehrbar sind, ließ in der Vergangenheit die Mieten bei konjunkturellen Schwankungen weniger stark variieren, als in Randlagen. Dennoch hat sich auch gezeigt, dass ab einer gewissen Konzentration an Bürofläche Standorte mit eigenständiger Entwicklung als Substandorte entwickelbar sind. Hinsichtlich der Größe solcher Büroflächencluster, die sich von dem Einfluss „Lage" weitestgehend abkoppeln können,

---

[282] Das geht Konform mit den Ergebnissen von Wheaton (1984), der auch signifikante Zusammenhänge einiger „Nicht-Lageparameter" mit dem Mietpreis nachwies.

[283] Vgl. Kapitel: 5.4.2.2, Absatz: „Speckgürtel-Cluster".

[284] Vgl. Kapitel: 5.4.2.3, Absatz: „City-Cluster".

[285] Vgl. Kapitel: 4.5, „Bisherige Untersuchungen von Büromieten".

lässt sich noch keine eindeutige Aussage treffen. Die Einordnung in der vorliegenden Untersuchung[286] lässt aber ein konzentriertes zusammenhängendes Flächenvolumen von über 100.000 m^2 erwarten.

Im Vergleich zu den früheren Untersuchungen fällt auf, dass der Einfluss des Gebäudealters auf den Mietpreis selten näher untersucht wurde[287]. Die vorliegende Arbeit deutet jedoch an, dass das Alter außerhalb der sehr zentralen Lage zu einer spürbaren Einflussgröße wird und bestätigt damit auch die Ergebnisse von Slade (2000).[288] Hier könnte sicherlich eine Untersuchung mit entsprechendem Schwerpunkt interessante Informationen liefern und möglicherweise neue Erkenntnisse für die Wertermittlungspraxis schaffen. In der praktischen Anwendung dürfte es jedoch noch einige Zeit dauern, bis über Datenbanken entsprechend umfangreiche Informationen verfügbar gemacht werden können. Mit Blick auf die Geschwindigkeit in Bezug auf die Professionalisierung der Immobilienbranche gerade auch durch global agierende Unternehmen werden künftig die Voraussetzungen sicherlich verbessert, solche Modelle auch für die praktische Anwendung ökonomisch sinnvoll nutzbar zu machen.

Allerdings bleiben selbst bei einem Erklärungsgehalt von bis zu 80% noch Unsicherheiten, die im Einzelfall der Objekte bei der Beurteilung die Erfahrung von (lokalen) Fachleute erfordern.

---

[286] Die Büroflächenkonzentration der vorliegenden Untersuchung wurde in Standorte bis 50.000 m^2, über 50.000 m^2 und über 100.000 m^2 unterteilt.

[287] Außer der Untersuchungen von Slade (2000) und auch Dunse und Jones (2002) wurden kaum auffälligen Untersuchungen durchgeführt. Aussagefähige Zeitreihenuntersuchungen, die über das Maß der sechsjährigen Untersuchung von Slade hinausgehen, lagen nicht vor.

[288] Innerhalb der Altstadt konnte kein signifikanter negativer Einfluss des Alters auf den Mietpreis ermittelt werden.

7 Anwendungsmöglichkeiten und Risiken des Modells

Richtig angewendet, können mit dem Verfahren hedonischer Mietpreise jedoch eine Vielzahl von Untersuchungen für Einzelobjekte durchgeführt werden. So könnte die Auswahl der Ausstattung von Gebäuden hinsichtlich ihrer ökonomischen Effizienz überprüft werden. Für Investoren lässt sich somit eine Kostenmatrix auf Basis hedonischer Preise erstellen, die ihm ermöglicht, die Rentabilität einzelner Ausstattungselemente zu überprüfen. Voraussetzung dafür und gleichzeitig auch Einschränkung für die praktische Anwendung ist der Ausschluss von fehlenden (omitted) Variablen, da ansonsten die Schätzergebnisse und damit die hedonischen Preise verzerrt ermittelt würden.

Um im Falle von öffentlichen Beschränkungen bei der Ausgestaltung von Gebäuden die dadurch entstehenden Mindereinnahmen durch ein zuverlässiges Verfahren zu quantifizieren, würde sich ebenfalls die hedonische Mietpreisermittlung anbieten. Das könnte bei Denkmalschutzauflagen oder umweltbedingten Einschränkungen der Gebäudegestaltung der Fall sein. So könnten auf Basis entsprechender repräsentativer Stichproben diese Restriktion in Form konkreter Mietpreisminderungen quantifiziert werden.

Nicht zuletzt ermöglicht die Erweiterung der Datensätze mit zusätzlichen möglichen technischen Einflussfaktoren die Überprüfung des Einflusses von Lagemerkmalen, da auch bei diesen Faktoren aufgrund unvollkommener Information stets die Gefahr von fehlenden Variablen zu verzerrten Schätzergebnissen führen kann. Voraussetzung auch dafür ist jedoch eine geeignete Abgrenzung des zu untersuchenden Marktsegments, um möglichst repräsentative Ergebnisse für die gesamte Untersuchungsregion zu gewinnen.

Anhang

Näherungsmatrix

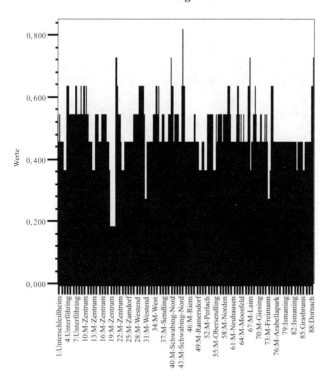

Anmerkungen

Eingabe	Filter	<keine>
	Gewichtung	<keine>
	Aufgeteilte Datei	<keine>
	Anzahl der Zeilen in der Arbeitsdatei	234
Behandlung fehlender Werte	Definition von Fehlend	Benutzerdefinierte fehlende Werte werden als fehlende Werte behandelt.
	Verwendete Fälle	Die Statistiken basieren auf Fällen ohne fehlende Werte für die verwendeten Variablen.
Syntax		PROXIMITIES doppelbo sonnensc klima kühldeck fensterb beleucht küche dterasse casino abgehäng gewerbe /ID=stadttei /VIEW=CASE /MEASURE= RR (1,0).

Abbildung A1: Ähnlichkeitsmaß nach Russel und Roa

Näherungsmatrix

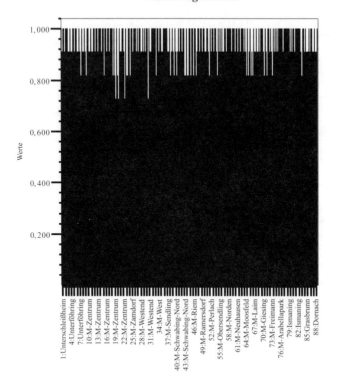

Anmerkungen

Eingabe	Filter	<keine>
	Gewichtung	<keine>
	Aufgeteilte Datei	<keine>
	Anzahl der Zeilen in der Arbeitsdatei	234
Behandlung fehlender Werte	Definition von Fehlend	Benutzerdefinierte fehlende Werte werden als fehlende Werte behandelt.
	Verwendete Fälle	Die Statistiken basieren auf Fällen ohne fehlende Werte für die verwendeten Variablen.
Syntax		PROXIMITIES doppelbo sonnensc klima kühldeck fensterb beleucht küche dterasse casino abgehäng gewerbe /ID=stadttei /VIEW=CASE/ MEASURE= SM (1,0).

Abbildung A2: Ähnlichkeitsmaß nach Simple Matching

Näherungsmatrix

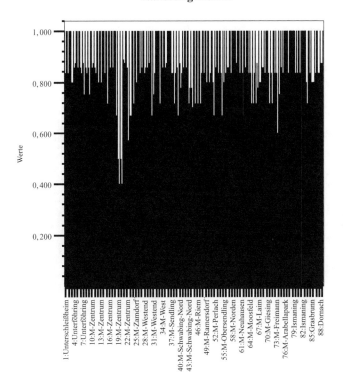

Anmerkungen

Eingabe	Filter	<keine>
	Gewichtung	<keine>
	Aufgeteilte Datei	<keine>
	Anzahl der Zeilen in der Arbeitsdatei	234
Behandlung fehlender Werte	Definition von Fehlend	Benutzerdefinierte fehlende Werte werden als fehlende Werte behandelt.
	Verwendete Fälle	Die Statistiken basieren auf Fällen ohne fehlende Werte für die verwendeten Variablen.
Syntax		PROXIMITIES doppelbo sonnensc klima kühldeck fensterb beleucht küche dterasse casino abgehäng gewerbe /ID=stadttei /VIEW=CASE/ MEASURE= JACCARD (1,0).

Abbildung A3: Ähnlichkeitsmaß nach Tanimoto (Jaccard)

Näherungsmatrix

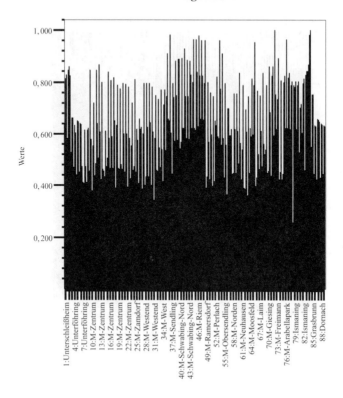

Anmerkungen

Eingabe	Filter	\<keine\>
	Gewichtung	\<keine\>
	Aufgeteilte Datei	\<keine\>
	Anzahl der Zeilen in der Arbeitsdatei	234
Behandlung fehlender Werte	Definition von Fehlend	Benutzerdefinierte fehlende Werte werden als fehlende Werte behandelt.
	Verwendete Fälle	Die Statistiken basieren auf Fällen ohne fehlende Werte für die verwendeten Variablen.
Syntax		PROXIMITIES kmcity kmflughf kmluftli sbahn ubahn /ID=stadttei /VIEW=CASE /MEASURE= RESCALE MINKOWSKI(1) /STANDARDIZE=NONE.

Abbildung A4: neu skalierter Abstand nach Minkowski

Näherungsmatrix

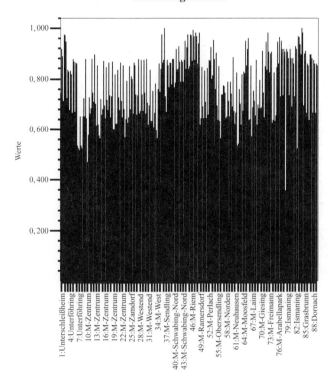

Anmerkungen

Eingabe	Filter	<keine>
	Gewichtung	<keine>
	Aufgeteilte Datei	<keine>
	Anzahl der Zeilen in der Arbeitsdatei	234
Behandlung fehlender Werte	Definition von Fehlend	Benutzerdefinierte fehlende Werte werden als fehlende Werte behandelt.
	Verwendete Fälle	Die Statistiken basieren auf Fällen ohne fehlende Werte für die verwendeten Variablen.
Syntax		PROXIMITIES kmcity kmflughf kmluftli sbahn ubahn /ID=stadttei /VIEW=CASE /MEASURE= RESCALE MINKOWSKI(2) /STANDARDIZE=NONE.

Abbildung A5: neu skalierter Abstand nach Minkowski ($m = 2$)

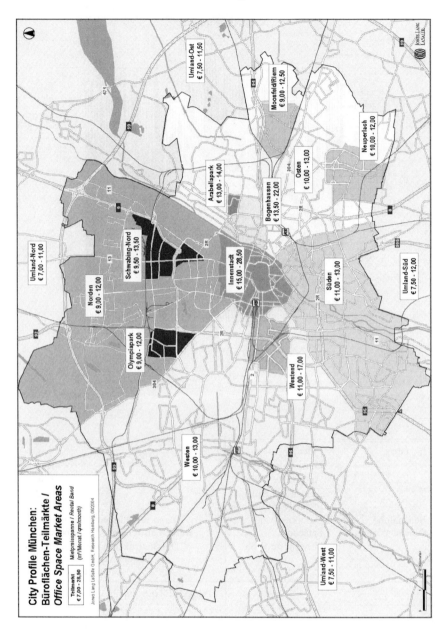

Abbildung A6: Büroteilmärkte München

Tabelle A1: **4-Cluster-Aufteilung mit Ausreißer**

Fall	4 Cluster	bauj	km_city	größe	miete_dm	mitltief
1	1	1983	20,2	6830	25	12,9
17	1	1992	19,3	3691	27	12,9
18	1	1990	19,3	2641	27	14
21	1	1990	21,6	2883	25	13,8
27	1	1986	12	12000	28,5	14,8
33	1	1994	19,3	3000	25	13
62	1	1991	14,2	11538	26	12,9
75	1	1992	20,3	8900	28	17
83	1	1996	19,4	31090	25	14,2
89	1	2001	37	34900	23,5	13,5
2	2	1999	8,2	9000	29	14,5
3	2	2004	9,3	38000	26	14,5
5	2	2002	5	31700	31	18
8	2	2001	5,8	28429	27,5	15
10	2	1999	5,7	16000	30	14,5
12	2	2002	10,3	19857	27,5	14,5
13	2	2002	10,3	6500	27	12,8
14	2	2004	10,9	27899	26	14
16	2	2002	8	52000	30	14,5
19	2	2000	7,9	9000	33	14,5
20	2	2003	6,6	35500	38	15
22	2	2003	10	27340	29	15,5
25	2	2003	9,5	27000	32	14,8
26	2	2002	9,5	18300	32	14,5
28	2	2002	19,3	27000	26	13,8
29	2	2002	3,4	9557	28	14

(Fortsetzung S. 188)

Tabelle A1 (Forts.)

Fall	4 Cluster	bauj	km_city	größe	miete_dm	mitltief
31	2	2001	5	14000	35	14,5
36	2	2001	3,6	10000	35	18
39	2	2002	10	5000	29	15
40	2	2002	10	41700	29	16
43	2	2003	9,1	16698	25	14,5
44	2	2000	6,4	10730	32	14,5
45	2	2000	9,9	12000	33	15
46	2	2002	9,9	33000	34,5	15
50	2	2000	5,5	30000	30	15
51	2	2001	7,2	21383	33	14,8
52	2	2000	5,1	10000	37	12,9
54	2	2000	6	10000	33	14,5
55	2	2004	8,6	37600	28,5	15
57	2	2000	8,8	15000	29	14,5
63	2	2002	10,7	20103	22	14,5
66	2	2003	10,1	77600	40	14,5
67	2	2002	19,5	3855	28	12
68	2	2002	6,6	10572	35	15
70	2	2004	6,7	50000	35	15
78	2	2002	4,6	10030	30	15
81	2	2004	6,9	13684	25	15
82	2	1999	6,8	9940	28	14,5
85	2	2004	12,2	14790	33	14,4
86	2	2003	12,2	17040	34	15
4	3	2003	3	12500	52	16
6	3	1989	3,5	20000	42	14,5
7	3	2002	3,2	39500	45	18

Fall	4 Cluster	bauj	km_city	größe	miete_dm	mitltief
11	3	2001	2,4	9000	39	16
23	3	1990	6	10000	42	14
24	3	2004	5,7	75000	45	14,5
32	3	2004	6,4	83000	42	19
34	3	2003	4,6	11000	40	15,5
35	3	2003	4,6	9187	42	16,5
38	3	2001	0,4	30000	50	15
41	3	2003	0,9	11640	57,5	14,5
42	3	2002	3,5	20000	42	15
49	3	2003	5	20000	60	15
58	3	1995	0,9	800	60	17
59	3	1995	0,9	900	60	16
64	3	2003	3,9	15000	48	14,5
65	3	2003	3,9	6090	45	13,5
69	3	2000	1,8	4000	62	12,8
72	3	2000	2	20171	42	15,5
79	3	2002	4,3	40000	45	14,5
84	3	1999	2,7	2500	48	14,5
88	3	1985	1	9500	57,5	21
9	4	1987	3,1	52000	26	13,5
15	4	1987	4,9	12000	26	14
30	4	1989	7,9	15000	28,5	15,5
37	4	1989	6,8	18000	28	14
47	4	1992	5,9	10000	28,5	15
48	4	1989	4	2285	26,5	15,5
53	4	1990	5,6	15000	32	14,5

(Fortsetzung S. 190)

Tabelle A1 (Forts.)

Fall	4 Cluster	bauj	km_city	größe	miete_dm	mitltief
56	4	1990	2,2	3000	26	17,5
60	4	1993	6,2	65000	30	14
61	4	1992	8,7	19500	27	15,5
71	4	1989	7,3	25000	32	14,5
73	4	1986	7,1	20000	24	15
74	4	1987	6,2	25000	28	14,5
76	4	1991	7,3	6000	28,5	14,5
77	4	1980	7,3	8000	26	17,5
80	4	1986	7,5	11000	26	15
87	4	1980	6,3	2048	25	14,5

Quelle: Eigene Berechnungen

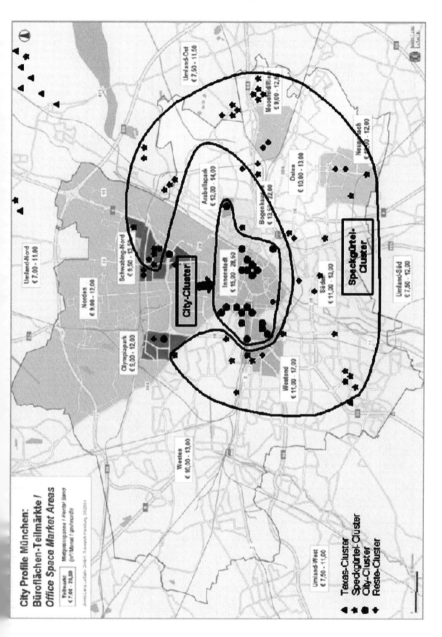

Abbildung A7: Objekt-Cluster

Tabelle A2: **Korrelationsmatrix der Variablen**

Variable (Nr.)	(1) Bürodichte	(2) Gewerbe	(3) Bier/Cafe	(4) Abw.Median	(5) Fassade	(6) Portal	(7) Stellplatzschlüssel	(8) Baujahr	(9) Entfernung Marienplatz	(10) Entfernung Flughafen	(11) Luftlinie City	(12) S-Bahn	(13) U-Bahn	(14) Größe
	1	2	3	4	5	6	7	8	9	10	11	12	13	1
1	*1,0*	–0,4	0,3	0,3	0,3	0,3	0,0	0,0	0,1	–0,2	0,1	–0,1	0,0	0,
2	–0,4	*1,0*	–0,4	–0,4	–0,1	–0,2	–0,2	0,0	0,2	0,0	0,2	0,1	0,2	0,
3	0,3	–0,4	*1,0*	*1,0*	0,0	0,1	0,2	–0,1	–0,3	0,2	–0,3	–0,3	–0,1	–0
4	0,3	–0,4	*1,0*	*1,0*	0,0	0,1	0,2	–0,1	–0,3	0,2	–0,3	–0,3	–0,1	–0
5	0,3	–0,1	0,0	0,0	*1,0*	0,1	0,0	–0,2	0,1	0,0	0,1	–0,2	0,1	0,
6	0,3	–0,2	0,1	0,1	0,1	*1,0*	–0,3	0,4	0,1	0,0	0,1	0,1	0,0	0,
7	0,0	–0,2	0,2	0,2	0,0	–0,3	*1,0*	0,0	–0,3	0,0	–0,3	–0,1	–0,2	–0
8	0,0	0,0	–0,1	–0,1	–0,2	0,4	0,0	*1,0*	–0,1	0,1	–0,1	0,1	–0,1	0
9	0,1	0,2	–0,3	–0,3	0,1	0,1	–0,3	–0,1	*1,0*	*–0,6*	*1,0*	0,0	*0,6*	0
10	–0,2	0,0	0,2	0,2	0,0	0,0	0,0	0,1	*–0,6*	*1,0*	*–0,6*	0,1	*–0,5*	0,
11	0,1	0,2	–0,3	–0,3	0,1	0,1	–0,3	–0,1	*1,0*	*–0,6*	*1,0*	0,0	*0,7*	0
12	–0,1	0,1	–0,3	–0,3	–0,2	0,1	–0,1	0,1	0,0	0,1	0,0	*1,0*	–0,3	0
13	0,0	0,2	–0,1	–0,1	0,1	0,0	–0,2	–0,1	*0,6*	*–0,5*	*0,7*	–0,3	*1,0*	–0
14	0,1	0,1	–0,1	–0,1	0,1	0,4	–0,2	0,3	0,0	0,1	0,1	0,3	–0,1	*1*
15	0,3	–0,4	0,4	0,4	0,0	0,1	*0,6*	0,3	*–0,5*	0,1	*–0,6*	–0,1	–0,4	0
16	0,3	–0,4	0,2	0,2	0,1	0,4	0,1	0,2	–0,3	0,1	–0,3	0,2	–0,3	0
17	0,3	–0,4	0,4	0,4	0,0	0,0	*0,6*	0,2	–0,5	0,1	*–0,5*	–0,1	–0,4	(
18	0,3	–0,4	0,2	0,2	0,1	0,4	0,1	0,2	–0,3	0,1	–0,3	0,2	–0,3	(
19	0,1	–0,1	–0,1	–0,1	–0,2	0,3	–0,2	*0,5*	0,0	0,2	0,0	0,2	–0,1	(
20	–0,1	0,0	0,0	0,0	0,0	0,1	–0,4	0,0	0,2	0,0	0,2	0,0	0,2	–
21	0,2	–0,1	0,0	0,0	0,1	0,2	0,0	0,1	–0,2	0,0	–0,2	0,1	–0,2	(
22	0,2	–0,3	0,2	0,2	0,0	0,3	0,0	0,4	–0,2	0,1	–0,2	0,2	–0,4	(
23	0,0	0,1	0,0	0,0	0,2	–0,3	0,2	*–0,5*	0,2	–0,3	0,2	–0,1	0,1	–
24	k.A.	k.A.	k.A.	k.A.	k.A.	k.A.	k.A.	k.A.	k.A.	k.A.	k.A.	k.A.	k.A.	k
25	0,1	–0,1	–0,1	–0,1	0,1	0,1	–0,3	–0,2	0,0	0,0	0,0	–0,1	0,1	–
26	0,0	–0,1	0,1	0,1	–0,1	0,0	0,1	0,3	–0,2	0,1	–0,3	0,0	–0,2	–
27	0,1	–0,1	0,0	0,0	0,2	0,3	–0,1	0,1	–0,1	0,1	–0,1	0,1	–0,1	
28	0,1	0,0	0,0	0,0	0,1	0,2	–0,4	0,0	0,1	0,0	0,1	0,2	0,0	
29	–0,1	0,0	0,2	0,2	–0,1	–0,1	0,2	0,0	–0,4	0,2	–0,4	0,0	–0,3	
30	0,0	0,0	0,2	0,2	–0,1	–0,1	0,2	0,0	–0,4	0,2	–0,4	0,0	–0,3	

fett kursiv > 0,8   fett kursiv 0,5–0,8

(16) NK DM	(17) Miete €	(18) NK €	(19) Doppelboden	(20) Sonnenschutz	(21) Klima	(22) Kühldecke	(23) Fensterbankkanal	(24) Beleuchtung	(25) Küche	(26) Terrasse	(27) Casino	(28) abgehängte Decke	(29) Gebäudetiefe	(30) mittlere Abweichung
16	17	18	19	20	21	22	23	24	25	26	27	28	29	30
0,3	0,3	0,3	0,1	−0,1	0,2	0,2	0,0	k.A.	0,1	0,0	0,1	0,1	−0,1	0,0
−0,4	−0,4	−0,4	−0,1	0,0	−0,1	−0,3	0,1	k.A.	−0,1	−0,1	−0,1	0,0	0,0	0,0
0,2	0,4	0,2	−0,1	0,0	0,0	0,2	0,0	k.A.	−0,1	0,1	0,0	0,0	0,2	0,2
0,2	0,4	0,2	−0,1	0,0	0,0	0,2	0,0	k.A.	−0,1	0,1	0,0	0,0	0,2	0,2
0,1	0,0	0,1	−0,2	0,0	0,1	0,0	0,2	k.A.	0,1	−0,1	0,2	0,1	−0,1	−0,1
0,4	0,0	0,4	0,3	0,1	0,2	0,3	−0,3	k.A.	0,1	0,0	0,3	0,2	−0,1	−0,1
0,1	*0,6*	0,1	−0,2	−0,4	0,0	0,0	0,2	k.A.	−0,3	0,1	−0,1	−0,4	0,2	0,2
0,2	0,2	0,2	*0,5*	0,0	0,1	0,4	*−0,5*	k.A.	−0,2	0,3	0,1	0,0	0,0	0,0
−0,3	−0,5	−0,3	0,0	0,2	−0,2	−0,2	0,2	k.A.	0,0	−0,2	−0,1	0,1	−0,4	−0,4
0,1	0,1	0,1	0,2	0,0	0,0	0,1	−0,3	k.A.	0,0	0,1	0,1	0,0	0,2	0,2
−0,3	*−0,5*	−0,3	0,0	0,2	−0,2	−0,2	0,2	k.A.	0,0	−0,3	−0,1	0,1	−0,4	−0,4
0,2	−0,1	0,2	0,2	0,0	0,1	0,2	−0,1	k.A.	−0,1	0,0	0,1	0,2	0,0	0,0
−0,3	−0,4	−0,3	−0,1	0,2	−0,2	−0,4	0,1	k.A.	0,1	−0,2	−0,1	0,0	−0,3	−0,3
0,3	0,0	0,3	0,3	−0,1	0,3	0,1	−0,2	k.A.	−0,1	−0,1	0,5	0,1	0,1	0,1
0,6	*0,9*	*0,6*	0,2	−0,3	0,3	0,4	−0,2	k.A.	−0,3	0,2	0,1	−0,2	0,3	0,3
1,0	*0,6*	*1,0*	0,3	−0,4	*0,6*	0,3	−0,2	k.A.	−0,1	0,0	0,4	0,1	0,2	0,2
0,6	*1,0*	*0,6*	0,2	−0,4	0,3	0,3	−0,2	k.A.	−0,3	0,2	0,1	−0,2	0,3	0,3
1,0	*0,6*	*1,0*	0,3	−0,4	*0,6*	0,3	−0,2	k.A.	−0,1	0,0	0,4	0,1	0,2	0,2
0,3	0,2	0,3	*1,0*	0,2	0,2	0,4	*−0,9*	k.A.	−0,1	0,2	0,2	0,1	0,0	0,0
−0,4	−0,4	−0,4	0,2	*1,0*	−0,4	0,2	−0,2	k.A.	0,2	0,2	−0,1	0,2	−0,2	−0,2
0,6	0,3	*0,6*	0,2	−0,4	*1,0*	−0,2	−0,2	k.A.	0,0	−0,1	0,2	0,1	0,1	0,1
0,3	0,3	0,3	0,4	0,2	−0,2	*1,0*	−0,3	k.A.	−0,3	0,3	0,2	0,1	0,0	0,0
−0,2	−0,2	−0,2	*−0,9*	−0,2	−0,2	−0,3	*1,0*	k.A.	0,1	−0,2	−0,1	−0,2	0,0	0,0
k.A.	k.A.	k.A.	k.A.	k.A.	k.A.	k.A.	k.A.	*1,0*	k.A.	k.A.	k.A.	k.A.	k.A.	k.A.
−0,1	−0,3	−0,1	−0,1	0,2	0,0	−0,3	0,1	k.A.	*1,0*	−0,1	0,1	0,2	−0,1	−0,1
0,0	0,2	0,0	0,2	0,2	−0,1	0,3	−0,2	k.A.	−0,1	*1,0*	0,1	0,0	0,0	−0,1
0,4	0,1	0,4	0,2	−0,1	0,2	0,2	−0,1	k.A.	0,1	0,1	*1,0*	0,1	0,0	0,0
0,1	−0,2	0,1	0,1	0,2	0,1	0,1	−0,2	k.A.	0,2	0,0	0,1	*1,0*	−0,1	−0,1
0,2	0,3	0,2	0,0	−0,2	0,1	0,0	0,0	k.A.	−0,1	0,0	0,0	−0,1	*1,0*	*1,0*
0,2	0,3	0,2	0,0	−0,2	0,1	0,0	0,0	k.A.	−0,1	−0,1	0,0	−0,1	*1,0*	*1,0*

13 Heyser

Literaturverzeichnis

Albers, Sönke/*Skiera,* Bernd (1999): „Marktforschung. Grundlagen-Methoden-Anwendungen", Herrmann, A./Homburg, C. (Hrsg.), S. 205–236, 1999

Alonso, William (1964): „Location and Land Use", Harvard University Press 1964, von Böventer 1967

Backhaus, Klaus/*Erichson,* Bernd/*Plinke,* Wulff/*Weiber,* Rolf (2003): „Multivariate Analyseverfahren", Springer Verlag, 10. Auflage, 2003

Beyerle, Thomas (2001): „Der deutsche Immobilienmarkt", in: Handbuch Immobilienwirtschaft, Gondring 2001, Gabler Verlag

Bergs, S. (1981): „Optimalität bei Clusteranalysen. Experimente zur Bewertung numerischer Klassifikationsverfahren", Dissertation, Universität Münster 1981

Bökemann, Dieter/*Feilmayr,* Wolfgang (2000): „Bewertung von Immobilieneigenschaften mit hedonischen Preisen", Forschungsbericht des Institut für Verkehrsplanung und Verkehrstechnik der TU Wien, 22.02.2000

Bollinger, Christoph R./*Ihlanfeld,* Keith R./*Bowes,* David R. (1998): „Spatial Variation in Office Rents within the Atlanta Region", Urban Studies, Vol. 35, No. 7, S. 1097–1118

Brade, Kerstin (1998): „Strategischer Marketing-Planungsprozeß für Büroimmobilien", Anwendung der Kausalanalyse zur Erforschung des Mietverhaltens, Rudolf Müller Verlag, Diss., 1998

Bradford/Goetzmann/Rouwenhorst (1999): „Global Real Estate Markets-Cycles and Fundamentals", unter NBER Working Paper No. W7566, February 2000

Brauer, Kerry-U. (2001): „Grundlagen der Immobilienwirtschaft", Gabler Verlag, 3. Auflage, 2001

Brunner, Marlies (1997): „Immobilien Investment", Gabler Verlag, 2. Auflage, 1997

Bühl, Achim/*Zöfel,* Peter (2002): „SPSS 11: Einführung in die moderne Datenanalyse unter Windows", Pearson Studium (Hrsg.), 8. Auflage, 2002

Cannaday, Roger E./*Kang,* Han B. (1984): „Estimation of Market Rent for Office Space", Real Estate Appraiser and Analyst, Volume 50, No. 2, S. 67–72, (Summer 1984)

Champness, Peter (1997): „Approved European Property Valuation Standards", The Estates Gazette, London, 1997, Commissioned by TEGoVA, (blue book)

Clapp, John M. (1980): „The intrametropolitan location of office activities", Journal of Regional Science, 20, S. 387–399, August 1980

Colliers Real Estate Consultants (2003): „Sale and Lease-back", http://www.col liers.com/Markets/Norway/Services/ServiceGroups/SaleLeaseback, 04.12.2004

Colwell, Peter F./*Dilmore,* Gene (2000): „Who Was First? An Examination of an Early Hedonic Study", Land Economics, (75) 4, S. 620–626, 1999

Davis, W. E. (1912): „Technical Information for Real Estate Experts", In Diary and Manual of the Real Estate Board of New York 54: 156–61

Deutsche Bank Research (Hrsg.): „agenda4", http://www.agenda4-online.de/archiv/ archiv.html, Ausdruck vom 22.05.2004

DiPasquale, Denise/*Wheaton,* William C. (1996): „Urban Economics and Real Estate Markets", Prentice-Hall, Inc. 1996

Dopfer, Thomas (2000): „Der westdeutsche Wohnungsmarkt in einem dynamisierten Teilmarktmodell: Theorie und empirische Überprüfung 1971–1997", Verlag Vahlen, 2000

Dröge, Ferdinand (1997): „Handbuch der Mietpreisbewertung für Wohn- und Gewerberaum", Verlag Luchterhand, 1997

Dunse, Neil/*Jones,* Colin (2002): „The existence of office submarkets in cities", Journal of Property Research, 2002, 19(2), S. 159–182, University of Aberdeen

Francke, Hans-Hermann (2001): „Anmerkungen zu einigen grundsätzlichen Problemen der Immobilienwirtschaft", in: Immobilienwirtschaft, Kippes, Stefan (Hrsg.), 2001

– (2003): „Der Markt wird die Leistung von Grundstücksbewertern verstärkt nachfragen", Allgemeine Immobilien-Zeitung 12/2003, S. 22

– (2004): „Risikovorsorge in alternativen volkswirtschaftlichen Finanzierungssystemen – das deutsche Dilemma", Perspektiven der Märkte für Finanzdienstleistung, S. 130 ff, 2004, Festschrift zum 60. Geb. von Prof. Dr. Simmert

Francke, Hans-Hermann/*Nitsch,* Harald (2003): „Tobins *q* und Immobilieninvestitionen", in: Volkswirtschaftliche Schriften, Heft 540, „Geld- und Wirtschaftspolitik in gesellschaftlicher Verantwortung", Hofer, Markus B./Kotz, Hans-Helmut/ Simmert, Diethard B. (Hrsg.)

Freitag, Andreas (2003): „Discounted Cashflows and Real Options: Diskussion der risk-free/-adjusted Interest Rate", Seminar: Investitionsrechnung in der IT insbesonder Real Options, Wirtschaftsuniversität Wien, WS 2002/2003, http:// wwwai.wu-wien.ac.at/~koch/lehre/inf-sem-ws-02/freitag

Gelbtuch, Howard C./*Mackmin,* David/*Milgrim,* Michael R. (1997): „Real Estate Valuation in Global Markets", Appraisal Institute, Chicago, 1997

Glascock, John L./*Jahanian,* Shirin/*Sirman,* C. F. (1990): „An analysis of office market rents: some empirical evidence", Journal of American Real Estate and Urban Economics Association, 18, S. 105–119, 1990

Gondring, Hanspeter (2001): „Handbuch Immobilienwirtschaft", Gabler Verlag, 1. Auflage, 2001

– (2004): „Immobilienwirtschaft", Verlag Vahlen, 2004

Grenadier, Steven R. (1995): „The Persistence of Real Estate Cycles", Journal of Real Estate Finance and Economics, 1995

Grilliches, Zvi (1961): „Hedonic Prices for Automobiles: An Econometric Analysis of Quality Change", in: The Price Statistics of the Federal Government, General Series No. 73, 1961

Haupt, Harald (2002): „Die Charakteristika des hedonischen Gutes Wohnung", Peter Lang GmbH, Europäischer Verlag der Wissenschaften, 2002

Hauser, Siegfried (1981): „Statistische Verfahren zur Datenbeschaffung und Datenanalyse: Daten u. Informationen, Datenbeschaffung, statistische Testverfahren, statistische Messungen von Zusammenhängen, Varianzanalyse, statistische Massen im Zeitablauf", Rombach-Hochschul-Paperback, 1981

Hauser, Siegfried/*Kammerer,* Klaus/*Lüdeke,* Dietrich (1995): „Methodische und quantitative Grundlagen der Volks- und Betriebswirtschaftslehre", VWA Kompendium, Band II, Rombach Verlag, 1995

Hekman, John S. (1985): „Rental Price Adjustment and Investment in the Office Market", Journal of the American Real Estate and Urban Economics Association, AREUEA Journal, Vol. 13, No. 1, 1985, S. 32–47

Henrichsmeyer, Wilhelm/*Gans,* Oskar/*Evers,* Ingo (1991): „Einführung in die Volkswirtschaftslehre", Verlag Eugen Ulmer, Stuttgart, 1991

Heyser, Hartwig (2004): „Die (un)endliche Rente", Immobilienbrief Nr. 59, 01.04. 2004

Immobilien Zeitung: „Wohnungsfinanzierung macht Löwenanteil in der Verschuldung der Bundesbürger" aus: IZ aktuell per E.Mail vom 21.07.2004

JLL (Hrsg.) (2002): Take Up München, 2002, JLL-Database ARGO, http://www. research.joneslanglasalle.com/Default.asp?CountryID=4&LanguageID=1

– (2004): „City Profile Munich", Q1 und Q2/2004, http://www.research.joneslang lasalle.com/Default.asp?CountryID=4&LanguageID=1

– (2004): „City Profile Hamburg", Q1 und Q2/2004, http://www.research.jones langlasalle.com/Default.asp?CountryID=4&LanguageID=1

– (2004): „City Profile Berlin", Q1 und Q2/2004, http://www.research.joneslang lasalle.com/Default.asp?CountryID=4&LanguageID=1

– (2004): „City Profile Düsseldorf", Q1 und Q2/2004, http://www.research.jones langlasalle.com/Default.asp?CountryID=4&LanguageID=1

– (2004): „City Profile Frankfurt", Q1 und Q2/2004, http://www.research.jones langlasalle.com/Default.asp?CountryID=4&LanguageID=1

– (2004): „Office Service Charge Analysis Report", (OSCAR), 2004, http://www. research.joneslanglasalle.com/Default.asp?CountryID=4&LanguageID=1

– (2004): „Property Management Benchmark: Office Space per Employee Indicator", 2004, http://www.research.joneslanglasalle.com/Default.asp?CountryID=4& LanguageID=1

Kaiser, H. F./*Rice,* J. (1974): „Little Jiffy Mark IV", Educational and Psychological Measurement, 34 (Spring), (1974) 111–117

Kaufmann, Christian-Andreas (2003): „Entwicklung und Umsetzung von Strategien für das Management betrieblich genutzter Immobilien", Eidgenössische technische Hochschule Zürich, Diss. Nr. 14989, 2003

Kemper, Gerhard K. (2000): „Kemper's Frequenzanalyse 2000/2001", Kemper's Verlag

Kerschbaumer, Irmgard (2003): „Das CAPM als Risikomaß in der Praxis", Fachhochschule Wien, http://www.fachhochschule.at/FH/DA.nsf/0/7dec7368bc0dc 5aac1256d27004b8d86

Kleiber, Wolfgang (2003): „WertR 02", Sammlung amtlicher Texte zur Ermittlung des Verkehrswertes von Grundstücken mit Normalherstellungskosten-NHK 2000, Bundesanzeiger Verlag, 8. Auflage, 2003

Kleiber, Wolfgang/*Simon,* Jürgen/*Weyers,* Gustav (1998): „Verkehrswertermittlung von Grundstücken", Bundesanzeiger Verlag, 3. Auflage, 1998

– (2002): „Verkehrswertermittlung von Grundstücken", Bundesanzeiger Verlag, 4. Auflage, 2002

Kleinmann, S.G./*Payne,* C./*Sahu,* K. (2002): „Random Walks and Market Efficiency: Evidence from International Real Estate Markets", Journal of Real Estate Research, Vol. 24, No. 3, 2002, S. 279–297

KoBa (2004): Kofod-Jensen & Bach-Nielsen, „Property Market Report 2004", http://www.koba.lt/pdf/Property%20Market%20Report_2004.pdf

Lammer, Veronica (2001): „Bewertung von Corporate Bonds", http://treasury.erste bank.com/display_datei1/0,7047,380_Euro-05-2001-Bewertung-Corp,00.pdf, Erste Bank Group Treasury, Wien, Juni 2001

Markowitz, Harry M. (1952): „Portfolio Selection", Journal of Finance, 7 (1), 77–91

McDonald, John F. (1993): „Incidence of the Property Tax on Commercial Real Estate: The Case of Downtown Chicago", National Tax Journal, 46 (2), S. 109–120, June 1993

Mills, Edwin S. (1992): „Office rent determination in Chicago Metropolitan area", Journal of the American Real Estate and Urban Economics Association, Vol. 20, No. 2, S. 273–287, Summer 1992

Mueller, Glenn R./*Anderson,* Randy I. (2002): „The Growth and Performance of International Public Real Estate Markets", Real Estate Issues, 22.09.2002

München, Referat für Stadtplanung und Bauordnung: „Arabellapark", http://www. muenchen.de/print?depl=prod&oid=85205, Ausdruck vom: 02.09.2004

Nitsch, Harald (2004): „Die Bedeutung lokaler Marktlagen für die Immobilieninvestition", Market Conditions and Real Estate Investment, Zeitschrift für Immobilienökonomie, gif (Hrsg.), 2/2004, S. 66–82

O.V. (2004): Ecomed – Handbuch Facility Management, „FM als komplexe Führungsaufgabe", Ausgabe 04/2004, http://www.ecomed-sicherheit.de/imperia/md/content/ecomedsicherheit

– (2001): „The Appraisal of Real Estate", Appraisal Institute, 12. Edition, 2001

Pachowsky, Reinhold (1997): „Immobilientrends für Profis", Walhalla Verlag, 1997

Pfeifer, Elmar (2003): „Immobilien als Anlagemedium-Perspektiven", aktualisiert am 14.11.2004 auf: http://www.stalys.de/data/ia08.htm#i12

Poddig, Thorsten/*Dichtl,* Hubert/*Petersmeier,* Kerstin (2001): „Statistik, Ökonometrie, Optimierung", Uhlenbruch Verlag, 2. Auflage, 2001

Rat der Immobilienweisen (2004): „Frühjahrsprognose: Impulse erst ab 2005", unter anderem veröffentlicht unter: http://www.baulinks.de/links/1archiv.php4?urlb=http://www.baulinks.de/links/1body.php4&urla=http://www.bauzentrale.com/news/2003/1117.php4

Rosen, Sherwin (1974): „Hedonic Prices and Implicit Markets: Product Differentiation in Pure Competition", Journal of Political Economy, S. 34–55, Jan./Feb. 1982

Ross, Franz W./*Brachmann,* Rolf (1991): „Ermittlung des Bauwertes von Gebäuden und des Verkehrswertes von Grundstücken", Theodor Oppermann Verlag, 26. Auflage, Hannover 1991

Schauer und Schöll (Hrsg.): „Büromarktbericht", http://www.schauer-immobilien.de/index1.html, Ausdruck vom 10.05.2004

Scheffer, Tobias/*Bickel,* Steffen (2004): „Clusteranalyse und Räumliches Data Mining", Humbold-Universität zu Berlin, Institut für Informatik Lehrstuhl Wissensmanagement, www.informatik.hu-berlin.de/Forschung_Lehre/wm/mldm2004/Clustering1.pdf vom 07.10.2004

Schießer, Susanne (2003): „Flächenberechnung bei Bauwerken", in: Monatsschrift für Deutsches Recht, Heft 24/2003

Schneller, Karl/*Mussweiler,* Thomas (2003): „Preise haben kein Gedächtnis", Wirtschaftspsychologie, Heft 4/2003

Schröder, Michael (Hrsg.) (2002): „Finanzmarkt-Ökonometrie, Basistechniken, Fortgeschrittene Verfahren, Prognosemodelle", Schäfer Poeschel Verlag, 2002

Schuh, Günther (2003): „Technology Due Dilligence – Resüme", Seminar vom 02.07.2003 des WZLforum an der RWTH Aachen, http://www.wzlforum.rwth-aachen.de/cms.php?id=352

Schulte, Karl-Werner (2002): „Internationale Immobilienmärkte", Immobilien Manager, Heft 3, 2002, S. 72

Seppelfricke, Peter (2004): „Das CAPM", FH Osnabrück, Lehrstuhl Finanzwirtschaft, http://www.mcl.fh-osnabrueck.de/~seppelfricke/WP- vom 02.12.2004

Sivitanidou Rena (1995): „Urban Spatial Variations in Office-Commercial Rents: The Role of Spatial Amenities and Commercial Zoning", Journal of Urban Economics, No. 38, 1995, S. 23–49

Slade, Barret A. (2000): „Office Rent Determinats During Market Decline and Recovery", Journal of Real Estate Research, Vol. 20, No. 3-2000, S. 358–380

Späth, H. (1977): „Fallstudien Cluster-Analyse", R. Oldenbourg-Verlag, 1977

Stahl, Konrad (1987): „Theories of Urban Business Location", in: Handbook of Regional and Urban Economics, (Volume II Urban Economics), Mills, Edwin S. (Hrsg.), 1987

Steinhausen, D./Langer, K. (1977): „Clusteranalyse – Einführung in Methoden und Verfahren der automatischen Klassifikation", Walter de Gruyter Verlag, 1977

Straszheim, Mahlon R. (1974): „Hedonic Estimation of Housing Market Prices: A Further Comment", Review of Economics and Statistics, No. 56, 1974, S. 404–405

Studenmund, A. H. (2001): „Using Econometrics A Practical Guide", Addison Wesley Longman, 4. Edition, 2001

Sullivan, Michael J./*Cassidy,* Steve M./*Ermer,* Charles M. (1991): „A Note on the Effekt of Transaction Costs on Real Estate Investment Returns", The Journal of Real Estate Research, Volume 6, Number 1, 1991

Thünen, Johann Heinrich von (1990): „Der isolierte Staat in Beziehung auf Landwirtschaft und Nationalökonomie", Scientia Verlag, Aalen 1990

Triplett, Jack E. (2004): „Handbook on Hedonic Indexes and Quality Adjustments in Price Indexes: Special Application to Information Technology Products", Working Paper, OECD Publications DSTI/DOC(2004)9, 08.10.2004, www.oecd.org/sti/working-papers

Trotha, Maria-Gabriele von (2003): „Immobilie als Kapitalanlage", Logos Verlag Berlin, 2003

Vogels, Manfred (1996): „Grundstücks- und Gebäudebewertung marktgerecht", Bauverlag, Berlin/Wiesbaden, 5. Auflage, 1996

Voith, Richard/*Crone,* Theodore (1988): „National Vacancy Rates and the Persistence of Shocks in US Office Markets", Journal of the American Real Estate and Urban Economics Association, AREUEA Journal 16, 1988, S. 437–458

Voß, Werner (2000): „Praktische Statistik mit SPSS", Hanser Verlag, 2. Auflage, 2000

Wallace, Henry A. (1926): „Comparative Farmland Values in Iowa", Journal of Land and Public Utility Economics 2, 385-92, Oct. 1926

Walter, Norbert (2003): „Bedeutung der Immobilienwirtschaft", Agenda4-Vortrag, 22.05.2003

Wellman, Dennis (2004): „Aktuelle Lage und zukünftige Entwicklungen der gewerblichen Immobilienmärkte", Trend Monitoring Unit, OSCAR GmbH (2004), http://trends.oscar.de/49.0.html, vom 02.12.2004

Wheaton, William C./*Torto,* Raymond G. (1988): „Vacancy Rates and the Future of Office Rents", Journal of the American Real Estate and Urban Economics Association, (AREUEA), Vol. 16, No. 4, S. 430–436

- (1994): „Office rent indices and their behavior over time", Journal of Urban Economics, 35, S. 121–139, 1994

Wurtzebach, Charles W./*Miles,* Mike E./*Cannon,* Susanne E. (1995): „Modern Real Estate", John Wiley & Sons, Inc., 5. Edition, 1995

Wüstefeld, Hermann (2000): „Risiko und Rendite von Immobilieninvestments", Fritz Knapp Verlag, 2000

Zurbruegg, Wilson (2002): „Structural breaks, diversificaton and international real estate markets-some new evidence", Briefings in Real Estate Finance Vol. 1, No. 4, 2001, S. 348–366

Stichwortverzeichnis

H
DUNCKER
M
B
L
O
T

Mathias Jung

Einkommensteuerliche Abgrenzung des gewerblichen Grundstückhandels

Schriften zum Steuerrecht, Band 61
Tab.; XIII, 277 S. 1998 ⟨3-428-08579-5⟩ € 58,–

Der Autor beschäftigt sich mit der dogmatisch und praktisch äußerst problematischen Abgrenzung der steuerfreien privaten Immobilienveräußerungen und des gewerblichen Grundstückshandels. Aufgrund der vielfältigen Einzelfallkonstellationen (Wohn-/Geschäftsgebäue, Erwerb/Bebauung, Einzelpersonen-/Gesellschaftsveräußerungen), die allein durch Richterrecht geprägt sind, hat sich hier ein systematisch schwer erfaßbares eigenständiges Rechtsgebiet entwickelt. Der Verfasser analysiert unter Berücksichtigung der mehr als einhundert Jahre zurückliegenden Rechtsprechung die bislang entwickelten Lösungsansätze des Bundesfinanzhofs. Vor diesem Hintergrund wird ein eigener Lösungsansatz vorgestellt, der in einer übersichtlichen Formel mündet, nach der grundsätzlich jede Fallgestaltung daraufhin beurteilt werden kann, ob sie nach dem Grundsatz der Gleichmäßigkeit der Besteuerung der privaten oder gewerblichen Sphäre zuzurechnen ist.

Internet: http://www.duncker-humblot.de

BERLIN

Volkswirtschaftliche Schriften

517 **Rationale Sozialpolitik.** Die Produktion von Sicherheit und Gerechtigkeit in modernen Gesellschaften und ihre Implikationen für die ökonomische Theorie der Sozialpolitik. Von W. Schönig. Tab., Abb.; 515 S. 2001 ⟨3-428-10480-3⟩ € 62,–

518 **City Growth in Europe.** Von V. Nitsch. Tab., Abb.; 185 S. 2001 ⟨3-428-10499-4⟩ € 64,–

519 **Privatwirtschaftliche Forschungsaktivitäten bei unterschiedlichen Marktstrukturen und sich hieraus ergebenden Konsequenzen für die allgemeine Forschungs- und die Agrarforschungspolitik.** Von H. Hockmann. Tab., Abb.; 411 S. 2001 ⟨3-428-10503-6⟩ € 66,–

520 **Gewerkschaftstheorie und dynamische Unterbeschäftigung.** Von B. Utecht. Abb.; 295 S. 2001 ⟨3-428-10566-4⟩ € 64,–

521 **Kartell und Marktprozeß.** Ein stochastischer Ansatz. Von A. Haas. 189 S. 2002 ⟨3-428-10758-6⟩ € 48,–

522 **Determinanten des realen Wechselkurses.** Eine theoretische und empirische Analyse. Von Chr. Fischer. Tab., Abb.; 201 S. 2002 ⟨3-428-10508-7⟩ € 76,–

523 **Die Kategorie öffentlicher Güter als Grundlage von Staatstheorie und Staatswissenschaft.** Von H. Becker. Tab., Abb.; 224 S. 2002 ⟨3-428-10768-3⟩ € 76,–

524 **Gesundheit – Ethik – Ökonomik.** Wirtschaftsethische und moralökonomische Perspektiven des Gesundheitswesens. Hrsg. von D. Aufderheide und M. Dabrowski. 281 S. 2002 ⟨3-428-10477-3⟩ € 58,–

525 **Stabilität, Variabilität und Bestimmungsfaktoren der Verdienststruktur des Verarbeitenden Gewerbes in der Bundesrepublik Deutschland.** Von D. Loitz. 338 S. 2002 ⟨3-428-10711-X⟩ € 78,–

526 **Arbeitsmarkteffekte der EU-Osterweiterung.** Zur Wirkung von Integration, Migration und institutionellem Wandel auf dem Arbeitsmarkt. Von M. Hebler. 222 S. 2002 ⟨3-428-10884-1⟩ € 61,80

527 **Bargaining Theory and Fairness.** A Theoretical and Experimental Approach Considering Freedom of Choice and the Crowding-out of Intrinsic Motivation. By A. Crüger. 184 pp. 2002 ⟨3-428-10741-1⟩ € 46,– / sFr 79,50

528 **Die Entstehung und Ausbreitung von Währungskrisen.** Von W. Berger. 258 S. 2002 ⟨3-428-10703-9⟩ € 54,80

529 **Zehn Jahre Vertrag von Maastricht.** Hrsg. von J. Ahrens und R. Ohr. Tab., Abb.; 169 S. 2003 ⟨3-428-10879-5⟩ € 48,–

530 **Die Diskussion um ein Insolvenzrecht für Staaten.** Bewertungen eines Lösungsvorschlages zur Überwindung der Internationalen Schuldenkrise. Hrsg. von M. Dabrowski, A. Fisch, K. Gabriel und C. Lienkamp. 303 S. 2003 ⟨3-428-10608-3⟩ € 69,80

531 **Nominale Rigiditäten und monetärer Transmissionsmechanismus.** Von R. Gerke. Tab., Abb., 227 S. 2003 ⟨3-428-11049-8⟩ € 56,80

532 **Technologische Spillover-Effekte als Determinanten des Wirtschaftswachstums.** Theoretische Erkenntnisse und empirische Evidenz. Von J. Bitzer. 164 S. 2003 ⟨3-428-11122-3⟩ € 52,–

533 **Theoretische und wirtschaftspolitische Aspekte der internationalen Integration.** Festschrift für Helga Luckenbach zum 68. Geburtstag. Hrsg. von S. Reitz. Frontispiz; 303 S. 2003 ⟨3-428-11078-1⟩ € 64,–